Erfahrung des Denkens

Zum Studium
der «Philosophie der Freiheit»

Band 1, Kapitel 1 – 3

STUDIEN ZUM WERK RUDOLF STEINERS

HERAUSGEGEBEN FÜR DAS
FRIEDRICH-VON-HARDENBERG-INSTITUT
VON KARL-MARTIN DIETZ
UND THOMAS KRACHT

BAND 1

ERFAHRUNG DES DENKENS

Zum Studium
der «Philosophie der Freiheit»

Band 1, Kapitel 1 – 3

Herausgegeben von
Thomas Kracht

Beiträge von
Karl-Martin Dietz, Ruprecht Fried,
Wolfgang Kilthau, Thomas Kracht,
Dietrich Rapp, Martin Rozumek,
Frank Teichmann, Rudy Vandercruysse,
Heinz Zimmermann

EDITION HARDENBERG
VERLAG FREIES GEISTESLEBEN

Die Deutsche Bibliothek – CIP-Einheitsaufnahme

Erfahrung des Denkens: zum Studium der
«Philosophie der Freiheit»/ hrsg. von Thomas Kracht. –
Stuttgart: Ed. Hardenberg, Verl. Freies Geistesleben,
NE: Kracht, Thomas [Hrsg.]

Bd. 1 Kapitel 1 - 3 / Beitr. von Karl-Martin Dietz ... – 1996
(Studien zum Werk Rudolf Steiners; Bd. 1)

ISBN 3-7725-1601-7

NE: Dietz, Karl-Martin; GT

Einband: Walter Schneider unter Verwendung
der Grafik A 143/82 von Alo Altripp
© 1996 Verlag Freies Geistesleben GmbH, Stuttgart
Druck: WB-Druck, Rieden

Inhalt

Vorwort 9

Einleitung (Th. Kracht) 11

Beim ersten Lesen – Fragen und Erfahrungen beim Studium
der «Philosophie der Freiheit» (Th. Kracht) 22

   Fragen aus einer Arbeitsgruppe 22
   Vor der Lektüre: Bemerkungen des Autors über sein Buch 26
   Vom Zuschauer zum Mitspieler. Ein Versuch, die Eingangsfrage
      der «Philosophie der Freiheit» zu verstehen 30
   Rückblick: Erfahrungen bei der Lektüre 39

ERSTER TEIL: «DAS BEWUSSTE MENSCHLICHE HANDELN».
BEITRÄGE ZUM 1. KAPITEL DER «PHILOSOPHIE DER FREIHEIT»

Einleitende Bemerkungen zu den Beiträgen (Th. Kracht) 49

Zum Gedankengang 51

Das «bewußte menschliche Handeln» als Problem: Verwandlungen
der Frage nach dem Menschen (Th. Kracht) 51

   Erster Schritt: Erste Begegnungen mit den einzelnen
      Anschauungen 52
   Zweiter Schritt: Ein Versuch, den Gedankengang
      zusammenzufassen 62

Dritter Schritt: Wie verwandelt sich die Frage
    nach dem Menschen? 64

Ein grundlegendes Motiv: das Freiheitsgefühl (D. Rapp) 68

Geistesgeschichtliche Aspekte 71

Zu den einzelnen Philosophen 71

    David Friedrich Strauß (R. Vandercruysse) 72
    Herbert Spencer (R. Vandercruysse) 76
    Baruch de Spinoza (R. Vandercruysse) 80
    Eduard von Hartmann (R. Vandercruysse) 85
    Robert Hamerling (Th. Kracht) 102
    Paul Rée (R. Vandercruysse) 106
    Georg Wilhelm Friedrich Hegel (Th. Kracht) 108

Idealismus und Entwicklungstheorie. Die historische Aufgabenstellung: «Seelische Beobachtungen nach naturwissenschaftlicher
Methode» (R. Vandercruysse) 140

ZWEITER TEIL: «DER GRUNDTRIEB ZUR WISSENSCHAFT».
BEITRÄGE ZUM 2. KAPITEL DER «PHILOSOPHIE DER FREIHEIT»

Einleitende Bemerkungen zu den Beiträgen (Th. Kracht) 147

Zum Gedankengang 149

Wie befreit sich das Denken aus seiner Tradition? (R. Fried) 149

    Fünf Formen, den Riß im Universum zu leugnen
        oder zu verwischen 149
    Der Dualismus als Erstgeburt 155
    Der Wille zum Anhalten 158

Ein grundlegendes Motiv: der Erkenntnistrieb (D. Rapp) 163

Geistesgeschichtliche Aspekte 166

Genetische Methode und geistesgeschichtliche
Zusammenhänge (K.-M. Dietz) 166

    Zur Gliederung des Kapitels *166*

    Die genetische Methode – ein Dreischritt *170*

    Verwandte Motive bei Heraklit *173*

    Die Entwicklung des Selbstbewußtseins bis Aristoteles *179*

    Die Sehnsucht nach dem griechischen Lebensgefühl bei Hölderlin *182*

    Mensch und Wirklichkeit bei Goethe *184*

    Die geistesgeschichtliche Situation *185*

Theoretischer Materialismus heute (Th. Kracht / M. Rozumek) 188

Die dritte Form des Monismus (W. Kilthau) 191

DRITTER TEIL: «DAS DENKEN IM DIENSTE DER WELTAUFFASSUNG».
BEITRÄGE ZUM 3. KAPITEL DER «PHILOSOPHIE DER FREIHEIT»

Einleitende Betrachtungen zum 3. Kapitel (Th. Kracht) 195

Zum Gedankengang 201

Die Beobachtung des Denkens (R. Vandercruysse) 201

    Zum Gedankengang des Kapitels *201*

    Zusammenfassung *214*

    Zur Komposition des Kapitels *216*

Ein grundlegendes Motiv: das Denken als Ich-Tätigkeit (D. Rapp) 222

Geistesgeschichtliche Aspekte 225

Die Leistung des Denkens im Zusammenhang
der Bewußtseinsgeschichte (K.-M. Dietz) 225

    Das Denken als individuelle Hervorbringung
        und der moderne Subjektivismus *226*

    Denken als Gewahrwerden: die Vorsokratiker und Platon *231*

    Der wirkende und der aufnehmende Geist: Aristoteles *234*

    Zwei aristotelische Motive im 3. Kapitel *238*

Die «intellektuelle Anschauung» als geistesgeschichtlicher
Hintergrund des 3. Kapitels (D. Rapp) 242
Überwindung des Materialismus durch die Neurobiologie?
(M. Rozumek) 247
Zum Thema: «Philosophie der Freiheit» und Psychoanalyse
(R. Vandercruysse) 250

    1. «Freie Assoziation» *250*

    2. «Katharsis» *252*

    3. Das «Ich» *253*

    4. Die naturwissenschaftliche Methode *254*

VIERTER TEIL: ZUM STUDIUM DER «PHILOSOPHIE DER FREIHEIT».
ÜBERBLICK, ERGÄNZUNGEN, ANREGUNGEN

Der erste Teil der «Philosophie der Freiheit». Ein kurzgefaßter
Überblick (F. Teichmann) 261

Die «Philosophie der Freiheit» als sprachliche Herausforderung
(H. Zimmermann) 278

    Formen des Denkens *280*

    Sprache und Denken in der «Philosophie der Freiheit» *282*

Vom Studium der «Philosophie der Freiheit».
Eine hermeneutische Betrachtung (Th. Kracht) 294

Anmerkungen 304

Literaturverzeichnis 321

Die Autoren der einzelnen Beiträge .336

Vorwort

«Man kann meine Schriften nicht verstehen, und soll sie nicht
verstehen, ohne sie studiert zu haben [...]», mahnt Johann
Gottlieb Fichte seine eiligen Leser.[1] «Studium» meint ein Lesen, das sich die Mühe nicht spart, Ungewohntes zu denken.
Weil das Gewohnte nicht hilft, muß das Rüstzeug zum Verstehen auf dem Weg erworben werden, beim Lesen selbst.

Wie könnte eine Anregung zum *Studium* der «Philosophie
der Freiheit» in schriftlicher Form aussehen? Diese Frage, von
Frank Teichmann gestellt, gab den Anstoß zu einer gemeinsamen Arbeit, zu der sich seit Herbst 1991 Karl-Martin Dietz,
Ruprecht Fried, Wolfgang Kilthau, Thomas Kracht, Dietrich
Rapp, Frank Teichmann und Rudy Vandercruysse zusammen-
fanden. Martin Rozumek und Heinz Zimmermann haben
diese Arbeit durch Anregung und Kritik begleitet und sich
durch eigene Beiträge an der Publikation beteiligt. Es bestand
Einigkeit, über das Studium im engeren Sinne hinaus den
Blick auch auf geistesgeschichtliche Zusammenhänge richten
zu wollen. Die «Philosophie der Freiheit» ist ebensosehr lebendiges Glied einer geistesgeschichtlichen Entwicklung wie
Arbeitsbuch für den einzelnen. Darauf sollte wenigstens an
einigen Stellen hingewiesen werden.

Schon in den ersten Gesprächen wurde aber auch deutlich,
daß von den einzelnen Mitwirkenden ganz unterschiedliche
Formen des Studiums gesucht wurden. Unterschiedliche Ar-
beitsweisen machten sich auch, weniger ausgeprägt, bei den

geistesgeschichtlichen Betrachtungen geltend. Diese Verschiedenheit zu akzeptieren und, mehr und mehr, zu verstehen hat Zeit und Geduld erfordert. Das vorliegende Buch ist ein Ergebnis dieses Arbeitsprozesses. War zunächst nur an die Publikation von einzelnen Aufsätzen gedacht, so wuchsen nach und nach die verschiedenen Beiträge immer mehr zusammen. Schließlich erschien ihre Zusammenstellung in einem Band gerechtfertigt, ohne die Unterschiede verwischen zu wollen.

Angesichts des sich abzeichnenden Umfangs der Publikation war eine Beschränkung auf wenige Kapitel der «Philosophie der Freiheit» geboten. Bereits in Angriff genommene Beiträge wurden zurückgestellt. Sie sollen in zwei weiteren Bänden über die folgenden Kapitel der «Philosophie der Freiheit» aufgenommen werden.

Heidelberg, September 1995 *Thomas Kracht*

Hinweise im Text

Hinweise auf die «Philosophie der Freiheit» (15. Auflage 1987) finden sich in Klammern ( ) im Text (nur: Seitenzahl), außerdem Hinweise auf Werke, Briefe und Vorträge Rudolf Steiners. Angegeben sind dabei jeweils die bibliographische Nummer der Rudolf Steiner Gesamtausgabe (= GA, herausgegeben von der Rudolf Steiner Nachlaßverwaltung, Dornach seit 1955) und die Seitenzahl der zugrundeliegenden Ausgabe (siehe Literaturverzeichnis). Bei Vorträgen und Briefen ist jeweils das Datum vorangestellt.

Einleitung

«... was es einem für Zeit und Mühe gekostet, um lesen
zu lernen. Ich habe achtzig Jahre dazu gebraucht und
kann noch jetzt nicht sagen, daß ich am Ziele wäre.»
                                Goethe zu Eckermann, 25. Januar 1830

«Aufsätze über Rudolf Steiners ‹Philosophie der Freiheit›
können, wenn sie etwas Berechtigtes sein sollen, nicht den
Zweck haben, das Studium dieses einzigartigen Buches zu
ersetzen. Sie sollen zu diesem Studium anregen.»
                                E. A. Karl Stockmeyer, 1924

Es gibt eine Verbildlichung ideeller Bezüge, von einfachen
Handlungsanleitungen der Verkehrszeichen im Straßenverkehr
bis zur Bauanleitung von Mitnahmemöbeln zum Selberbasteln,
die außerordentlich hilfreich ist. Zeichnungen und Symbole er-
leichtern die Übersicht und garantieren die Verständigung in einer zunehmend mehrsprachigen Umwelt. Statt sich durch abstrakte und mehrdeutige Beschreibungen zu quälen, erfaßt man,
ist das Symbol gut gewählt und die Zeichnung charakteristisch
getroffen, die Sache «mit einem Blick». Daß man sich dabei mit
der Arbeit der eigenen Begriffsbildung auch den differenzieren-
den Blick auf die Phänomene erspart, ist der Preis der Handhab-
barkeit: Der leichtere Zugriff in der Praxis wird mit einer Verar-
mung der Wirklichkeit erkauft. Von den Bildmedien gefördert,
hat die Tendenz zur Verbildlichung längst auch die Printmedien
ergriffen. Zeitschriften und zunehmend auch Darstellungen in
Büchern müssen, wenn sie nicht nur für einen kleinen Kreis von
Fachleuten geschrieben sein sollen, bis in die graphische Gestaltung einem an die mühelose Aufnahme gewohnten Lesebedürf-
nis entgegenkommen. Symptomatisch für diese Entwicklung ist
beispielsweise der Erfolg eines neuen Nachrichtenmagazins in
Deutschland: «Die bunten Fotos, Grafiken, Pfeile, Kästchen in

‹Focus› machen – entgegen dem Anschein – nichts übersichtli-
cher. Nur nehmen sie den Lesern die Scheu vor dem aufgelockert
Gedruckten. [...] Der Verzicht auf Sinn, der noch weidlich ko-
piert werden wird, macht den Erfolg von ‹Focus› aus. Das Magazin spiegelt den Effekt abendlicher Fernseh-Unterhaltung, indem es wehrloses Dösen anstrebt.»² Hier ist der Preis der Visualisierung deutlich genannt: eine Verminderung der Wachheit im
Bewußtsein und damit Wirklichkeitsverlust; die wirklichkeits-
deutende Anstrengung eigenen Denkens wird überholt durch
das im Bild angebotene Ergebnis. Denn auch wer eine Situation,
einen Gegenstand, einen Prozeß selber erkennen und beurteilen
muß oder wer dem niedergeschriebenen Gedankengang eines
Autors folgt, arbeitet an einem «Bild». Er entwirft sich ein inneres Bild eines Erkenntnisobjektes, verwebt die Einzelheiten des
Wahrgenommenen, des Aufgenommenen zu einer Ganzheit.
Dies ist die Frucht des Erkenntnisaktes, aus dem ja auch jede
Visualisierung einmal entsprungen ist. Für den Konsumenten
visualisierter Texte tritt die Arbeit des an der Verbildlichung ar-
beitenden Autors an die Stelle seiner Eigenleistung. Er wird abhängig von dieser Leistung, die er selbst nicht zu erbringen
braucht.

Angesichts dieser Entwicklung müssen Texte wie diejenigen
von Rudolf Steiner heute viel mehr noch als vor einhundert
Jahren als Provokation erscheinen. Was Steiner in der Vorrede
zur zweiten Auflage seines Buches *Theosophie* (1908) darüber
bemerkt, gilt auch schon für die «Philosophie der Freiheit»:
«Wie man Bücher in unserem Zeitalter zu lesen pflegt, kann
dieses nicht gelesen werden. In einer gewissen Beziehung wird
von dem Leser jede Seite, ja mancher Satz *erarbeitet* werden
müssen. Das ist mit Bewußtsein angestrebt worden. Denn nur
so kann das Buch dem Leser werden, was es ihm werden soll.
Wer es bloß durchliest, der wird es gar nicht gelesen haben.
Seine Wahrheiten müssen erlebt werden.» (GA 9, S. 12.) Bewußt ist die Anstrengung des Denkens beim Lesen gefordert.

Nur durch sie kann das Buch überhaupt werden, was es sein soll: ein *Erlebnis* für den Leser. Sonst bleibt es inhaltsleer. In eigener Anstrengung soll vom Leser erworben werden, was sich dabei als Sinn des Textes zeigt; Aufnahme ist nur durch eigene Aktivität möglich. Statt einzuschlafen in einen vorbereiteten Zusammenhang, muß sich der Leser in eigener Anstrengung bei jedem einzelnen Satz wach erhalten, er muß den Zusammenhang selber herstellen. Diese Wachheit soll provoziert werden. Nur in ihr entsteht die Wirklichkeit des «Gegenstandes», um den es im Buch geht: ein Erkenntnisweg zur Wirklichkeit der Freiheit, die nur von jedem einzelnen in der Entwicklung eigener Kräfte errungen werden kann. Das ist das Gegenteil einer Ideologisierung, die «wehrloses Dösen» voraussetzt.

Wenn auf diese Arbeit hingewiesen wird, muß noch die Möglichkeit eines Mißverständnisses erwogen werden. Bücher, die einen Weg weisen wollen, gibt es heute viele. Nicht immer wird für diesen Weg mit Mühelosigkeit geworben, wie es bei vielen Produkten auf dem inzwischen etablierten Markt des «New Age» der Fall ist. Wenn jedoch eine besondere Anstrengung gefordert wird, so kommt es noch sehr auf das *Wie* an. Der Text kann auf einen Weg verweisen und Übungen angeben; vielleicht werden auch Darstellungen gegeben, die erst durch die zusätzlichen Übungen verständlich sein sollen. Der Text kann aber auch, wie ein gutes mathematisches Einführungswerk, den Leser im Verständnis Schritt für Schritt mitnehmen. Jeder einzelne Schritt bedeutet dann eine unter Umständen oftmals übend zu wiederholende Erkenntnisanstrengung, jeder Schritt leuchtet dafür aber auch «beim Gehen» ein. Es wird nichts mitgeteilt, was nicht auf dem Weg bereits verständlich wird. Von der letzten Art sind die Texte Rudolf Steiners (auch diejenigen, die auf der Grundlage einer rein übersinnlichen Erkenntnis gestaltet sind). Im Sinne solcher Erkenntnisanstrengung wird von ihm auf die Arbeit des *Studiums* hingewiesen. Die Darstellungen sollen aus sich selbst heraus verständlich sein. (In den Büchern *Theosophie* und *Die Geheimwissenschaft im Umriß* werden Übungen angegeben. Aber auch sie sind keine Voraussetzungen für das Textverständnis. Das Studium des Textes soll vielmehr umgekehrt erst die Grundlage für dieses Üben schaffen.) Nur an die Selbstbeobachtung appellierte das ursprüngliche 1. Kapitel («Zweiter Anhang» zur «Philosophie der Freiheit», entsprechend auch die Vorrede aus dem Jahr 1918, s. unten S. 26). Erkenntnishindernisse, wie die Furcht vor dem «abstrakten Denken» und das gewohnheitsmäßige Festhalten einer einmal ausgebildeten Denkart, werden vom Autor lediglich bewußtgemacht – das Buch selbst ist die Übung. Zu seinem Verständnis muß man sich nur ernsthaft auf eine solche einlassen wollen, indem man aufmerksam liest.

Die Sprache der «Philosophie der Freiheit» ist einfach und unfachlich, der Text kann auch ohne besondere philosophische Vorkenntnisse verstanden werden. Aber gerade darin wird oft ein Hindernis für das Verstehen gesehen: Wie kann man mit einer solchen Sprache die feinen Unterschiede erfassen, auf die es bei der seelischen Beobachtung ankommt? Wie kann man sich als Leser zurechtfinden in einer Sprache, die wie die Alltagssprache keine Disziplin scharf definierter Fachausdrücke kennt, wo immer wieder neue Bedeutungen oder Bedeutungsnuancen einmal verwendeter Ausdrücke gebraucht werden, ohne daß dies kenntlich gemacht würde? «Stellt die ‹Philosophie der Freiheit› sowieso schon größte Anforderungen an ein energisches vorurteilsfreies Denken, für einen philosophisch gebildeten Menschen mit seinen Vorurteilen ist sie ein wahres Kreuz.»[3] Mit diesen Worten faßt Moritz Bartsch, ein Schüler Rudolf Steiners, zusammen, welche Schwierigkeiten ihm selbst zunächst bei der Lektüre des Buches begegnet sind. Wer sich solche Schwierigkeiten bewußtmacht, kann bemerken, wie insbesondere die Erwartung feststehender Ausdrücke den Blick auf den Text verstellt. Wer sich Schärfe des Denkens nur in dieser Weise sprachlich gefaßt vorstellen kann, übersieht eben dadurch, wie die

Sprache der «Philosophie der Freiheit» auf ihre Weise Ausdruck des Denkens ist. Das Denken der «Philosophie der Freiheit» ist ebenso ungewohnt wie deren Sprache, mit der Steiner eine adäquate Form der Mitteilung für dieses Denken zu schaffen suchte. Hinter dem Festhalten an Sprachgewohnheiten steht das Festhalten an Denkgewohnheiten. Mit scharfen Worten kennzeichnete Carl Unger in einer erkenntniskritischen Diskussion um die Anthroposophie (und auch ausdrücklich bezogen auf die «Philosophie der Freiheit») dieses Problem: «Die Denkgewohnheiten des neueren wissenschaftlichen Strebens drängen dazu, die Erkenntnis in einem System von unveränderlichen Begriffen festzulegen, trotzdem die Relativität solcher Begriffe immer deutlicher zutage tritt gerade auf dem Wissensgebiet, das diesen Denkgewohnheiten einigermaßen entspricht, dem mineralisch-physikalischen. Erkenntniskritisch stammt aber die Neigung zu festen Begriffen und Definitionen aus dem unverändert vorausgesetzten Wesen des Erkennenden. Man fordert, daß sich einem das Wissen ergibt, indem man sich selbst als Erkennender der zu erkennenden Welt gegenüberstellt; man will als Zuschauer außerhalb des zu Erkennenden bleiben. Diese Voraussetzung hebt sich aber in ihren Folgeerscheinungen selbst auf, denn selbst der nach abstraktester Objektivität Lüsterne wird nicht verhindern können, daß er jede neue Erkenntnis in den Bestand seiner eigenen Abstraktheit aufnimmt und zur Voraussetzung weiterer Fragestellungen macht. Mit jeder Erkenntnis wandelt sich der Erkennende. Wird das begreifend Errungene zu wirklicher Lebensgrundlage, dann befindet sich der Erkennende auf dem Wege zur Geisteswissenschaft. Diesen Erkenntnisweg mit Definitionen pflastern, heißt ihn an jedem Punkt abschließen. Man kann ihn beschreiben und seine Erlebnisse charakterisieren, aber den Maßstab zu seiner Beurteilung muß man aus ihm selbst gewinnen.»[4]

Die Beiträge im vorliegenden Band versuchen zunächst, auf diese lebendigen, aber darum nicht weniger strengen Gedan-

kenbewegungen hinzuweisen, die nach der ersten Lektüre der
«Philosophie der Freiheit» allmählich «zwischen den Zeilen» erkennbar werden, wenn man sich wieder und wieder den Gedankengang im Aufbau eines Textabschnitts, eines ganzen Kapitels
oder auch größerer Einheiten zu vergegenwärtigen sucht. Dabei
führen die Beiträge bewußt nur bis zu einer gewissen *Grenze.*
Wer im Herausarbeiten des Gedankengangs die Komposition
eines Absatzes, Kapitels und der Anordnung der Kapitel zu entdecken beginnt, der wird nach einer weiteren Vertiefung dieser
Entdeckungen fragen. Was der ersten Lektüre äußerlich erscheinen mag oder nur von formal-ästhetischem Interesse – daß beispielsweise bestimmte Zahlenverhältnisse im Aufbau der Kapitel immer wiederkehren, daß Anfang und Ende eines Kapitels
einander in bestimmter, Entwicklung einschließender Weise
entsprechen etc. –, wird erst nach längerer Vertrautheit mit dem
Gedankengang zu einer weiterführenden Frage. Ein Beispiel aus
dem 1. Kapitel der «Philosophie der Freiheit»: Die sieben dort
angeführten Anschauungen über das Freiheitsproblem zeigen
einen symmetrisch-polaren Aufbau; David Friedrich Strauß
spricht ganz unbewußt die Bedeutung des Denkens aus, die mit
Hegel am Ende des Gedankensgangs erst voll in das Bewußtsein
tritt. In der Mitte steht die Anschauung Eduard von Hartmanns,
durch die seelische Betrachtung die entscheidende Wende zu einer Selbsterkenntnis im Denken erfährt usw. Was spricht sich in
dieser Anordnung aus? Gerade das Studium der «Philosophie
der Freiheit» kann die menschenkundliche Bedeutung solcher
Gliederungen und Kompositionen erkennbar machen: Sie entsprechen dem *gegliederten Aufbau des Menschenwesens,* wie es
sich in seelischer Beobachtung erschließen kann. Dabei handelt
es sich nicht um willkürlich vom Autor hineingelegte Schemata,
sondern um Formen, die sich aus der Sache, hier also der Erkenntnis des Menschen, ergeben. Über die Bedeutung und den
Umgang mit solchen Formen in den Texten Rudolf Steiners bemerkt Carl Unger: «Es liegt ein wunderbarer künstlerischer Reiz

darinnen, solchen Formen tastend nachzugehen. Man rührt an tiefe Geheimnisse, die zwischen den Zeilen, ja in den Worten verborgen liegen. Rudolf Steiner bestätigte mir einmal vor vielen Jahren im Zusammenhang mit solchen Formen im Buch ‹Theosophie›, daß diese wirklich vorhanden sind, aber natürlich nicht abstrakt hineingelegt, sondern so entstanden, daß sie sich aus dem Geistigen heraus, wenn die Darstellungen wahr sind, wie von selbst ergeben. Das wird der künstlerisch Schaffende auch auf anderen Gebieten ebenso empfinden.»⁵

In der Literatur zur «Philosophie der Freiheit» finden sich manche Betrachtungen über solche Kompositionsgeheimnisse des Buches, wobei sich auch zeigt, daß bestimmte Gliederungen auf verschiedene Weise «gelesen» werden können. In einem Beitrag zum 3. Kapitel der «Philosophie der Freiheit» werden als Beispiele solcher «Lesarten» einige unterschiedliche Ansätze zum selben Text skizziert (siehe unten S. 219f.). Wer Erfahrung im Umgang mit Texten hat, wird in dem Verschiedenen nicht zuerst «Widersprüche» suchen, sondern erst nach dem jeweiligen Aspekt des Textverständnisses fragen – was eine Urteilsbildung nicht ausschließt; sie sollte aber auf einem *Verständnis* beruhen.

Die in diesem Band enthaltenen *Betrachtungen zum Gedankengang* der drei ersten Kapitel der «Philosophie der Freiheit» wollen nur bis zur Grenze der Frage nach einer Vertiefung des Verständnisses im angedeuteten Sinne führen. (Für ein weiterführendes Studium sei auf das Literaturverzeichnis verwiesen, in dem auf Beobachtungen zur Struktur des Werkes besonders hingewiesen ist.) Auch für diese Betrachtungen zum Gedankengang gilt im übrigen, daß sie sich nicht ohne Alternative verstehen. Das ist schon dadurch dokumentiert, daß es sich um unterschiedliche Ansätze von verschiedenen Autoren handelt, die auch bewußt in dieser Verschiedenheit belassen wurden. Die Darstellungen zum Gedankengang der drei Kapitel führen in skizzenhafter Kürze jeweils bestimmte Ansätze der Betrachtung für ein ganzes Kapitel aus. Sie sollen zu eigener Betrachtung anregen, wenn man sie probeweise nachvollziehen will. Wer einige Erfahrung im Umgang mit solchen Texten wie der «Philosophie der Freiheit» hat, weiß, daß jeder bewußt gemachte Teil des Gedankenzusammenhangs sich bei jeder weiteren Lektüre ergänzen, präzisieren und vertiefen läßt. Auch dies gehört zur Eigenart solcher Texte.

Über eine rein dem inneren Gedankenzusammenhang zugewendete Betrachtung des Textes hinaus gehen die *Beiträge zu den geistesgeschichtlichen Aspekten* der drei ersten Kapitel. Sie versuchen damit aber auch nur einige Fragen aufzugreifen, die sich bei der Lektüre stellen können. Das sei wiederum am Beispiel des 1. Kapitels kurz erläutert. Wer den Gedankengang dieses Kapitels kennengelernt hat, wird finden, daß dort ein bestimmter Weg seelischer Beobachtung in der Auseinandersetzung mit verschiedenen, in der Geistesgeschichte formulierten Anschauungen über das Freiheitsproblem durchschritten wird. Diese Anschauungen finden sich also einer inneren, seelischen Erfahrung entsprechend zusammengestellt. So liegt die Frage nahe, die daran anschließt und weiterführt: Welche Anschauungen sind ausgewählt? Läßt sich der Text auch in einem Zusammenhang mit der Geistesgeschichte lesen?

Man kann diese Frage außer acht lassen und sich (wie in diesem Band jeweils in den Beiträgen zu Gedankengang und Motiv) nur auf den Weg der seelischen Beobachtung konzentrieren, wie er durch den Text unmittelbar angeregt wird. Für das Studium ist zunächst eine darüber hinausgehende Beschäftigung mit den genannten Anschauungen nicht unbedingt notwendig. Die «Philosophie der Freiheit» macht auch hier keine Voraussetzungen für das Verständnis des Textes, die Anschauungen werden in ihr jeweils soweit referiert, wie sie für den Gedankenzusammenhang des Kapitels notwendig sind.[6]

Aber gerade demjenigen, dem sich im Studium eine Gestalt der Komposition schrittweise deutlicher abzuzeichnen beginnt, wird sich die Frage stellen: Sind diese Anschauungen nur will-

kürlich herausgegriffen? Man kann sich auch fragen: Welche
Namen müßten heute an dieser Stelle stehen?[7] Allerdings müßte
man dann auch die Frage stellen, ob heute die «Philosophie der
Freiheit» selber noch in dieser Gestalt erscheinen könnte, wie sie
vor einhundert Jahren entstand. Will man die «Philosophie der
Freiheit» in der Form verstehen, wie sie von Rudolf Steiner geschaffen wurde, erhält die Frage nach den Namen besondere
Bedeutung: Warum sind gerade diese Anschauungen zur Auseinandersetzung ausgewählt? Die Auswahl ist in der damaligen
Zeit keineswegs selbstverständlich, in der gerade ethische Fragen und das Freiheitsproblem zu einem aktuellen, über die Philosophie hinausgreifenden Thema wurden. Mit der Frage nach
den Namen stellt sich die Frage nach dem *geistesgeschichtlichen
Quellort der «Philosophie der Freiheit»*, der in seiner besonderen
Signatur verstanden werden will. Was bedeutet es, daß die «Philosophie der Freiheit» am Ende des 19. Jahrhunderts geschrieben
wurde? Und welchen Beitrag zur geistesgeschichtlichen Situation dieser Zeit leisteten diejenigen, deren Anschauungen Rudolf Steiner dem Leser im Zusammenhang mit dem Freiheitsproblem nahebringen möchte? – Aber die geistesgeschichtlichen
Zusammenhänge, die in der «Philosophie der Freiheit» anklingen, weisen – wie gleich das 2. Kapitel zeigt – über die zeitgenössische philosophische Diskussion weit hinaus. Wer darauf seine
Aufmerksamkeit lenken will, wird es bedeutsam finden, daß
Rudolf Steiner, als er daranging, ein «umfassendes Werk über
das Gesamtgebiet der höheren Philosophie» zu schreiben (Brief
vom 21.9.1891, GA 39, S. 117) – das dann drei Jahre später als die
«Philosophie der Freiheit» erscheinen sollte –, zugleich umfas-
sende philosophiegeschichtliche Studien trieb mit dem Ziel, die
Entwicklung der Philosophie als Ganzes zu überblicken (siehe
Brief vom 19.11.1891, GA 39, S. 122). Die geistesgeschichtlichen
Beiträge verstehen sich als exemplarische Hinweise auf diese
Zusammenhänge; sie wollen an einzelnen Fragen den Blick auf
dieses Ganze anregen. Das gilt auch für die Hinweise auf die

gegenwärtige Diskussion, die sich auf einige besonders wirksam gewordene Anschauungen wie z.B. die Psychoanalyse (zum 1. und 2. Kapitel der «Philosophie der Freiheit») konzentrieren.

In der Vorrede zur «Philosophie der Freiheit» findet sich eine Bemerkung, die immer wieder Anlaß zu Betrachtungen gegeben hat: «In diesem Buche ist erstrebt, eine Erkenntnis des Geistgebietes vor dem Eintritte in die geistige Erfahrung zu rechtfertigen. Und diese Rechtfertigung ist so unternommen, daß man wohl nirgends bei diesen Ausführungen schon auf die später von mir geltend gemachten Erfahrungen hinzuschielen braucht, um, was hier gesagt ist, annehmbar zu finden, wenn man auf die Art dieser Ausführungen selbst eingehen kann oder mag.» (S. 9.) Was ist mit der Warnung vor dem «Schielen» gemeint? Damit ist nicht gemeint, daß man die Verbindungslinien zum späteren Werk Rudolf Steiners nicht ziehen solle; Steiner hat es selber, auch im Detail, getan und dazu angeregt. Die Literatur zur «Philosophie der Freiheit» enthält viele Beobachtungen und Entdeckungen dieser Art. Am Beispiel der Komposition wurde oben darauf hingewiesen, wie sich solche Beziehungen ergeben können. Sie können aber nur gefunden werden durch ein gründliches Studium der «Philosophie der Freiheit», die als ein Erkenntnisweg in sich selbst besteht. Von diesem Weg sollen die aufgezeigten Beziehungen nicht ablenken, sie würden dann nur ein scheinbares Verständnis des Werkes evozieren. Die vor allem im Zusammenhang mit den geistesgeschichtlichen Aspekten gegebenen Hinweise auf die Geisteswissenschaft Rudolf Steiners in diesem Band verstehen sich deshalb als Betrachtungen, die an das Textstudium der «Philosophie der Freiheit» anschließen und den Blick auf einzelne Verbindungslinien der Entwicklung von diesem Buch zur «geistigen Erfahrung» der Anthroposophie lenken.

Wer sich ganz auf die unmittelbare Erfahrung am Text konzentrieren will, kann solche Hinweise, ebenso wie die geistesgeschichtlichen Betrachtungen, in deren Zusammenhang sie vor allem gegeben werden, zunächst unberücksichtigt lassen. Das erste Kapitel des vorliegenden Buches gibt eine Hinführung zur Studienarbeit, anknüpfend an eine exemplarisch dargestellte Seminarsituation. Die Teile I – III enthalten Beiträge zu den ersten drei Kapiteln der «Philosophie der Freiheit». Dabei ist jeweils unterschieden zwischen Betrachtungen zum Gedankengang und Darstellungen geistesgeschichtlicher Aspekte der Kapitel. Teil IV enthält weitere Anregungen und Ergänzungen zum Studium der «Philosophie der Freiheit»: einen Überblick über den ersten Teil der «Philosophie der Freiheit» und Betrachtungen über die Bedeutung der Sprache für das Verstehen der «Philosophie der Freiheit» sowie allgemein über das Verstehen von Texten, rückblickend auf die Erfahrungen beim Studium.

Die *geistesgeschichtliche Entwicklung* tritt in den einzelnen Kapiteln der «Philosophie der Freiheit» unterschiedlich stark hervor, besonders deutlich zunächst im 2. Kapitel. Man kann bemerken, wie entsprechende Bezüge zur Geistesgeschichte beim Studium immer deutlicher werden und sich auch immer enger verwoben zeigen mit den Gedankenbewegungen der einzelnen Kapitel. Die Beiträge zu den geistesgeschichtlichen Aspekten sollen für solche Beobachtungen Material bzw. Anregungen geben. Das Bedürfnis, auch solche geschichtlichen Zusammenhänge ins Auge zu fassen, hat Steiner 1923 in der Vorrede zu *Die Rätsel der Philosophie*, das eine «Darstellung des Werdens der Philosophie» als «Ergänzung der eigenen Gedankenwege» sein soll, mit den Worten charakterisiert: «Nach einer solchen Ergänzung wird derjenige verlangen, der sich auf dem eigenen Gedankenwege eins fühlen möchte mit der Geistesarbeit der Menschheit. Der sehen möchte, daß seine Gedankenarbeit ihre Wurzel in einem ganz allgemeinen menschlichen Seelenbedürfnis hat.» (GA 18, S. 7.) Auch die «Philosophie der Freiheit» kann zu einem solchen Erleben führen, weil sie aus einem Bewußtsein dieser «Geistesarbeit der Menschheit» geschrieben ist und sich selbst bewußt in diese hineinstellt.

Beim ersten Lesen –
Fragen und Erfahrungen beim Studium
der «Philosophie der Freiheit»

Fragen aus einer Arbeitsgruppe

Es sollte ein Gedankenaustausch über das 9. Kapitel der «Philosophie der Freiheit» werden: *Wie ist freies Handeln möglich?* Seit einigen Monaten gab es den kleinen Arbeitskreis, der sich bis zu diesem Kapitel «durchgelesen» hatte. Die Fragen, mit denen man sich getroffen und schließlich auf die gemeinsame Lektüre der «Philosophie der Freiheit» geeinigt hatte, gingen alle in diese Richtung: Gibt es wirklich die Möglichkeit einer freien Selbstbestimmung? – Ganz unterschiedliche Erfahrungen hatte jeder mit den großen und kleinen Unfreiheiten gemacht, nicht wenige überraschenderweise auch mit jenen, die «in der Zeitung» stehen: handfeste Staatswillkür zum Beispiel. Aber allen war auch deutlich, daß Fragen nach der Freiheit zugleich Fragen an das Menschenverständnis sind. Es geht im Grunde immer um Freiheit oder Unfreiheit im Denken, um Freiheit oder Unfreiheit in Entscheidungen zur Tat. Denn was macht es für einen Sinn, von einer eigenen Entscheidung zu sprechen, wenn ich mir gar nicht sicher sein kann, ob irgend etwas «Eigenes» überhaupt übrigbleibt, wenn ich alles abziehe, was in «mich» durch Erziehung und die soziale Umwelt hineingestopft worden ist? Spricht nicht, wer das Wort «ich» im Subjekt verwendet, schon eine objektive Lüge aus? – Skepsis war eine Grundstimmung, auch eine – zögerlich eingestandene – Angst, sich die vielen großen und kleinen, bedeutenderen und lächerlichen Abhängigkeiten bewußtzumachen, an denen die «eigene» Entscheidung noch bei den geringsten Anlässen hängt, mit denen man an alle möglichen mehr oder weniger anonymen Autoritäten und Vorbilder gekettet ist, von der eigenen Erziehung bis zur Werbung.

Diese Fragen wurden wieder wach, als nun das 9. Kapitel zu besprechen war. Es konnte nicht ausbleiben, daß die Lektüre selbst unter dieser Perspektive kritisch beleuchtet wurde: *Wie «frei» sind wir beim Lesen?* Alle Erfahrungen, die in der gemeinsamen Arbeit am Text miteinander gemacht worden waren, schienen wie mit einem Schlag aufgerufen, ein Wort gab das andere, und bald war ein ganzes Panorama an Erfahrungen und Fragen zum Vorschein gekommen, die nun endlich auch einmal «angegangen» werden sollten.

Warum arbeiten wir in der Gruppe zusammen? Es gibt eine Gefahr, zu schnell zufrieden zu sein, zu schnell zu «verstehen». Erst wenn man sich mit anderen austauscht, merkt man, daß andere dasselbe Buch, dasselbe Kapitel, ja oftmals sogar denselben Satz ganz anders oder teilweise anders verstehen; die Notwendigkeit der Korrektur wurde betont. Aber auch dies kann man sich eingestehen: Manches hat man gar nicht bemerkt, wenn man den Text nur allein für sich liest. Er erscheint vielen beim ersten Lesen spröde und oft unverdaulich schwer. Im Gespräch mit anderen kommt aber die Anregung, die dann auch zu eigenen Entdeckungen führt; dann fällt das Lesen wieder leichter, die eigene Lektüre wird lebendiger.

Skeptisch fragte ein Teilnehmer: Aber wenn in der Gruppe so hin- und hergeredet wird – selbst wenn man sich versteht, ja vielleicht gerade wenn man sich leicht und schnell verständigen kann über den Sinn eines Satzes, Absatzes usw. –, ist das schon ein wirkliches Verstehen des Textes? Muß man nicht gerade die rasch gefundene Übereinstimmung hinterfragen? Wie, wenn wir nur zu oft einem gemeinsamen Vorurteil aufgesessen wären, etwas hineininterpretiert hätten, was zwar *uns* einleuchtet, aber keineswegs «da steht»? Und andere stimmten zu: Haben wir überhaupt das Rüstzeug, diesen jetzt über einhundert Jahre alten Text so zu verstehen, wie ihn der Autor «gemeint» hat? Konnten wir uns mit unserem Verständnis vielleicht nur deshalb zufriedengeben, weil wir nie über den Tellerrand unseres kleinen Kreises hinausgeschaut haben? Wer von uns hat denn wirklich zur Kenntnis genommen, was andere über dieses Buch und seinen Gegenstand geforscht und publiziert haben, wer kennt andere Meinungen dazu? Und haben wir uns je gefragt, wie wir dann zu einem selbständigen *Urteil* über das Gelesene kommen könnten, einmal vorausgesetzt, das *Verstehen* wäre schon wirklich gelungen? Aber nun zerfällt wieder alles, was wir uns im Gespräch scheinbar schon erworben hatten!

Als diese Zweifel einmal so allgemein und grundsätzlich ausgesprochen waren, wurde die Diskussion immer heftiger. Das Problem der eigenen «Unfreiheit», der Befangenheit in Kopf und Herz, kaum entdeckt, begann seine eigene Schärfe zu entwickeln. Nicht nur philologische Subtilitäten wurden jetzt mit spitzen Fingern berührt, eine Psychologin unter den Teilnehmern steuerte aus ihrem Wissen bei, um auf untergründige Abhängigkeiten in Urteil und Verhalten hinzuweisen. Ein Wissenschaftssoziologe wies auf die wissenschaftstheoretische und sprachanalytische Erforschung von Vorprägungen aller Art, die im 20. Jahrhundert immer deutlicher ins Bewußtsein traten und erforscht wurden – ein dicht gewebtes Netz meist völlig unbewußter Beziehungen umgibt denjenigen, der scheinbar ganz naiv und unbefangen sich einen Baum ansehen oder etwa einen Text lesen will.

Als wir so weit gekommen waren, hielten wir einen Moment inne. Es erschien uns, wie wenn wir mit solchen Gedanken in einen Sog geraten wären: Die Vorstellung der Abhängigkeit von allerlei halb oder ganz unbewußten Vorprägungen, so berechtigt sie ist, kann eine Eigendynamik gewinnen, die ganz in ihren Bann schlägt und die eigene Erfahrung übertönt. – Die

Wucht des Aufdeckens solcher Bindungen wäre vielleicht un-
erträglich, würde dieses Aufdecken nicht selber noch den Anspruch einer wirklichen Objektivität erheben – und damit seine scheinbar unentrinnbare, absolut skeptische Konsequenz
selber widerlegen.

Durch dieses Gespräch stellte sich für uns ein Widerstand im
Lesen auf, der eine neue Frage hervortrieb, die im Grunde in
der skeptischen verborgen lag: Gibt es nicht auch die Möglichkeit, alle Abhängigkeiten einmal beiseite zu setzen, sich trotz
allem, was man darüber wissen kann, hier und jetzt, also zum
Beispiel in der gemeinsamen Lektüre, gleichsam «leerzuma-
chen», *frei*, etwas Neues, wirklich anderes, nicht schon immer
Gewußtes aufzunehmen? Kann man sich im Lesen wenigstens
annäherungsweise befreien von Subjektivität und damit freimachen für die Aufnahme von etwas anderem? Ein Teilnehmer
erinnerte sich an Goethes Aufsatz «Der Versuch als Vermittler
von Objekt und Subjekt», in dem Goethe für die Naturwissenschaft die Befreiung zu einem objektiven Blick auf die Sache
beschreibt: Wie die Sonne für alle Wesen scheint, ohne Unterschiede zu machen, so soll der Wissenschaftler «mit einem gleichen ruhigen Blicke sie alle ansehen und übersehen, und den
Maßstab zu dieser Erkenntnis, die Data der Beurteilung nicht
aus sich, sondern aus dem Kreise der Dinge nehmen, die er
beobachtet».[8]

Gibt es ein Lesen im Sinne einer solchen «Beobachtung»?
Könnten wir es für unseren Text ausüben und in welcher Weise? Wir nahmen uns vor, unter dieser Fragestellung noch einmal von vorn anzufangen und uns nun selber «auf die Finger zu
sehen» beim gemeinsamen Lesen. Wir wollten dabei nicht vergessen, daß man sich auch schöne Illusionen machen kann. So
wie man einerseits ganz gelähmt werden kann durch die Entdeckung der vielen Hindernisse des Verstehens, kann man sich
natürlich auch in die Vorstellung verlieben, sich selbst ganz
zurückzunehmen, nur auf den Text und den anderen einzuge-

hen und einzig die Sache bzw. das Thema sprechen zu lassen. Die Frage ist nur, ob man das dann auch wirklich kann und macht. Sachlichkeit, die Fähigkeit, sich vorurteilsfrei auf etwas einzulassen, so sagten wir uns, müßte ja wohl erst erworben und am jeweiligen Gegenstand in der konkreten Situation erprobt werden. – Wie steht es nun mit der Lektüre eines so anspruchsvollen Buches wie der «Philosophie der Freiheit»? Man kann der Meinung sein, man brauche Übungen vor der Lektüre. Ebenso: Das Lesen des Buches selbst sei die Übung. Das kann vorweg nicht entschieden werden. Wir fragten uns zuerst, ob im Buch selbst Hinweise auf das Lesen gegeben werden.

Vor der Lektüre: Bemerkungen des Autors über sein Buch

Hinweise zum Umgang mit dem Buch enthalten vor allem das ursprüngliche *1. Kapitel* (nach der Überarbeitung 1918: Zweiter Anhang, S. 267–271) und die *Vorrede* aus dem Jahr 1918.

Das *ursprüngliche 1. Kapitel* sollte die «Ziele alles Wissens» umreißen. Es sind menschliche Ziele, und zwar auch nur solche, die sich jeder einzelne Mensch zu geben in der Lage ist. Jeder Mensch ist befähigt, die Kräfte in sich wachzurufen, die ihn selber zu diesem Ziel führen. Wie die Ziele, so können die Wege nicht vorgeschrieben werden. In der Achtung vor dem Individuum sei deshalb die «Philosophie der Freiheit» als eine Erzählung über einen Weg zu lesen, «den einer eingeschlagen hat, dem es um Wahrheit zu tun ist» (S. 269).

Daß eine Verständigung von Individuum zu Individuum, hier also durch den Text, möglich sei, wird ebenso vorausgesetzt wie die Möglichkeit des einzelnen, zur Erkenntnis der Wahrheit zu gelangen, wenn er nur wirklich seine Kräfte dazu entwickelt. Er braucht nur den individuellen *Willen* zum Verstehen. Hier gibt es allerdings Hindernisse, und diese werden vom Autor zunächst im allgemeinen angesprochen. Sie werden nicht – wie später etwa in der Vorrede zur dritten Auflage der *Theosophie*[9] – als Hindernisse des Denkens, Fühlens und Wollens im einzelnen und differenziert aufgeführt, sondern nur als «individualitätloses Schablonentum» apostrophiert: jene Vorprägungen, die jeder als Ballast seiner Subjektivität mit sich schleppt, Folgen der Überwältigung des individuellen Erkenntniswillens durch Erziehung und Umwelt.

Nur zwei spezifische Hindernisse des Denkens werden hervorgehoben, auf die dadurch besonderes Gewicht fällt: «Die Schrift führt zuerst in abstraktere Gebiete, wo der Gedanke scharfe Konturen ziehen muß, um zu sichern Punkten zu kommen. Aber der Leser wird aus den dürren Begriffen heraus auch in das konkrete Leben geführt. Ich bin eben durchaus der Ansicht, daß man auch in das Ätherreich der Begriffe [in der ersten Auflage: Abstraktion] sich erheben muß, wenn man das Dasein nach allen Richtungen durchleben will.» (S. 269.) Widerstand gegen das Abstrakte des Denkens ist also zuerst zu beachten. Der muß bewußtgemacht und dadurch überwunden werden, wenn man dem Autor folgen will. Das ist ein Vorgang, der hier ausdrücklich als eine zeitgemäße Anstrengung an die Stelle der älteren «Askese» gesetzt wird: «Die orientalischen Gelehrten lassen die Lernenden erst Jahre eines entsagenden und asketischen Lebens verbringen, bevor sie ihnen mitteilen, was sie selbst wissen. Das Abendland fordert zur Wissenschaft keine frommen Übungen und keine Askese mehr, aber es verlangt dafür den guten Willen, kurze Zeit sich den unmittelbaren Eindrücken des Lebens zu entziehen, und in das Gebiet der reinen Gedankenwelt sich zu begeben.» (S. 269.) Ein notwendiger erster Schritt auf dem Weg zur Wahrheit: Das «Leben» wird im Umweg durch die «dürren Begriffe» gefunden, nicht auf der Flucht vor ihnen. – Ein zweites, dem ersten entgegengesetztes Hindernis des Denkens taucht hier auf, wenn man dabei das Denken unverwandelt festhalten will. Auch damit würde man der Gedankenführung des Textes nicht folgen, sondern wiederum gegen die eigene, unmittelbare Erfahrung am Text etwas festhalten, was nicht wirklich erlebbar ist. Durch das Buch soll das Denken zu einer Begriffskunst entwickelt werden, durch die das «abstrakte Denken [...] konkretes, individuelles Leben» gewinnt (S. 270). Das Denken selber, so wird versprochen, wandle sich durch das lesende Aufnehmen des Textes. Besondere Aufmerksamkeit auf das Denken beim Lesen wird also vorweg angemahnt. Wie kann man diese Aufmerksamkeit ausbilden und verstärken?

Bei der Überarbeitung der «Philosophie der Freiheit» im Jahr 1918 wurde das Eingangskapitel aus dem Zusammenhang des Buches ausgegliedert, da es, wie Rudolf Steiner bemerkt, «mehr die Gedankenstimmung gibt», aus der das Buch geschrieben sei, und nicht unmittelbar mit dem Inhalt zu tun habe. Es wird aber außerdem noch angemerkt, daß diese Ausführungen «trotz der naturwissenschaftlichen Denkart unserer Zeitgenossen, ja gerade wegen derselben, zu sagen notwendig» seien (S. 267). Eine Erklärung dieser «Denkart» wird expressis verbis nicht gegeben – sie wird aber indirekt mitcharakterisiert durch die vorausgesetzte Erkenntniseinstellung. Der individuelle Erkenntnisanspruch wird eingefordert durch das Bestehen auf *Erfahrbarkeit,* wie sie die damals so genannten «Erfahrungswissenschaften» hochhalten. In ihrem Bestreben, alles auf «Erfahrung» zu stellen, trägt Naturwissenschaft schon jenes Ziel einer «Erhöhung des Daseinswertes der menschlichen Persönlichkeit» in sich, das über sie selbst hinausführt in der Art, wie es das ursprüngliche Einleitungskapitel zuletzt andeutet: Nicht um die Übertragung bestimmter, in der Naturwissenschaft ausgebildeter Erkenntnismethoden auf das Gebiet philosophischer Selbsterkenntnis geht es, sondern um eine Erkenntnishaltung im Sinne der Naturwissenschaft, die alles Wissen auf die individuelle Erfahrung stellt, weil diese eine

Voraussetzung des seine eigenen Ziele verfolgenden individuellen Menschen ist (S. 271). Freiheit kann der Mensch nur erringen, wenn er diese Erkenntnishaltung bis in das Gebiet des Ideellen bewahren kann.

Wer diesen Anspruch auf den Text selber anwendet, muß sich immer wieder prüfen, wie er ihm in jedem einzelnen Akt des Verstehens gerecht wird: Habe ich noch eine aktuelle Erfahrung der Gedanken des Textes, oder bin ich schon wieder zum Gefangenen meiner festgelegten oder mitgebrachten Vorstellungen und Gewohnheiten, der unindividuell-subjektiven Vorprägungen, geworden?[10]

Der zweiten Auflage ist eine *Vorrede* vorangestellt, die in verwandelter Art der «naturwissenschaftlichen Denkart» Rechnung trägt: Das Buch ist aus der Erkenntniseinstellung der Naturwissenschaft geschrieben. Darauf verwies schon das ursprüngliche und in der Bearbeitung noch erweiterte Leitwort: «[Seelische] Beobachtungsresultate nach naturwissenschaftlicher Methode». Auf «Anschauung» ist das Buch gegründet, und zu eigener «Anschauung» will es den Leser anregen: «Es wird nicht eine theoretische Antwort gegeben, die man, einmal erworben, bloß als vom Gedächtnis bewahrte Überzeugung mit sich trägt. Für die Vorstellungsart, die diesem Buche zugrunde liegt, wäre eine solche Antwort nur eine scheinbare. Nicht eine solch fertige, abgeschlossene Antwort wird gegeben, sondern auf ein Erlebnisgebiet der Seele wird verwiesen, auf dem sich durch die innere Seelentätigkeit selbst in jedem Augenblicke, in dem der Mensch dessen bedarf, die Frage erneut lebendig beantwortet.» (S. 8.)

Wir hatten in der Gruppe den Eindruck: In der Richtung dieser naturwissenschaftlichen Erkenntnishaltung liegt das, was wir in der Diskussion über die Lektüre selber suchten: einen freien, unverstellten Zugang zur Sache, hier: zum Text. Wir fragten uns nun: Wie könnten wir gleichsam nach «naturwissenschaftlicher Methode» lesen, uns öffnen für das, was für das Denken wirklich durch den Text gegeben und angeregt und nicht durch uns selber immer schon mitgebracht und vorgeprägt ist? Wir wollten vorsichtig sein und noch einmal zum Anfang des Buches zurückkehren: Lesen wir doch einmal nur die ersten Sätze des 1. Kapitels und fragen uns dabei, im geschärften Bewußtsein der bisherigen Erfahrungen und Fragen, wie wir im Verstehen vorgehen können.

Vom Zuschauer zum Mitspieler. Ein gemeinsamer Versuch, die Eingangsfrage der «Philosophie der Freiheit» zu verstehen

Der erste Satz der «Philosophie der Freiheit» ist eine Frage:
«Ist der Mensch in seinem Denken und Handeln ein geistig *freies* Wesen oder steht er unter dem Zwange einer rein naturgesetzlichen ehernen Notwendigkeit?»

Was steht in Frage? Um «den Menschen» geht es, ganz allgemein um sein Denken und Handeln. Es geht um Freiheit oder Notwendigkeit in diesen Tätigkeiten. Dieser Gegensatz findet sich hier verbunden mit einem anderen: «Geist» auf der Seite der Freiheit, «Natur» auf der Seite der Notwendigkeit. Offensichtlich handelt es sich bei der «Freiheit des menschlichen Willens» um ein bekanntes Problem – daß jedermann sich etwas darunter vorstelle, scheint unausgesprochen vorausgesetzt. Was dies sei und ob es etwas Bestimmtes bei allen sei, wird nicht thematisiert. Lassen wir also unser Vorverständnis von Freiheit, das sicher unklar und sicher auch unterschiedlich ist, zuerst einmal beiseite und fragen uns nur: Wie wird die eingangs gestellte Frage im Text behandelt? Sie wird zunächst nicht weiter untersucht. Es wird in den folgenden Sätzen nur in ganz allgemeiner Weise vorgeführt, wie andere mit dieser Frage umgehen – noch ist es gar nicht unsere Frage.

Satz

«Ist der Mensch in seinem Denken und Handeln ein geistig 1
freies Wesen oder steht er unter dem Zwange einer rein naturgesetzlichen ehernen Notwendigkeit? Auf wenige Fragen ist so 2
viel Scharfsinn gewendet worden als auf diese. Die Idee der 3
Freiheit des menschlichen Willens hat warme Anhänger wie
hartnäckige Gegner in reicher Zahl gefunden. Es gibt Men- 4
schen, die in ihrem sittlichen Pathos jeden für einen beschränkten Geist erklären, der eine so offenkundige *Tatsache*
wie die Freiheit zu leugnen vermag. Ihnen stehen andere ge- 5
genüber, die darin den Gipfel der Unwissenschaftlichkeit erblicken, wenn jemand die Gesetzmäßigkeit der Natur auf dem
Gebiete des menschlichen Handelns und Denkens unterbrochen glaubt. Ein und dasselbe Ding wird hier gleich oft für das 6
kostbarste Gut der Menschheit wie für die ärgste Illusion erklärt. Unendliche Spitzfindigkeit wurde aufgewendet, um zu 7
erklären, wie sich die menschliche Freiheit mit dem Wirken in
der Natur, der doch auch der Mensch angehört, verträgt. Nicht 8
geringer ist die Mühe, mit der von anderer Seite begreiflich zu
machen gesucht wurde, wie eine solche Wahnidee hat entstehen können. Daß man es hier mit einer der wichtigsten Fragen
des Lebens, der Religion, der Praxis und der Wissenschaft zu
tun hat, das fühlt jeder, bei dem nicht das Gegenteil von
Gründlichkeit der hervorstechendste Zug seines Charakters
ist.» (S. 15.)

Erste Betrachtung:

Was erfahren wir in diesen ersten Sätzen über das Freiheitsproblem? Wir sind zunächst nicht direkt angesprochen und nehmen eine beobachtende Perspektive auf den Umgang mit der Freiheitsfrage ein. Wir machen uns bewußt:

2. Satz: *Auf wenige Fragen ist soviel Scharfsinn gewendet worden als auf diese.*

Nun treten diejenigen auf, die ihren «Scharfsinn» der Freiheitsfrage gewidmet haben:

3. Satz: *Die Idee der Freiheit des menschlichen Willens hat warme Anhänger wie hartnäckige Gegner in reicher Zahl gefunden.*

Beide scharf unterschiedenen Gruppen werden charakterisiert, wie sie ihre jeweiligen Gegner in der Auffassung der Freiheit behandeln und was sie dabei über ihre eigenen Standpunkte enthüllen:

4. Satz: *Es gibt Menschen, die in ihrem sittlichen Pathos jeden für einen beschränkten Geist erklären, der eine so offenkundige Tatsache wie die Freiheit zu leugnen vermag.*

5. Satz: *Ihnen stehen andere gegenüber, die darin den Gipfel der Unwissenschaftlichkeit erblicken, wenn jemand die Gesetzmäßigkeit der Natur auf dem Gebiete des menschlichen Handelns und Denkens unterbrochen glaubt.*

Beide kommen zu völlig entgegengesetzten Urteilen über die Freiheit:

6. Satz: *Ein und dasselbe Ding wird hier gleich oft für das kostbarste Gut der Menschheit wie für die ärgste Illusion erklärt.*

Und beide bemühen sich, ihre eigenen Standpunkte in der Verteidigung auf dem Boden des anderen geltend zu machen:

7. Satz: *Unendliche Spitzfindig-keit wurde aufgewendet, um zu erklären, wie sich die menschliche Freiheit mit dem Wirken in der Natur, der doch auch der Mensch angehört, verträgt.*

8. Satz: *Nicht geringer ist die Mühe, mit der von anderer Seite begreiflich zu machen gesucht wurde, wie eine solche Wahnidee hat entstehen können.*

Nun sind wir selber angesprochen: Können wir der Freiheitsfrage gegenüber gleichgültig bleiben?

9. Satz: *Daß man es hier mit einer der wichtigsten Fragen des Lebens, der Religion, der Praxis und der Wissenschaft zu tun hat, das fühlt jeder, bei dem nicht das Gegenteil von Gründlichkeit der hervorstechendste Zug seines Charakters ist.*

Zweite Betrachtung:

Wie ist es zu dieser Wendung gekommen, daß wir zuletzt selber in unserem Verhältnis zur Freiheitsfrage angesprochen werden? Betrachten wir unter dieser Fragestellung noch einmal den Gedankengang:

1./2. Satz: Zunächst finden wir uns in einer betrachtenden Position wie Zuschauer bei einem Schauspiel. Das Thema ist die «Idee der Freiheit des menschlichen Willens», die offenbar die Kraft weckt, die Menschen zu ganz gegensätzlichen Anstrengungen des «Scharfsinns» zu befähigen. Diese Anstrengungen werden angekündigt,

33

3. Satz dann werden die «Schauspieler» vorgestellt: Sie charakterisieren sich zunächst durch die seelische Nuance ihres Engagements: Die «Anhänger» sind «warm», ihnen stehen «hartnäckige Gegner» gegenüber. So kommt seelische Farbe in den Widerstreit, die Handlung tritt in die Gegenwart ein.

4./5. Satz Indem sie sich gegenseitig wahrnehmen, müssen sich die Akteure auch gleich bekämpfen. Ihr «Scharfsinn» ist auf Behauptung der eigenen Position und Abweisung des Gegners gerichtet. Woran liegt es, daß nun der Zwiespalt entsteht im Blick auf die gemeinsame Idee? Woran liegt es, daß sich «Anhänger» und «Gegner» entzweien? An ihrer seelischen Reaktion erwachen die Kontrahenten erst für den Grund ihres eigenen Standpunktes. Beide befestigen ihre Positionen durch den Aufweis ihres jeweiligen Argumentationsgrundes: «Tatsache wie die Freiheit» hie und «Gesetzmäßigkeit der Natur» da. Die Gründe heben sich gegenseitig auf, man muß nur auf sie verweisen. Die jeweils anderen sind blind gegenüber dem positiven Fundament der eigenen Überzeugung. Da sind zunächst die «Anhänger» – für sie ist die Freiheit eine «Tatsache». Und aus diesem Bewußtsein wenden sie sich gegen deren Negation. Daß dies mit «sittlichem Pathos» geschieht, charakterisiert die «Wärme» der «Anhänger»: Sie nehmen die Sittlichkeit in den Blick. Anders der Blick der Gegner, die darin ihrerseits eine Negation derjenigen Realität erkennen wollen, auf die sie ihr Augenmerk gerichtet haben: das Reich der «Gesetzmäßigkeit», das Reich der Natur. – Zweierlei Scharfblick, zweierlei Welten, die sich hier als gleich und gleich gegenüberstehen.

6. Satz Und doch kann nicht beides zusammen bestehen:

«Ein und dasselbe Ding wird hier gleich oft für das kostbarste Gut der Menschheit wie für die ärgste Illusion erklärt.»

7./8. Satz Dieser so bewußtgemachte Widerspruch treibt die scharfsinnigen Kontrahenten zu der Bemühung, ihn aus der Welt zu schaffen: Sie müssen ihren Scharfsinn auf die Spitze treiben, um mit diesem Mittel den Gegner auszuschalten. Der jeweils andere Standpunkt muß von dem eigenen her erklärt werden. Und noch diese Versuche der Streitenden, die Position des jeweils anderen mitzureflektieren und zu entkräften, zeugen von der Unvereinbarkeit der gegensätzlichen Standpunkte.

9. Satz Am Ende bleibt nur die Einsicht in die Unvermittelbarkeit der beiden möglichen Standpunkte zur Freiheitsfrage. Diese bleibt ungelöst. Aber der Leser kann als Zuschauer des Schauspiels ein anderes Verhältnis zu ihr gewonnen haben. Denn er ist zwar einerseits Zuschauer, andererseits aber auch Akteur. Wir müssen als Leser selber die gegensätzlichen Standpunkte in unserer Vorstellung hervorbringen, und wir werden dem Schauspiel nur in dem Maße folgen können, wie wir es selber in eigenen Gedanken aufführen. Indem wir dabei nicht Partei ergreifen können und das Spiel so aufgeführt wird, daß beide streitenden Parteien Recht behalten bzw. Unrecht, wird verhindert, daß wir unsere Zuschauerrolle vergessen. Als Zuschauer dieses Spiels, das wir zugleich selber aufführen, bemerken wir etwas an uns selber: Wir sind es ja selber, die angehalten sind, diese beiden Standpunkte in uns zu entdecken, wenn wir ihre relative Berechtigung im gleichgewichtigen Für und Wider des Streites erleben. Eben damit sind wir schon einen Schritt

35

über uns hinaus, einen Schritt hinaus über den einen oder anderen «Standpunkt» zum Freiheitsproblem. Wir können uns in der Tat die Freiheitsfrage ganz anders zu Herzen nehmen: «Daß man es hier mit einer der wichtigsten Fragen des Lebens, der Religion, der Praxis und der Wissenschaft zu tun hat, das fühlt jeder, bei dem nicht das Gegenteil von Gründlichkeit der hervorstechendste Zug seines Charakters ist.» Die zunächst aus der Geschichte, der philosophischen Diskussion, dem Gespräch der Mitmenschen entnommene Freiheitsfrage ist nun unsere eigene geworden.

Die ersten Sätze der «Philosophie der Freiheit» leiten zum Ursprungsort der Freiheitsfrage in der eigenen Seele. In der «Vorrede zur Neuausgabe 1918» heißt es dazu: «Nicht ein künstliches Gedankengespinst ruft diese Frage hervor. Sie tritt ganz naturgemäß in einer bestimmten Verfassung der Seele vor diese hin. Und man kann fühlen, es ginge der Seele etwas ab von dem, was sie sein soll, wenn sie nicht vor die zwei Möglichkeiten: Freiheit oder Notwendigkeit des Wollens, einmal mit einem möglichst großen Frageernst sich gestellt sähe.» (S. 7.) – Die «bestimmte Verfassung der Seele», die diese Frage evoziert, kann also hier lesend erworben werden. Rückblickend können wir erkennen, wie das geschieht.

Dritte Betrachtung:

Die eigentliche Freiheitsfrage muß der Leser selber erst entwikkeln, indem er, dem Text folgend, sich mit den gegensätzlichen Standpunkten zum Freiheitsproblem verbindet und ihre Apo-

rie miterlebt: Wie verhält es sich mit der Freiheit angesichts
dieser ausweglosen Situation, die ich in mir selber finde? Der
Leser entdeckt in dieser Auseinandersetzung mit der zunächst
nur äußerlich aufgegriffenen Freiheitsfrage seine eigene Gespaltenheit: die Gegensätzlichkeit von «Geist» und «Natur»,
von «Freiheit» und «Notwendigkeit». Am Erleben dieses Gegensatzes im eigenen Wesen muß die Kraft gefunden werden,
die Freiheitsfrage trotz der Einsicht in die Aporie festzuhalten.
So hat sie sich verwandelt: Wer bin ich, daß ich mich über
diesem wichtigen Gedanken zerrissen finde? Das Miterleben
der Auseinandersetzungen um die Freiheitsfrage treibt also die
andere der beiden «Wurzelfragen» (Vorrede 1918) hervor: «ob es
eine Möglichkeit gibt, die menschliche Wesenheit so anzuschauen, daß diese Anschauung sich als Stütze erweist für
alles andere, was durch Erleben oder Wissenschaft an den
Menschen herankommt [...]» (S. 7). Es ist diese Frage der
Selbsterkenntnis, die eine Ethik vom Schlage David Friedrich
Strauß' verfehlt, wenn sie das Gewicht des (aporetischen) Freiheitsproblems verkennt (siehe S. 15 f.).

Es geht um die Aufhebung einer Alternative zugunsten einer
Frage. So kann Neues in den Blick kommen. Die Alternative
hat scharfe Kanten, gebildet aus geschichtlich Gewordenem.
Gleichsam handgreiflich fest wird hier Geistesgeschichte: Es
geht um Positionen, die vertreten worden sind – und in deren
Wirkungsgeschichte man sich wiederfinden muß, die man anerkennen muß, um sie zu verstehen. Sie sind aber in dem Maße
verständlich, wie man sie selber in sich wiederfinden kann. So
lassen sie zugleich zwei Seiten des eigenen Wesens erahnen, die
vollständig gegensätzlich sind. Wie beide in einem Wesen zusammengehören, das ist die Frage, die aus der Alternative er-
wächst. Sie gründet auf einem an der bewußtgemachten Alternative erwachenden Gefühl: Ich bin ein Wesen, das von der
einen oder anderen Seite dieser Alternative allein noch nicht
erfaßt ist. Das Stück, das hier gegeben wird und in dem ich als

Leser mitzuspielen beginne, bedeutet: über eine gegebene Zweiheit des eigenen Wesens hinauszukommen und in der Frage der Willensfreiheit das Problem der Einheitlichkeit des eigenen Wesens zu entdecken. Man stellt sich so sich selber gegenüber und lernt in neuer, von «natürlichen» Standpunkten freier Weise nach sich selber zu fragen. Ich bin das «Ding», das noch nicht gedacht ist, ein Drittes im Widerstreit der Meinungen, der zugleich ein Widerstreit zweier Seiten meines Wesens ist. Zu diesem Wesen muß man sich auf den Weg begeben. Es tritt als problematische Wirklichkeit erst in Erscheinung, indem es sich betätigt: Ich bin es selber, aber ich habe mich noch nicht.

Welche Signatur zeigt dieser Anfang einer «Philosophie der Freiheit»?

1. Eine Situation in der Welt wird vorgefunden: der Widerstreit von Meinungen.
2. Ich entdecke diesen mir zunächst äußerlichen Widerstreit in mir selbst: Mein eigenes Wesen ist über dieser Frage uneins. Ich entdecke in mir selbst die anthropologische Grundlage des geschilderten Streits über die «Willensfreiheit».
3. Und nun liegt es an mir, eine Frage zu stellen nach der Lösung meines eigenen Menschenrätsels. Die Frage der «Philosophie der Freiheit» kann nur jeder selbst entwickeln.

Als *eigene* Erfahrung wird so durch den Text etwas aufgerufen, was wie der Kern eines in der Geistesgeschichte entfalteten Problems erscheint: die Erfahrung der Widersprüchlichkeit, die mit dem Freiheitsideal verbunden ist und die Fragen an das Menschenwesen weckt.[11]

Soweit waren wir gekommen im Arbeitskreis – nur die ersten Sätze und doch schon eine ganze Fülle von Betrachtungen, die sich noch vermehren ließen. Aber wo kam diese Fülle her? Wir haben sie «zwischen den Zeilen» gelesen. Sicherlich angeregt durch den Text – aber: Haben wir nicht auch «hineingelesen»? Haben wir unsere Gedanken wirklich in jener Art entwickelt, die das Buch anregen will?

Rückblick: Erfahrungen bei der Lektüre

Als wir uns darüber Rechenschaft geben wollten, mußten wir noch einmal unsere Erfahrungen bei der Lektüre betrachten. Wir fragten uns jetzt aber nicht: Was steht da? Sondern: Welche Erfahrungen haben wir gemacht, als wir uns diese Frage beantworten wollten? Wie können wir die Erlebnisse beschreiben und näher beleuchten, die durch eine solche erste Lektüre wie in dem angeführten Beispiel möglich sind? Sind es *Erfahrungen* oder sind es *Begriffe*, an die wir uns jetzt nach der Lektüre erinnern? *Erfahrungen* doch zumeist – wir kennen ja die angesprochenen Positionen zur Freiheitsfrage aus eigener Erfahrung! Und wir wurden durch die Lektüre dazu angeregt, eben weil Bekanntes in abstrakter Form angesprochen ist, dieses Abstrakte durch Beispiele aus unserem Wissen zu beleben, Beispiele zu finden, wie dieser oder jener für oder gegen die Idee des freien Willens aufgetreten ist usw. Allerdings: Es bleibt uns nichts, als dieses Erinnerte, Gewußte in der *Vorstellung* zu halten; es sind *vorgestellte Erfahrungen*, wenn überhaupt, die solchermaßen herangezogen werden. Gleichgültig ob wir schon ein breiteres Wissen, gar vertiefte «Erfahrungen» von dem einen oder anderen im Text haben, müssen wir uns darum bemühen, lesend Vorstellungen auszubilden. Diese Vorstellungen sind zunächst notwendig subjektiv; wir müssen mit dem «Material» umgehen, das uns bekannt, gegeben ist durch unsere Erinnerung, wir haben «Vorverständnisse», die wir natürlich auch durch weitere Lektüre zu diesem oder jenem anreichern können. Diese Subjektivität streift sich erst im Zusammenhang, durch wiederholende Lektüre ab und/oder, wenn es gut geht, im Gespräch mit anderen. Wie aber? Wenn wir lernen, immer genauer auf den Zusammenhang zu achten, auf die Führung der Gedanken durch die genaue Sprache des Textes, so *bilden* wir daran unsere Vorstellungen *um*. Dazu ist allerdings notwendig, daß man nicht nur «mit der Nase im Text» liest: Je besser es gelingt, den Gedankengang des Textes oder Textabschnittes möglichst streng und sicher nach wiederholter Lektüre im Gedächtnis vor sich zu haben, desto eher gelingt es, zu dieser Umbildung der Vorstellungen nach Maßgabe der reinen Gedankenbezüge voranzuschreiten. Das war der Grund, weshalb in der Gruppe ein gut bekanntes Textstück zur Betrachtung ausgewählt worden war, als wir uns die Frage nach dem Studium stellten.

Betrachten wir an einem Beispiel genauer, wie diese Umbildung vor sich gehen kann: Die Einzelheit will sofort Leben gewinnen; ich stelle mir den «warmen Anhänger» des Freiheitsideals vor, vielleicht stehen mir auch lebendige, leuchtende Beispiele vor Augen. Allein, das findet in meiner Vorstellung statt, Bilder aus meiner Erinnerung tauchen auf, werden zusammengebracht vielleicht zu einem gemeinsamen Ausdruck: So ist ein Anhänger des Freiheitsideals! Gerade auf dieser ersten Stufe des Verstehens aber finde ich auch den Widerspruch mit den anderen, keineswegs nur Einklang. Andere stellen sich anderes vor, haben andere Erinnerungen, andere Assoziationen. Und dann können sich im Gespräch Fragen entzünden, die «vom Hundertsten ins Tausendste» führen und oftmals völlig vom eigentlichen Thema wegführen, ohne daß man es im Eifer der Debatte bemerkt, etwa: Ist ein Revolutionär, vielleicht sogar ein terroristischer Revolutionär, zu diesen «warmen Anhängern» zu zählen? Oder nur diejenigen, die sich friedlich verhalten? Aber wenn sich doch alle auf Freiheit berufen, wie dann? Vielleicht ist aber eine solche Forderung nach politischer Frei-

40

heit gar nicht mehr zurückzuführen auf *Willens*freiheit, wie sie in Frage steht? – Man wird auf diese Weise wach für viele Einzelheiten, sucht nach Differenzierungen, die der scheinbar dürftig-allgemeine Text gar nicht mehr unmittelbar herzugeben scheint – und verschläft gleichzeitig den Zusammenhang.

Da ist es dann gut, wenn jemand wieder auf diesen Zusammenhang aufmerksam macht und sagt: Aber unser Teilsatz steht doch in einem sprachlichen und gedanklichen Textzusammenhang! Können wir überhaupt verstehen, was mit den «warmen Anhängern» gemeint ist, wenn wir nicht wenigstens den nächsten Satzteil hinzunehmen? Es heißt doch: «Die Idee der Freiheit des menschlichen Willens hat warme Anhänger wie hartnäckige Gegner in reicher Zahl gefunden.» Also werden wir die «warmen Anhänger» gar nicht ohne die vom Autor in eine bestimmte Beziehung zu ihnen gebrachten «hartnäckigen Gegner» verstehen dürfen. Ja, diese *Beziehung* ist das eigentlich Wichtige, obwohl sie zunächst gar nicht ausdrücklich ausgesprochen wird. Wir müssen uns also die «hartnäckigen Gegner» vorstellen, wie wir uns die «warmen Anhänger» vorstellten. Aber wir müssen dann beide Vorstellungen aufeinander beziehen und uns fragen: Wie muß ich mir nun die «warmen Anhänger» denken, wenn ihnen die «hartnäckigen Gegner» gegenüberstehen?

Diese Fragen regten uns dazu an, noch weiter zu suchen. Man kann ja gar nicht stehenbleiben bei diesem einen Satz, auch wenn er nun vollständig vor uns zu stehen scheint. Sein Sinn verändert sich fortwährend, indem wir weiterlesen: Nehmen wir nämlich nur die nächsten beiden Sätze hinzu, so beziehen sie sich jeweils auf den einen oder den anderen der beiden Kontrahenten. Unser erstes Bild der «warmen Anhänger» ebenso wie unser erstes Bild der «hartnäckigen Gegner» verändert sich, wenn wir weiterlesen. Wir sind mehr oder weniger gezwungen, uns in Gedankenzusammenhängen zwischen den Sätzen zu bewegen, die unsere Vorstellungen *umbilden*.

Würden wir innehalten und zurückblicken, so könnten wir beobachten, wie unsere Vorstellung, die wir uns beim ersten Lesen voreilig gebildet hatten, korrigiert werden muß. War sie zu eng gefaßt, muß sie entgrenzt werden. Wir hatten uns vielleicht nur einen bestimmten Typus der «warmen Anhänger» vorgestellt, andere einen anderen. Hier konnte es Streit geben. Nun zeigt sich: Diese Anhängerschaft ist viel weiter gefaßt. Aber auch das Gegenteil kann der Fall sein: Vorstellungen können zu allgemein gefaßt sein, zu weit, zu unbestimmt. Sie müssen im Lesen schärfer, spezieller gefaßt werden. Manchmal greift der Autor in seiner Bearbeitung des eigenen Textes in diesem Sinne ein: Rudolf Steiner hat zum Beispiel in der Fassung zur zweiten Auflage im ersten Satz dem Ausdruck «eherne Notwendigkeit» die Bestimmung der Naturgesetzlichkeit beigefügt, offenbar, um auf etwas Genaueres hinzuweisen, um die Aufmerksamkeit auf die Notwendigkeit in eine bestimmtere Richtung zu lenken. Im dritten Satz wurde bei der Überarbeitung deutlicher herausgehoben, daß es hier um die Freiheit des *menschlichen Willens* geht, während dort in der ersten Auflage nur das Wort Freiheit stand. An einzelnen Wörtern, aber auch an ganzen dargestellten Zusammenhängen können sich festgeprägte Vorverständnisse festmachen, die einen vielleicht ungebräuchlichen Sinn, den der Autor ihnen gibt, eine Seite, auf die der Autor aufmerksam machen will, verdecken usw. Die mitgebrachten Vorstellungen werden im Lesen entgrenzt, umgeformt oder neu gebildet. Dieser Prozeß des Lesens, des Umbildens von Vorstellungen durch das allmähliche Hineinleben in den Gedankenzusammenhang des Textes, fällt manchem leichter in der Gruppenarbeit, wo die anderen immer neue Anstöße geben und auch das eigene Verstehen korrigieren. Er kann aber auch im «stillen Kämmerlein» geübt werden. Beides hat seine Chancen und Gefahren, wie die Gruppe im Gespräch schon festgestellt hatte.

Wie steht es nun mit dem Wissen und vor allem: den Erfahrungen? Sie verschwinden in der Anstrengung der Vorstellungsumbildung, also im Denken des Textes. Und damit wird der Blick frei auf eine neue, *aktuelle Erfahrungsebene:* Indem wir die Vorstellungen, durch den immer strenger beachteten Zusammenhang des Textes geleitet, umbilden, ermöglicht uns gerade dieses Tun selbst, neue Erfahrungen zu machen, die nun viel interessanter werden als unsere subjektiven Erinnerungen und unser mitgebrachtes oder erworbenes Wissen. Wir rücken ein wenig von uns selber und unserer Vergangenheit weg und öffnen uns der Aktualität des Lesens. Wir brauchen dazu nur ein wenig Aufmerksamkeit auf unsere Leseerfahrungen. Wir werden warm mit den Anhängern, kalt mit den Gegnern der Freiheit. Aber wir wärmen uns nicht mehr an unserem aufgespeicherten Wissen, an unseren subjektiven Vorstellungen. Wir müssen uns neue Gedanken bilden und beginnen in diesen zu leben. Das ist eine Anstrengung besonderer Art. Wir müssen es dahin bringen, das Ergebnis unserer eigenen Denkanstrengung im Umbilden der Vorstellungen immer deutlicher in die Aufmerksamkeit zu bringen und dabei wenigstens ansatzweise jene von Rudolf Steiner selbst hervorgehobene naturwissenschaftliche Beobachtungshaltung gegenüber dem *Denken* einzunehmen. Das ist nicht einfach, denn in dem Umbilden der Vorstellungen sind wir viel stärker engagiert als im flüchtig aufsteigenden Vorstellen der ersten Lektüre – wir müssen uns also diesem Geschaffenen gegenüberstellen können «wie ein Maler, der vor seinem Gemälde zurücktritt» (Euripides). Dafür ist nun auch eine größere Objektivität möglich. In der Umbildung der Vorstellungen durch die Korrektur am Zusammenhang trennt man sich von der Nähe und Vertrautheit der subjektiven Erfahrungen und ermöglicht gerade dadurch lebendige Erfahrungen auf einer ganz anderen Ebene: Man führt gleichsam Experimente aus mit den umgebildeten Vorstellungen, die man nun beobachten kann und deren Ergebnisse man zu beschreiben anfängt. Wie läßt es sich an, wenn in der

Art des Textes die «warmen Anhänger» und die «hartnäckigen Gegner» einander gegenübertreten? Der Text ist ja wie eine Versuchsbeschreibung. Den Versuch muß der Leser selber durchführen und daran einen eigenen Begriff gewinnen: die Frage nach der Freiheit, die sich durch die Gegenüberstellung in ganz neuer Form stellt.

Umgekehrt zur Reihenfolge, wie der Naturwissenschaftler von der Beobachtung zum Experiment fortschreitend vorgeht, wird der Leser durch den Text geführt: Am Anfang steht das «Experiment». Man bereitet es durch Vorstellungsbildung und anschließende Umbildung vor und vollzieht es durch aufmerksames Lesen. Der Autor hat das «Experiment» aufgrund seiner Beobachtungen und Begriffsbildungen entworfen und in Sätze gefaßt. Indem diese in ihrer Reihenfolge gelesen werden, bilden sich Begriffe dafür aus. Der Leser führt also das «Experiment» selber durch, geleitet von der Komposition der durch den Text angeregten Gedanken; zuletzt muß er am zu Beobachtenden den Begriff bilden, der dem Versuch zugrunde liegt und der für ihn sein Ergebnis ist. Der Leser ist nicht der Erfinder des «Experimentes», aber er kann es nach Anleitung durchführen und begreifen.

Ohne diese erste eigene Einsicht aus der Beobachtung bleibt im weiteren Fortgang der Lektüre auch der Zusammenhang der einzelnen «Experimente» untereinander dunkel. Sie bauen nämlich aufeinander auf: Das Ergebnis des ersten Versuchs wird Ausgangspunkt für den zweiten usw. Auf diese Weise zeigt sich allmählich ein weiterer, höherer Zusammenhang im Text, der ebenso wie derjenige der einzelnen «Experimente» in sich nicht expressis verbis im Text ausgedrückt ist: der Zusammenhang der «Experimente» untereinander. – Erfahrung oder Begriff also? Beides! Aber beides im aktuellen Vollzug des (wiederholten) Lesens: Erfahrungen, die im Lesen gemacht, Begriffe, die an diesen Erfahrungen gewonnen werden.

Eine größere Anstrengung als das erste Vorstellen der einzelnen «Inhalte» also verlangt dieses Lesen der unausgesprochenen, aber den Text, das Gewebe eigentlich erst aufbauenden reinen Gedankenbezüge, eine größere Anstrengung auch, sich wiederum von ihnen zu trennen, sie mehr und mehr bewußtzumachen, sich sozusagen Rechenschaft abzulegen über das eigene Tun, das eigene Denken beim Verstehen des Textes. Wir machten aber in unserer Arbeitsgruppe auch die Erfahrung, daß eben diese Anstrengung als etwas Belebendes empfunden wurde. Die Lebendigkeit, die im Abschied von den subjektiven Vorstellungen, von unserem Wissen und dem lebendigen Beispiel verlassen werden mußte, kehrte in ganz anderer Gestalt im Erleben dieser reinen Gedankenbezüge wieder. Wir fanden, daß wir in diesen selbsterarbeiteten Gedanken viel stärker engagiert waren als in den Vorstellungsbildern und Beispielen, die uns zunächst beim Lesen eingefallen waren. Und nun wunderten wir uns über einen zunächst paradox erscheinenden Befund: Je stärker wir in diesem Prozeß des Umbildens, des Ausbildens reiner Gedankenbezüge und des Bewußtwerdens derselben engagiert waren, desto leichter wurde die Verständigung. Das Ergebnis der eigensten Anstrengung war am leichtesten zu vermitteln. In der Erfahrung der reinen Gedankenbeziehungen im Text fanden wir etwas von der Qualität des Verstehens, die uns zuerst nur wie ein ungewisses Ideal vorschwebte: eine allmählich sich verstärkende Sicherheit, nicht mehr nur im Eigenen befangen zu sein, sondern einen neuen, anderen Gedanken, den Gedanken eines anderen zu verstehen. Das Verfolgen des Textes bis in jene Gedankenbezüge, wo sich im scheinbar nur Abstrakten, im reinen Gedankenzusammenhang das Subjektive im Denken und Empfinden verliert, ist also wirklich, wie es das ursprüngliche 1. Kapitel der «Philosophie der Freiheit» andeutet, der erste Schritt zum Verstehen, wenn man den Mut zum «Abstrakten» (das Wort im Sinne des ursprünglichen 1. Kapitels gebraucht, siehe oben, S. 12f.) hat, das heißt auf das Nur-Eigene verzichten lernen will. Man kann

45

sich einen ersten, noch vorläufigen Begriff davon bilden, was Rudolf Steiner mit jener Anstrengung des reinen Denkens meint, die als zeitgemäße Anstrengung im Verstehen der «Philosophie der Freiheit» an die Stelle der orientalischen Askese zu treten hat: eine Reinigung von sinnverstellenden Subjektivitäten im Erkenntnisleben.[12]

Dieses lebendige Erleben des reinen Gedankenwebens, das den Text ausmacht (das lateinische Wort textus bedeutet «Geflecht»), so wurde im Rückblick deutlich, hat allerdings eine Bedingung, die sich erst durch unsere gemeinsame intensive Bemühung zum Durchdenken des Textes deutlicher herausstellte: Es genügt nicht, einen solchen Text nur einmal anzuschauen und mit den Augen auf den Buchstaben zu lesen; der Text muß wiederholt gelesen werden und wird gerade dadurch erst interessant. Die Wiederholung zeigte sich als sachliche Bedingung des Verstehens. Dadurch, daß wir einen allen Teilnehmern gut bekannten Text ausgewählt hatten, waren wir dieser Bedingung, ohne uns dessen gleich bewußt zu sein, schon ein Stück entgegengekommen. Die gemeinsame Lektüre regte zu intensiverer Bemühung an: Was wird geschehen, wenn man nun den Zusammenhang des Textes immer wieder, frei vom Wortlaut und doch streng in der Gedankenfolge bleibend, durchdenkt? Das ist ja in der Gruppe nur ansatzweise möglich, kann aber als Frucht des individuellen, regelmäßig übenden Wiederholens durch jeden einzelnen Teilnehmer später wieder in die gemeinsame Arbeit eingebracht werden. In dieser wiederholenden Vergegenwärtigung beginnt der Text überhaupt erst sein reines Leben zu enthüllen, das in der Seele des Lesers aufkeimt, aber doch mehr und mehr von subjektiver Trübung sich befreit. Was beim ersten Lesen noch schattenhaft und abstrakt erscheint, wird im übenden Lesen mehr und mehr zu einem Erlebnis, das das ganze Seelenleben im Denken, Fühlen und Wollen erfüllt.

Erster Teil:
«Das bewußte menschliche Handeln».
Beiträge zum 1. Kapitel
der «Philosophie der Freiheit»

Einleitende Bemerkungen
zu den Beiträgen

Im 1. Kapitel der «Philosophie der Freiheit» wird erlebbar, wie an der Freiheitsidee Fragen der Menschenerkenntnis erwachen.

Die Eingangsfrage des 1. Kapitels:

Das Kapitel beginnt damit, daß Kopf und Herz, bildlich gesprochen, sich über der Freiheitsfrage zerstritten finden: Das Ideal der Freiheit kann in der Seele aufleben und doch für den Kopf ein unvernünftiger Gedanke bleiben. (Ausführlich dazu oben, S. 30ff.) An diesem Zwiespalt erwacht eine erste Frage der Selbsterkenntnis: Wer bin ich, daß ich mich über der Freiheitsfrage in zwei Teile zerrissen finde?

Die Frage nach dem Denken:

Am Ende des Kapitels finden sich dagegen Denken und Handeln miteinander verknüpft: Das Denken steht nicht nur auf der einen Seite des Gegensatzes, es muß auch die Brücke bilden. Für die Selbsterkenntnisfrage liegt also in dem einen der beiden Glieder der Schlüssel zu ihm selbst und zu dem anderen. Um dies zu ergründen, muß man sich allerdings über die gewöhnliche Bekanntschaft mit dem Denken hinaus in dessen Wesen vertiefen.

Die Frage nach dem Menschen hat also im 1. Kapitel eine Verwandlung erfahren: Sie stellt sich jetzt als Frage nach dem

Wesen des Denkens und seiner Bedeutung für den Menschen. In der Frage nach dem «Ursprung und der Bedeutung des Denkens» (S. 24) liegt der Anfang eines Weges zur Einheit des getrennt Gefundenen.

Wie ist diese Verwandlung der Frage nach dem Menschen im 1. Kapitel vor sich gegangen?

Wer sich diese Frage stellt, wird die konkreten Schritte im Gedankengang aufzusuchen bemüht sein, die zu einer solchen Verwandlung führen. Dies kann unter zweierlei Aspekten geschehen:

1. Man kann den Gedankenzusammenhang des ganzen Kapitels als einen *Weg innerer Erfahrung* nachzuvollziehen versuchen.
2. Derselbe Weg kann aber auch in seiner *geistesgeschichtlichen Bedeutung* betrachtet werden, die in der Auswahl und Zusammenstellung bestimmter Anschauungen zum Ausdruck kommt.

Nach diesen beiden Aspekten sind die Beiträge zum 1. Kapitel unterschieden.

Zum Gedankengang

Das «bewußte menschliche Handeln» als Problem: Verwandlungen der Frage nach dem Menschen

Der Gedankengang des 1. Kapitels führt durch verschiedene Anschauungen des Freiheitsproblems. Anders als in den ersten Sätzen des Kapitels, wo nur allgemein von Anhängern oder Gegnern der Freiheitsidee die Rede war, nehmen die Anschauungen hier konkrete Gestalt an, Namen werden genannt. Läßt man zunächst die Frage beiseite, warum gerade dieser oder jener Name ausgewählt ist, und nimmt die Anschauungen so, wie sie hier mehr oder weniger ausführlich charakterisiert sind, in ihrer Reihenfolge auf, so kann man sich fragen: *Welchen Beitrag leisten diese angeführten Anschauungen zum Gedankengang des Kapitels, wenn man sie im Zusammenhang zu lesen versucht?*

Die verschiedenen Stimmen zum Freiheitsproblem finden sich im weiteren Fortgang des Kapitels nicht wie am Kapitelanfang einfach in einem gleichgewichtigen Für und Wider gegenübergestellt. Die in dieser Gegenüberstellung gewonnene Frage nach dem Menschen ist jetzt nur der Ausgangspunkt für einen Durchgang durch unterschiedliche, in der neueren Zeit aufgetretene Anschauungen zum Freiheitsproblem. Aber wieder stellt sich die Frage, was in der Begegnung und Auseinandersetzung mit diesen ausgebildeten Standpunkten in der eigenen Seele aufklingt. Am Anfang steht der Name David Friedrich Strauß für eine Ansicht, die das Menschenwesen völlig außer acht läßt, wenn sie die Freiheitsfrage als irrelevant für die Erkenntnis menschlichen Handelns abzutun bemüht ist. Ohne

Bewußtsein von der Bedeutung dessen, was er sagt, spricht Strauß aus einer deterministischen Weltansicht: Wo nichts ohne Grund geschieht, wird die Freiheit zur Illusion. – Am Ende des Kapitels begegnet mit dem Namen Hegel eine Anschauung vom Menschenwesen, die das Denken in den Mittelpunkt rückt. Das bei Strauß vergessene Wesen des Menschen tritt hier ins Bewußtsein, indem die Bedeutung des Denkens in Gründen ersichtlich wird: Der Mensch ist ein Wesen, das gerade durch *Einsicht in die Gründe seines Handelns* ausgezeichnet ist.

Was geschieht dazwischen? Welcher Weg wurde von der einen zur anderen Anschauung durchlaufen? Wie kommt es zum Auftauchen des Bewußtseins für das Wesen des Menschen? Wie erwacht das Bewußtsein für die Bedeutung des Denkens im Handeln?

In drei Abschnitten, die in Wiederholung jeweils den ganzen Zusammenhang der Anschauungen umgreifen, soll dieser Weg in ähnlicher Art wie oben bei der Betrachtung der ersten Sätze des Kapitels (S. 30ff.) schrittweise verdeutlicht und in zusammenfassender Verdichtung skizziert werden.

Erster Schritt:
Erste Begegnungen mit den einzelnen Anschauungen

Strauß

1. Abs.   Als oberflächlich wird in der «Philosophie der Freiheit» die kurze Abfertigung der Freiheitsfrage durch *David Friedrich Strauß* beurteilt; mit dem Hinweis auf die Gegenstandslosigkeit des Gedankens der «indifferenten Wahlfreiheit» (zur Bedeutung dieses Ausdruckes siehe die Anm. 11) sei das Freiheitsproblem erledigt.

Wer den Gedankengang in den ersten Sätzen des Kapitels verfolgt hat, wird das Urteil über diese Meinung nachvollziehen können: Das Problem der Freiheit ist nicht in einem einfachen Für oder Wider erschöpft; es stellt sich überhaupt erst in seiner ersten wahren Gestalt, wenn dieser Gegensatz erlebt wird. Jeder kann in sich entdecken, wie er selber ebenso Befürworter wie Gegner der Freiheitsidee sein kann. Erst an dieser Entdeckung erwacht die Frage, wie der Abgrund überschritten werden kann, der beide Haltungen trennt. Eine Meinung wie die von David Friedrich Strauß erscheint demgegenüber bloß als ein Augenverschließen vor der bewegenden Dramatik dieses Erlebnisses. Weil sie mit dieser Aktualität des Seelenlebens nicht rechnet, verfehlt sie gerade, was sie sein will: eine moderne Weltanschauung, die den wirklichen, lebendigen Seelenbedürfnissen gerecht wird.

Aber es spricht sich auf indirekte Weise dennoch etwas von der modernen Anschauung durch diese kurze Abfertigung des Freiheitsproblems aus, das es dem Autor wert ist, die Äußerung von Strauß an die Spitze der «Philosophie der Freiheit» zu stellen: Der Denker, der «aus den Ergebnissen neuerer Naturforschung einen ‹neuen Glauben› prägen will» (S. 15), zeugt vom selbstverständlichen Bewußtsein des Grundes der Handlung. Auf dem festen Boden dieses Bewußtseins scheint sich das Freiheitsproblem zu erledigen. – Das ist der Hintergrund seiner Worte über die Freiheit. Und darin sind wir noch Zeitgenossen von Strauß: Ein waches Bewußtsein dafür, daß menschliche Handlungen keine Ausnahme in einer Welt sein können, die durch und durch gesetzmäßig bestimmt gedacht werden muß, in der nichts ohne Ursache geschieht, erscheint so selbstverständlich, daß man kaum bemerkt, wie stark dies am Anfang des Gedankengangs im 1. Kapitel der «Philosophie der Freiheit» betont wird. Ohne jede Einsicht in die Bedeutung dieses Gedankens für das Menschenverständnis wird durch die Ansicht von Strauß, der hier gleichsam als bloßes Sprachrohr seiner Zeit erscheint, ein naturwissenschaftlich tingiertes Denken, das auch vor dem Menschen nicht haltmacht, als eine Grundtatsache des modernen Bewußtseins vom Menschen angesprochen: Nichts geschieht ohne Grund – auch der Mensch muß die Gründe seines Handelns aufsuchen.

Es wird nun darauf ankommen, in diesem undifferenzierten, aber strengen Bewußtsein das Bewußtsein der an der ersten Gegenüberstellung des Für und Wider erwachten Freiheitsfrage nicht zu verlieren. Eben dies geschieht aber um so leichter, je konkreter alle möglichen Abhängigkeiten des Handelns, wie sie David Friedrich Strauß nur allgemein vor Augen hatte, im einzelnen untersucht werden. Dieser Widerstand der Selbsterkenntnis wird in der folgenden Anschauung vor Augen geführt. Er muß in einer Auseinandersetzung mit ihr überwunden werden – eine Auseinandersetzung, die die prinzipielle Bedeutung und Grenze dieser Anschauung bewußtmacht.

Spencer

2. Abs. Jeder Blick auf das Seelenleben bestätigt die Grundüberzeugung der Gegenwart von der ausschließlichen Bestimmtheit alles Handelns: Der Wille ist nicht frei im Sinne der Unbestimmtheit, er ist immer in einem bestimmten Zusammenhang zu sehen.

In Herbert Spencer begegnet uns ein moderner Denker, der, so wird hervorgehoben, in «Ansichten lebt, die mit jedem Tage an Verbreitung gewinnen» – ein Vertreter derjenigen empirischen Wissenschaft, für deren Betrachtungsart sich David Friedrich Strauß philosophisch verwenden will. Es zeigt sich bei Spencer dieselbe Blindheit gegenüber dem eigentlichen Freiheitsbewußtsein wie bei Strauß: Er lehnt ab, was er nicht wahrnimmt. Die Freiheitsidee ist im Bewußtsein der Handlungsgründe, die hier – anders als bei Strauß – auch in ihrer konkreten Gestalt untersucht werden, untergegangen. Das Bewußtsein vom Grund, gebannt im Blick auf den Gegenstand, den es behandelt wie ein Naturobjekt, wird sich seiner selbst nicht gewahr.

Bei einem der grundlegenden Denker der Neuzeit, dessen Name immer genannt wird, wenn es um die Formulierung des modernen Freiheitsbewußtseins geht, zeigen sich deutlicher als bei dem mit einzelnen Erscheinungen des Willens befaßten empirischen Forscher die Grenzen dieses Blicks auf das Handeln: bei Spinoza.

Spinoza

2. – 4. Abs.   Bei Spinoza findet sich der «Keim» solcher Anschauungen, wie sie von Strauß und Spencer vertreten werden: Spinoza denkt den handelnden Menschen im Zusammenhang der ganzen geschaffenen Welt, die durch äußere Ursachen bestimmt ist. Ursache jeder Bewegung ist ein anderes Ding. Auch alle lebendigen Wesen sind von außen bestimmt, Bewußtsein ist unwesentlich. Frei kann nur Gott sein, der ausschließlich aus der Bestimmung seiner eigenen Natur heraus handelt.

Der Gedanke der gesetzmäßigen Bestimmung aller Dinge und Wesen wird hier universell gedacht. In einem göttlichen Wesen lassen sich Bestimmung und Freiheit zusammendenken: Gott handelt und erkennt gesetzmäßig, aber die Notwendigkeit ist die seiner eigenen Natur. Der Mensch ist aber ein Wesen, das sich nicht aus sich selber bestimmt, ein geschaffenes Wesen, das in eine äußere Gesetzmäßigkeit eingespannt ist, bei der sich jeder Gedanke an Freiheit als Illusion erweisen muß. Der Mensch ist ein Wesen unter anderen Wesen und muß im Zusammenhang mit der ganzen Welt gedacht werden. Wo er sich über diesen Zusammenhang täuscht, kann er sich mit Gott verwechseln und meinen, er handle ohne diesen Zu-

sammenhang allein aus sich heraus und durch seine eigene
Natur bestimmt. Das Beispiel, an dem Spinoza diesen Gedan-
ken erläutert, wird aus der Welt der leblosen Dinge gewählt:
Gleichgültig ob Mensch oder Stein – in bezug auf die alle
Dinge und Wesen umspannende Gesetzmäßigkeit sind sie ver-
gleichbar. Das Handeln des Menschen ist äußerlich bestimmt
wie die Bewegung des Steins, deren beider Bewegungen und
Taten lassen sich nur aus ihrem Zusammenhang mit anderen
Wesen bzw. Dingen erklären. Spinoza spricht aus, was aus dem
Gedanken von Handlungsgründen folgt, so wie er in der Neuzeit gedacht wird: Im deterministischen Weltbild verschwindet
der Mensch, er wird zum Stein.[13]

5. Abs. An dieser Konsequenz kann man sich stoßen und
sich fragen: Wie kann ich mich mit dem Stein vergleichen?
Spinoza denkt die vollkommene Nichtigkeit des eigenen Bewußtseins. Hier ist nichts oberflächlich wie bei Strauß, hier ist,
schon im Anfang des naturwissenschaftlichen Zeitalters, der
Kern des «neuen Glaubens» zu Ende gedacht. Stößt sich die
Seele an dieser Position, so kommt sie weiter. Und sie muß sich
stoßen, wenn sie am Widerspruch des Für und Wider für die
eigentliche Freiheitsfrage erwacht ist. Dieser Anstoß ist ein
Aufwachen des Bewußtseins für die Bedeutung der Erkenntnis. Man muß unterscheiden zwischen dem Bewußtsein von
der Handlung und dem Bewußtsein von der *Ursache* der
Handlung. Ein «Bewußtsein von der Handlung» haben auch
der Unmündige und der Betrunkene. Ein solches Bewußtsein
kann im Sinne der deterministischen Anschauung als unwesentlich für die Freiheitsidee betrachtet werden. Wie aber,
wenn jemand auch ein Bewußtsein von den *Ursachen* seines
Handelns hat? In der neueren Zeit hat sich ein scharfes, waches
Bewußtsein von Handlungsgründen herausgebildet. Aber es ist
nicht vollständig, wird dem eigenen Anspruch, die Gründe des
Handelns vollständig aufzudecken, nicht gerecht, denn es ist
noch nicht für sich selbst in gleicher Weise erwacht. Der han-

delnde Mensch erscheint noch als Ding, die Erkenntnislei-
stung selber wird dabei übersehen. Hier, im Bewußtsein, muß
also die Differenz gesucht werden zwischen freier und unfreier
Handlung. Der Betrunkene sieht sich nicht selbst, er hat kein
Bewußtsein seines Menschentums – erst im Bewußtsein der
Ursachen wendet sich der Blick des Handelnden auf sich selbst:
Er wird zum *Selbstbewußtsein.*

Nun wird also alles darauf ankommen, so für die Bedeutung dieses Selbstbewußtseins zu erwachen, wie der Nüchter-
ne gegenüber dem Betrunkenen erwacht ist: Was ist damit
gewonnen, wenn der Mensch wirklich seine Handlungsgründe erkennt? Dies wäre ein zweiter Schritt des Erwachens gegenüber dem eigenen Tun in der gleichen Art wie derjenige,
der in der naturwissenschaftlich geprägten Neuzeit als Bewußtsein von den Handlungsgründen selbstverständlich geworden ist.

Hartmann

6. Abs. Der Aspekt des Freiheitsproblems, der nun durch die
Philosophie Eduard von Hartmanns aufleuchtet, führt zunächst die Kritik der Freiheitsidee einen Schritt weiter: Hartmann differenziert die «zwei Hauptfaktoren» des Wollens, den
«Charakter» (Triebfeder) und den «Beweggrund» (Motiv).
Eine allgemeine Vorstellung im Bewußtsein wird erst dadurch
zum «Beweggrund», daß sie ein entsprechendes, im «Charakter» gegründetes Begehren weckt. So kann Hartmann erklären,
wie die Illusion des Freiheitsbewußtseins gerade aus dem Bewußtsein des Handlungsgrundes entsteht.

Diese Ansicht scheint nun geeignet, das im Gedankengang
des Kapitels bisher Erreichte umzustoßen, indem sie auf eine
dem wachen Bewußtsein des Handlungsgrundes verborgene
Wirklichkeit hinweist, den «Charakter», durch die jedes be-

wußte Motiv immer schon bestimmt ist, wenn es überhaupt über eine beliebige Vorstellung hinaus zum Handlungsgrund werden soll. Über einen prinzipiell geltend gemachten Determinismus, wie er bei Spinoza begegnete, führt diese Anschauung hinaus in die *seelische Wirklichkeit*. Der Mensch hängt nicht nur in der Art des Steines von anderen Dingen und Wesen ab, er findet sich als seelisches Wesen mit seinem Wollen in eine Zweiheit gestellt, mit der jede Betrachtung des Handelns zu rechnen hat. So differenziert sich der Blick auf das Handeln. Aber das bewußte Motiv wird wiederum zurückgebunden an den «Charakter», eine Wirklichkeit, die zwar für das wache Bewußtsein des Handlungsgrundes nicht im Blick ist, die darum aber nicht weniger wirksam ist.

Auch diesem konkreteren Blick auf die seelische Wirklichkeit des Wollens begegnet Rudolf Steiner mit dem gleichen Einwand wie gegenüber der allgemeinen Betrachtung der Abhängigkeit des Handelns bei Spinoza: «Auch hier bleibt der Unterschied ohne alle Berücksichtigung, der besteht zwischen Beweggründen, die ich erst auf mich wirken lasse, nachdem ich sie mit meinem Bewußtsein durchdrungen habe, und solchen, denen ich folge, ohne daß ich ein klares Wissen von ihnen besitze.» (S. 20.) Dieser Einwand richtet sich nicht gegen die Berechtigung einer Differenzierung zwischen den beiden Faktoren des Seelenlebens im Wollen in der Art, wie sie Hartmann unternimmt. In Frage gestellt wird jedoch der Schluß auf das Freiheitsproblem, den Hartmann daraus zieht.

7. – 9. Abs. Durch die Auseinandersetzung mit dieser Anschauung tritt nun deutlicher hervor, worum es in der Verfolgung der Freiheitsfrage wirklich geht: das in der wachen Erkenntnis des Handlungsgrundes (Motiv) aufkeimende Bewußtsein der Freiheit zu ergründen. Um eine Aufhellung dieses erkennenden Bewußtseins im Handeln muß es gehen, um eine «Verständigung des Bewußtseins mit sich selbst» (siehe unten, S. 66), nicht um eine Erklärung, die sich neben dieses Bewußtsein stellt und nach Bestimmungsgründen und Abhängigkeiten sucht.

Die Aufmerksamkeit richtet sich nun also auf das bewußte Seelenleben. Es wird aber das Denken aus dem Bann des Blikkes auf den Grund noch nicht befreit, wenn statt der physischen Welt nun das bewußte Seelenleben betrachtet wird, solange die erkennende Tätigkeit noch nicht selber zum Gegenstand wird. Hartmann denkt die Ursachen, die Spinoza nur als äußerliche bestimmt, differenzierter. Aber er denkt den individuellen Handlungsgrund im gleichen Sinne naturwissenschaftlich-deterministisch, wie auch die physische Welt gedacht wird. Das Seelische wird in der gleichen Selbstvergessenheit und Äußerlichkeit betrachtet. Mit Spencer, Spinoza und Eduard von Hartmann wird die Frage hervorgetrieben: In welcher Art denke ich über den Menschen? Was erscheint jeweils vom Menschen, wenn ich ihn mit Spencer, Spinoza oder Hartmann denke? Noch mit Hartmann kann das bewußte Motiv nicht anders als im Bann einer als Zwang erlebten Triebfeder gedacht werden; offen bleibt die Frage: Wie finde ich die Erkenntnis meines eigenen Tuns, die mir im Blick auf die Gründe, ob physisch oder seelisch gedacht, immer verlorengeht? Wie finde ich einen bewußten Zugang zur Quelle meines eigenen Tuns? Auch der Blick auf das Seelenleben, den Eduard von Hartmann hat, kann nicht das individuelle Selbstbewußtsein erhellen, wie es sich über der eingangs aufgebrochenen Freiheitsfrage erstmals zeigte.

In der Erkenntnis selber liegt das Problem, das zu lösen ist. Die Trennung muß aufgehoben werden, die sich zeigt, wenn man das Handeln betrachten will, aber das Erkennen darüber vergißt. Man darf den Erkennenden und Handelnden nicht trennen. – Es war diese Trennung, die bereits der Aporie der Eingangsfrage zugrunde lag. Man kann den handelnden Menschen erkennen wollen, dann verschwindet in der Erkenntnis das Freiheitsbewußtsein, das doch im Handeln immer wieder aufleben kann. Darin liegt eine zunächst unüberwindlich erscheinende Schwierigkeit für die Selbsterkenntnis. Durch die Begegnung mit den angeführten Anschauungen zum Freiheitsproblem hat sich die darin liegende Frage nach dem Menschen jetzt zu einer Frage nach der Erkenntnis des handelnden Menschen gewandelt. Gegenstand der Selbsterkenntnis im Handeln wird jener «aus Erkenntnis Handelnde» (S. 21) sein müssen: *Was liegt in der Erkenntnis des Handlungsgrundes wirklich eingeschlossen, das eine Handlung im Bewußtsein des Grundes unterscheidet von einer bloß bewußten oder gar unbewußt vollzogenen Tat?* «Was heißt es, ein *Wissen* von den Gründen seines Handelns haben?» (S. 21.)

Hamerling

12. – 14. Abs.   Robert Hamerling hebt besonders die Bedeutung des (bewußten) Motivs hervor: Einen Willen ohne Handlungsgrund kann es nicht geben, jeder Wille findet seine Bestimmung im Motiv; unter den möglichen Motiven setzt sich das jeweils stärkste durch. Freiheit kann darum nicht Bestimmungslosigkeit des Willens bedeuten, sondern nur in der Möglichkeit der Ausführung einer Handlung gesucht werden.

Durch die Begegnung mit dieser Formulierung des Freiheitsproblems, die in der Betrachtung des Zusammenhangs von Motiv und «Wille» den Zwang des stärksten Motivs hervorhebt, wird ein nächster Schritt im Gedankengang des Kapitels möglich. Die Suche nach einer Aufhellung des Freiheitsproblems hatte bis zu der Frage geführt, was es heißt, ein «Wissen von den Gründen seines Handelns» zu haben. Wenn nun behauptet wird, daß ein solches Wissen eo ipso Zwang bedeutet, so stellt sich die Freiheitsfrage jetzt in verwandelter Gestalt: Ist das wirklich so, kann man sagen, daß sich Vorstellungen in jedem Fall einfach aufdrängen müssen, wenn sie zu Motiven werden? Die Frage richtet sich nun auf *das Verhältnis des Handelnden zu seinen Handlungsgründen.* Kann in diesem Verhältnis etwas gefunden werden, das es ermöglicht, die zunächst nur empfundene Differenz zwischen einer unbewußten oder halbbewußten Tat und einer Handlung zu erkennen, bei der sich der Handelnde seiner Gründe bewußt ist? Die Freiheitsfrage ist damit noch einen Schritt weiter ins Innere des Menschen vorangetragen worden. – Auf einem ganz anderen Felde liegt dagegen die Frage der Verwirklichung des Gewollten, auf die sich für einen Denker wie Hamerling das Freiheitsproblem reduziert.

Rée

15. Abs. Ein äußerer Vergleich erklärt die Illusion der Willensfreiheit: Weil uns das Verhalten der Tiere weniger durchschaubar ist als die Bewegungen der unbelebten Welt, scheint für uns die Kausalkette im Verhalten der Tiere durchbrochen, ebenso im eigenen Verhalten, wenn uns die Ursachen der Handlungen nicht bewußt werden.

Gar nicht im Blick ist für eine solche Anschauung das «bewußt gewordene Motiv» (S. 24). Die grobe Einseitigkeit der Analogie von Mensch und Tier in der referierten Anschauung läßt hervortreten, worauf es beim menschlichen Handeln ankommt: das *bewußte Denken,* das sich beim Handeln als Denken des Grundes betätigt.

Hegel

17. Abs. «Das Denken macht die Seele, womit auch das Tier begabt ist, erst zum Geiste.» (S. 25). In dieser Anschauung Hegels tritt die Erkenntnis von der Bedeutung des Denkens zuletzt deutlich hervor. Es zeichnet den Menschen gerade aus, daß er aus Einsicht handelt.

Es bedeutet, nach dem *Wesen des Menschen* selber zu fragen, das sich im Denken betätigt, wenn nach dem Verhältnis des Denkenden zu seinem Denken gefragt wird. So hat sich die Frage nach der Freiheit, die sich zunächst an dem Rätsel der Unvereinbarkeit von Freiheitsbewußtsein und Einsicht in die Notwendigkeit entzündete, zur Frage nach «Ursprung und [...] Bedeutung des Denkens» (S. 24) gewandelt. Liegt im Denken die Möglichkeit, den Abgrund zwischen Freiheitsbewußtsein und Erkenntnis zu überwinden, den Quell des freien Handelns bewußt zu erreichen? Das ist die Frage, die in die nächsten Kapitel weiterleitet.

Zweiter Schritt: Ein Versuch, den Gedankengang zusammenzufassen

Strauß   Das Denken in Gründen kann vor dem Menschen nicht haltmachen. Das menschliche Handeln kann man nur verstehen, wenn man es im naturwissenschaftlichen Sinne determiniert sieht.

Spencer   Wer wirklich in diesem Bewußtsein lebt, findet in der Betrachtung des Menschen auch überall diese Anschauung bestätigt.

Spinoza   Die Konsequenz ist die völlige Bedeutungslosigkeit des Bewußtseins für das Handeln; der Mensch ist darin gedacht wie ein Ding, bestimmt durch äußere Gründe. Dies widerspricht nun dem Erleben des bewußten Handelns, und die Frage nach dessen Bedeutung erwacht an dieser Konsequenz.

Hartmann   Damit wendet sich der Blick auf die seelische Wirklichkeit des Handelns: Es kann nicht geleugnet werden, daß alles Handeln auf Gründen beruht, aber die Gründe des Handelns müssen differenziert werden in Triebfeder und Motiv. Nun kommt es noch darauf an, daß bei dieser Anschauung des Seelischen das Erkennen sich nicht selbst vergißt und einseitig seine Gebundenheit feststellt. Was liegt in der Erkenntnis der Handlungsgründe, das es berechtigt erscheinen läßt, eine bewußte Handlung als frei zu erleben? Das ist die entscheidende Frage der Selbsterkenntnis, die an der Anschauung Eduard von Hartmanns erwacht.

Hamerling   Diese Selbstvergessenheit des Erkennens wird in der Auseinandersetzung mit Hamerling, für den das Bewußtsein der Handlungsgründe als das bewußte Motiv ganz im Vordergrund steht, zu einer Frage des Denkens. Die Frage muß sich stellen, ob die Erkenntnis der Handlungsgründe eo ipso die Unterwerfung unter einen Zwang bedeutet.

Rée   Und damit ist die Betrachtung zum Kern des Problems gedrungen: Im Verhältnis des Denkenden zu seinem Denken muß der Ursprung des Freiheitsbewußtseins gesucht werden. Für dieses Verhältnis sind alle äußeren Bezüge, ist jegliche Suche nach Abhängigkeiten, Einflüssen usw. irrelevant.

Hegel   Das Wesen des Menschen muß im Denken aufgesucht werden.

Dritter Schritt: Wie verwandelt sich die Frage nach dem Menschen?

Von einem Kausalitätsverständnis, das den Menschen in Bezügen einer mechanisch gedachten äußeren Welt denkt, bis zum starken Bewußtsein des Motivs wandelt sich das Denken der Handlungsgründe. Dabei wandelt sich auch das Bewußtsein vom Gegenstand; das die Handlungsgründe denkende Bewußtsein gerät selber in den Blick: Was geschieht im Denken, wenn der Handelnde «ein Wissen von den Gründen seines Handelns» hat? Das Denken muß sich selber betrachten.

Die Suche nach der Quelle des Freiheitserlebens führt zu einer Suche nach dem «Ursprung und der Bedeutung des Denkens». So erscheint das Durchlaufen der verschiedenen Anschauungen zum Freiheitsproblem im 1. Kapitel als eine schrittweise Annäherung an diesen Quellpunkt des Freiheitsbewußtseins, der sich immer mehr als Kern des «bewußten menschlichen Handelns» (Überschrift des Kapitels) erweist. Bereits mit dem ersten Schritt ist aber das Denken schon betont: David Friedrich Strauß will das naturwissenschaftliche Denken zur Geltung bringen, und dieses muß kausale Zusammenhänge denken. Hinter dieses wache naturwissenschaftliche Denken darf nicht zurückgegangen werden, auch wenn die Gründe des Handelns anders gedacht werden müssen, als es zunächst in Analogie zur Gegenstandswelt geschieht. Dieses sich zunächst an den Naturgegenständen betätigende Denken muß lernen, sich von seinem Gegenstand und den für sie ausgebildeten Begriffen zu befreien und sich selber zu sehen: Was ist es, was sich im Denken betätigt? Das naturwissenschaftliche Denken in Gründen zu einem Bewußtsein seiner selbst zu führen, dazu wird im 1. Kapitel der «Philosophie der Freiheit» der erste Schritt gemacht. In diesem Denken ist etwas gleichsam eingehüllt, das schrittweise zu enthüllen ist, wenn man sich der

Quelle des Freiheitsbewußtseins erkennend nähern will. Diejenigen, die gegen die Freiheit kämpfen, durchschauen diese Verhüllungen nicht, sie lehnen ab, was sie nicht sehen, obwohl es in der Betätigung ihres Denkens lebt und die Bedeutung des Denkens von allen betont wird.

Es wird in den folgenden Kapiteln die Frage sein, wie dieses Bewußtsein vom Denken zu verwirklichen ist. Im 1. Kapitel ist zunächst die *Frage* dazu gefunden worden, wie sie sich aus dem ersten Erwachen des Freiheitsproblems entwickelt.

Mit der Verwandlung der Frage nach dem Menschen im 1. Kapitel beginnt schon jene Verknüpfung der beiden «Wurzelfragen des menschlichen Seelenlebens», auf die es in der «Philosophie der Freiheit» ankommt:

— «Die eine ist, ob es eine Möglichkeit gibt, die menschliche Wesenheit so anzuschauen, daß diese Anschauung sich als Stütze erweist für alles andere, was durch Erleben oder Wissenschaft an den Menschen herankommt, wovon er aber die Empfindung hat, es könne sich nicht selber stützen. Es könne von Zweifel und kritischem Urteil in den Bereich des Ungewissen getrieben werden.»
— «Die andere Frage ist die: Darf sich der Mensch als wollendes Wesen die Freiheit zuschreiben, oder ist diese Freiheit eine bloße Illusion, die in ihm entsteht, weil er die Fäden der Notwendigkeit nicht durchschaut, an denen sein Wollen ebenso hängt wie ein Naturgeschehen?»

In der Verbindung beider Fragen muß der Weg gesucht werden zu ihrer Beantwortung:

«In dieser Schrift soll gezeigt werden, daß die Seelenerlebnisse, welche der Mensch durch die zweite Frage erfahren muß, davon abhängen, welchen Gesichtspunkt er gegenüber der ersten einzunehmen vermag. Der Versuch wird gemacht, nachzuweisen, daß es eine Anschauung über die menschliche Wesenheit gibt, welche die übrige Erkenntnis stützen kann; und der weitere, darauf hinzudeuten, daß mit dieser Anschauung für die Idee der Freiheit des Willens eine volle Berechtigung gewonnen wird, wenn nur erst das Seelengebiet gefunden ist, auf dem das freie Wollen sich entfalten kann.» (S. 7 f.)

Auf diese grundlegende Formulierung der Aufgabenstellung weist der erste Zusatz zu den «Konsequenzen des Monismus» am Ende des Buches noch einmal hin, den Blick zurückwendend auf die durch das Buch möglich gewordenen Erfahrungen: In «unbefangener Selbstbeobachtung» kann ein Bewußtsein freier Handlungen im Menschen leben; es bedarf aber der ausgebildeten Fähigkeit, die «Wesenheit des Denkens *erlebend* [zu] verstehen» (S. 254), die Fähigkeit des «intuitiven Denkerlebens», um wirklich über dieses erste Erleben der Freiheit hinaus auch die Freiheit im intuitiven Denken *erkennen* zu können. Diese Fähigkeit der Anschauung der innersten Tätigkeit des Menschen wird im ersten Teil der «Philosophie der Freiheit» errungen, der sich damit als eine «Stütze» erweist für die Beantwortung der zweiten Frage, der Frage nach der Freiheit. Wir sehen im 1. Kapitel der «Philosophie der Freiheit», wie aus einer ersten Begegnung mit der Freiheitsfrage die Suche nach einer solchen Stütze in der Anschauung des Denkens zu erwachen beginnt als eine schrittweise Vertiefung in die zuerst nur ganz zart empfundene Bedeutung der Freiheit im bewußten menschlichen Handeln. Das ist die Aufgabe einer «Verständigung des menschlichen Bewußtseins mit sich selbst», der Entwicklung eines Bewußtseins, das die «Wirklichkeit der Freiheit» durch Selbsterkenntnis zu erreichen strebt. Die Erringung dieses Selbstbewußtseins ist selbst eine freie Tat, durch die sich der Mensch erst zur eigenen Wirklichkeit entwickelt. Diese Grundsituation wird von Rudolf Steiner in seiner Autobiographie *Mein Lebensgang*, rückblickend auf die Entstehung der «Philosophie der Freiheit», so formuliert: «Daß die Freiheit im unbefangenen Bewußtsein als etwas Tatsächliches lebt und doch für das Erkennen zur Rätselfrage wird, ist eben darin begründet, daß der Mensch das eigene wahre Sein, das echte Selbstbewußtsein nicht von vornherein gegeben hat, sondern erst nach einer Verständigung seines Bewußtseins mit sich selbst erringen muß. Was des Menschen höchsten Wert ausmacht: die Freiheit, das kann erst nach entsprechender Vorbereitung begriffen werden. Meine ‹Philosophie der Freiheit› ist in einem Erleben begründet, das in der Verständigung des menschlichen Bewußtseins mit sich selbst besteht. Im Wollen wird die Freiheit *geübt;* im Fühlen wird sie *erlebt;* im Denken wird sie *erkannt.* Nur darf, um das zu erreichen, im Denken nicht das Leben verloren werden.» (GA 28, S. 178.)

Diese Bewegung der Aufhellung vom ersten Bewußtsein im Empfinden der Freiheit («Freiheitsgefühl») bis zur Frage nach dem Denken wird im nächsten Beitrag über das grundlegende Motiv des 1. Kapitels noch einmal vor dem Hintergrund des im ersten Satz schon anklingenden Dualismus von Geist und Natur nachgezeichnet.

Ein grundlegendes Motiv:
das Freiheitsgefühl

«Ist der Mensch in seinem Denken und Handeln ein geistig *freies* Wesen oder steht er unter dem Zwange einer rein naturgesetzlichen ehernen Notwendigkeit?»

Diese Frage, mit der Rudolf Steiner seine «Philosophie der Freiheit» in der 2. Auflage beginnt und das Thema seines Buches aufgreift, gibt der nachfolgenden Untersuchung eine bestimmte Richtung. Sie ist keineswegs «voraussetzungslos», sondern schlägt von Anfang an einen bestimmten Weg ein, den der Autor dem Leser vor-legt. Denn eine Vorentscheidung über die Richtung, in der eine Antwort dieser Frage zu suchen ist, gibt die Frage selbst: Der Gegensatz von Freiheit und Notwendigkeit wird auf dem Hintergrund des Dualismus von Geist und Natur gesehen. Frei kann nur ein *geistig* freies Wesen sein – als natürliches Wesen ist der Mensch gebunden. Diesen Hintergrund nennt die erste Auflage noch nicht; hier heißt die Eingangsfrage ohne weitere Bestimmung einfach: «Ist der Mensch in seinem Denken und Handeln frei, oder steht er unter dem Zwange einer ehernen Notwendigkeit?»

Die Vorentscheidung, die Freiheit des Menschen in seinem geistigen Wesen zu suchen, entspringt nun nicht einem spiritualistischen Vorurteil, sondern einer unmittelbaren Beobachtung des *Freiheitsgefühls,* das den Menschen durchdringt, sobald er sich über sich selbst zu verständigen sucht. Achtet er auf die Quellen dieses elementaren Freiheitsgefühls, dann wird er auf sein inneres, *geistiges* Wesen verwiesen, das sich gegenüber allen Bindungen als unabhängig empfinden kann.

Dies menschliche Grundgefühl, das auch den schlüssigsten Gegenargumenten gegenüber standhalten kann, weil es als unmittelbares Erlebnis positiv wahr-genommen wird, gibt der nachfolgenden Betrachtung die Richtung, den Drang zur Aufklärung. Durch eine Reihe von Einwänden und ihrer Abweisung treibt der Freiheitsbegriff aus vorläufigen Formen in die Gestalt, die ihm durch Wahrnehmung des Freiheitsgefühls von vornherein zukommt. Als eine innere, geistige Tatsache kann die Freiheit nur dort gesucht und entwickelt werden, wo das Geistige sich entfaltet – wo der Mensch sich in jenen Zustand versetzen kann, in dem alle Vorgänge und Erlebnisse er selbst hervorbringt und durchschaut, in dem er also ganz bei sich angekommen ist. Es ist dies das *Denken.* Daher durchläuft die Betrachtung – anhand der Ansichten ausgewählter Philosophen – Stufen zunehmender Aufklärung über die Gründe des Handelns. Das Denken wird immer stärker einbezogen. Der «Geist» selbst, in dem begründet der Mensch seine Freiheit erwarten darf, drängt zur Aufhellung. Er führt die Betrachtung über die unzulänglichen Formen des Freiheitsbegriffes, in denen dem Handeln undurchsichtige «Gründe» und «Ursachen» unterstellt werden, die die Selbsterkenntnis des Geistes verhüllen, hinauf zu einem Verständnis, in dem der Freiheitsbegriff durchschaut werden kann. In diesen Formen sprechen sich zugleich Stufen des denkend zu sich selbst kommenden (geistigen) Menschen aus, der sich über die Gründe seines Handelns ein Bewußtsein verschafft. Er wird aufmerksam:

1. daß *Gründe* seine Handlung bestimmen,
2. daß er von diesen Gründen *wissen* kann,
3. daß auch das *Entstehen* der Handlungsgründe bewußt werden kann.

Diese bewußte Selbstdurchdringung deutet auf die ureigenste Möglichkeit des Denkens. Sie offenbart dieselbe Geste des Geistes, die im 3. Kapitel zur expliziten Entfaltung kommt: im

Ausnahmezustand des sich selbst beobachtenden Denkens. So wird deutlich, daß diese Geste des Denkens das 1. Kapitel vorantreibt: Sie lebt im unmittelbaren Freiheitsgefühl auf, das in der geistigen Natur des Menschen urständet. Es ist der Trieb, durch Wissen die Handlungsgrundlagen aufzuhellen und zu befreien, indem die Gründe des Handelns aus der Grundlage des Denkens bewußt erzeugt werden. Es ist also der «Grundtrieb der Wissenschaft», der im 1. Kapitel in den Stufen der Freisetzung des tätigen Menschen heraufdrängt und der dann zum 2. Kapitel überleitet und dort als Grundkraft des Menschen selbst zum Thema wird.

Geistesgeschichtliche Aspekte

Zu den einzelnen Philosophen

Die Anschauungen zum Freiheitsproblem finden sich im 1. Kapitel so angeordnet, daß ein bestimmter Gang seelischer Beobachtung in der Auseinandersetzung mit ihnen möglich wird. Eine andere Frage ist die: *Welche Namen, welche Anschauungen sind ausgewählt?* Zur Auseinandersetzung mit dieser Frage wollen die folgenden Beiträge Material bereitstellen und Anregungen geben. Es sind jeweils besondere Aspekte, unter denen Rudolf Steiner die Anschauungen einzelner Philosophen im 1. Kapitel hervorhebt. Diese Aspekte zeichnen sich deutlicher ab, wenn man sich bewußtmacht, unter welchen anderen, manchmal sogar sehr verschiedenen Blickwinkeln Rudolf Steiner denselben Denkern und ihren Anschauungen zu begegnen vermag. Die Beiträge zu den einzelnen Philosophen verstehen sich als Material für einen Vergleich dieser Aspekte. Kurze Notizen zu Leben und Werk der Philosophen sowie eine Übersicht zu Äußerungen Rudolf Steiners (ausgewählte Stellen) sind jeweils beigefügt. Eine abschließende Skizze versucht einige Linien der geistesgeschichtlichen Konstellation zu ziehen, die sich in der Auswahl der Namen ausspricht.

David Friedrich Strauß (1808 – 1874)

Im 1. Kapitel
(1. Abs., S. 15 f.)

Nach der Aktualisierung der Freiheitsfrage in den ersten Sätzen des Kapitels weist Rudolf Steiner auf ein Buch hin, das diese Frage nur oberflächlich berührt. Kann diese Behandlung des Freiheitsgedankens als repräsentativ für das zeitgenössische Denken angesehen werden, so ist das noch mehr der Fall mit einer offenbar selbstverständlichen Implikation der zitierten Sätze: Es gibt keine «indifferente Wahlfreiheit», weil es eine Illusion ist, zu meinen, man könne «ganz nach Belieben» aus mehreren möglichen Handlungen die eine oder die andere wählen. Die Wissenschaft zeigt, daß immer «ein ganz bestimmter *Grund* vorhanden [ist], warum man von mehreren möglichen Handlungen gerade eine bestimmte zur Ausführung bringt». Das kausal-deterministische naturwissenschaftliche Denken wird auf das menschliche Handeln übertragen, das damit genauso determiniert erscheint wie ein Naturvorgang.

Das Buch heißt: *Der alte und der neue Glaube. Ein Bekenntnis.* Es wird im Text charakterisierend bezeichnet als «ein Buch, das aus den Ergebnissen neuerer Naturforschung einen ‹neuen Glauben› prägen will». Obgleich sein Autor, David Friedrich Strauß, unter dem Eindruck der neueren naturwissenschaftlichen Errungenschaften im Hinblick auf die Freiheitsfrage resigniert, will er dennoch die «sittliche Wertbestimmung» der menschlichen Handlungen retten.

Im Gesamtwerk Rudolf Steiners

Wie ist eine «sittliche Wertbestimmung» ohne Freiheit möglich? Strauß meint, der Mensch könne und solle sich das Leben
gerade gemäß den Vorstellungen der Naturwissenschaft behag-
lich einrichten. In dem zitierten Buch formuliert er sein sittli-
ches «Urgebot»: «Alles sittliche Handeln ist ein Sichbestimmen
des Einzelnen nach der Idee der Gattung.»[14] An Gattungsmerk-
malen wird also der «sittliche Wert» der menschlichen Handlungen gemessen. Diesem Gebot hat sich das Individuum zu
unterwerfen. Im Anschluß an Nietzsches Kritik (*Unzeitgemäße
Betrachtungen*, 1873) bezeichnet Steiner Strauß deshalb als einen Exponenten der «Philistergesinnung» und nennt das Buch
Der alte und der neue Glaube ein «Evangelium des trivialsten
Lebensgenusses» (GA 5, S. 117 f.). Diese Gesinnung wirkt nach
Steiner der Entwicklung der Individualität, dem freien Ausle-
ben der menschlichen Anlagen entgegen.

Der andere Angriffspunkt Steiners ist die «Neu-Gläubigkeit»
von Strauß. An die Stelle des alten Glaubens, der christlichen
Religion, ist der Glaube an die naturwissenschaftliche Evolutionslehre («die neuere Naturforschung») getreten. Die Zeit
zwischen 1850 und 1880 brachte den Durchbruch materialistischer Erklärungen aller höheren menschlichen Fähigkeiten,
wie zum Beispiel des Denkens. Zu Strauß' «Bekenntnis» gehört
das neue Dogma, daß der Mensch ein Gattungswesen sei, das
von tierischen Vorfahren abstammt. Er glaubt, durch das Zau-
berwort «Entwicklung» habe die Naturwissenschaft die
Menschheit endlich vom «Wunder» (der göttlichen Schöpfung
aus dem Nichts) erlöst. Das läßt Steiner für das Gebiet des
Lebendigen gelten, nicht jedoch für das Gebiet des geistig-
seelischen Lebens des Menschen. Was dieses anbetrifft, verfallen Strauß und seine Nachbeter in einen neuen Wunderglau-
ben (GA 34, S. 77 ff.).

Dieser kritischen Haltung stehen später bei Steiner auch

positive Worte über Strauß' engagiertes Philosophieren gegenüber: Seine «Courage» und «Ehrlichkeit» werden hervorgehoben. Strauß ist als Theologe ursprünglich vom alten
Glauben ausgegangen, hat die naturwissenschaftliche Art zu
denken aufgenommen, Bilanz gezogen und sich gefragt, ob er
sich weiterhin zu dem alten Glauben bekennen konnte. Er
war ehrlich genug, mit einem Nein zu antworten. Wie steht
es mit unserer Aufrichtigkeit? Hieran können wir uns am
Anfang des 1. Kapitels erinnert fühlen, wo wir aufgefordert
werden, die unterschiedlichen Positionen in uns selbst zu
entdecken und zu aktualisieren, ohne die Spannung zu verschleiern, die die Freiheitsfrage erzeugen kann (Vortrag vom
27.12.1919, GA 333, S. 122 ff. und Vortrag vom 24.5.1921,
GA 325, S. 160).

Lebensdaten

Geb. 27. 1. 1808 Ludwigsburg

1835 / 36 *Das Leben Jesu, kritisch bearbeitet*
(1864 Volksausgabe)
Danach Verlust der Lehrberechtigung am
Tübinger Stift und Versetzung als Gymna-
sial-Professor nach Ludwigsburg

1840 / 41 *Die christliche Glaubenslehre in ihrer geschichtlichen Entwicklung und im Kampfe mit
der modernen Wissenschaft*

1848 Als Konservativ-Liberaler in der Württem-
bergischen Kammer. Tritt später für Bis-
marck ein

1872 *Der alte und der neue Glaube. Ein Bekenntnis*

Gest. 8. 2. 1874 Ludwigsburg

Werk

Das Leben Jesu enthält eine historisch-kritische Analyse der biblischen Geschichte mit den Mitteln der Hegelschen Philosophie. Die Kernstücke des Neuen Testamentes, im besonderen die Vorstellung des Gottmenschen Jesus, werden als mythische, das heißt noch nicht in der Form des reinen Gedankens erkannte Vorstellungen interpretiert. Die göttliche Idee in ihrer Vollkommenheit verwirklicht sich nach Strauß im Menschengeschlecht als Ganzem. Die Frage nach der historischen Wahrheit der Evangelien beantwortet er somit negativ.

Das Buch hatte eine gewaltige Wirkung im 19. Jahrhundert. Es stand am Beginn einer Leben-Jesu-Forschung, die sich über das ganze Jahrhundert hin entwickelte; es gab den Anstoß zu einer radikalen Kritik der traditionellen Religionslehre und -praxis, und es spaltete die Schüler Hegels in «Alt-» oder «Rechtshegelianer» (die Hegels System mit seiner Synthese von Religion und Philosophie im wesentlichen weitertradierten) und «Jung-» oder «Linkshegelianer», die – in Verbindung mit dem Willen zu einem revolutionären Umsturz des Bestehenden – das System umzudeuten, ja sogar umzukehren versuchten (wie Ludwig Feuerbach und Karl Marx). Durch diese Erstlingsschrift verlor Strauß nicht nur seine Anstellung am Tübinger Stift, sondern es wurde ihm auch jegliche akademische Karriere zeitlebens verwehrt.

Der alte und der neue Glaube ist Strauß' letztes Werk. Das 19. Jahrhundert hat den Niedergang des Hegelianismus und den Siegeszug des Darwinismus erlebt. Jenes Geschehen spiegelt sich in dieser Altersschrift, in der die Ergebnisse der modernen Naturwissenschaft referiert werden. Strauß versucht – wie schon angedeutet – diese Entwicklung aufzunehmen und gleitet dabei in einen recht groben Materialismus ab.

Rudolf Steiner über David Friedrich Strauß

Schriften:
GA 5, Abschnitt 39, S. 115-119
GA 8, S. 46 f.
GA 11, S. 12
GA 18, S. 301-305, 388 f., 412, 544
GA 30, S. 390
GA 31, S. 471, 649
GA 33, S. 48 f., 65, 118 f., 123
GA 34, S. 30, 77-82
GA 39, S. 422

Vorträge:
GA 51, 8.10.1902, S. 312
GA 53, 29.9.1904, S. 20
GA 57, 20.3.1909, S. 371
GA 72, 19.10.1917, S. 91, 96
GA 174b, 13.2.1915, S. 44 (Hinweise S. 386)
GA 325, 24.5.1921, S. 160
GA 333, 27.12.1919, S. 122-124

Herbert Spencer (1820 – 1903)

Im 1. Kapitel
(2. Abs., S. 16)

Wo Strauß nur Verkünder war, wirkte Spencer selbst an den Grundlagen jener naturwissenschaftlichen Anschauungen, die in der zweiten Hälfte des 19. Jahrhunderts «mit jedem Tage an Verbreitung» gewannen. Sein Werk gehört zu den Quellen, aus denen Strauß' «neuer Glaube» hervorgegangen ist. Eine erste

Fassung der *Prinzipien der Psychologie*, auf die Steiner Bezug nimmt, war schon 1855 erschienen, also noch vor dem Erscheinen von Charles Darwins epochemachendem Werk *The Origin of Species* (1859), in dem die Entstehung der Arten durch die Theorie der natürlichen Zuchtwahl erklärt wurde. Spencer vertrat darin den Entwicklungsgedanken bereits vor Darwin. Er kannte Lamarcks Anpassungstheorie wie auch Lyells Geologie (1830). Spencer übertrug den Evolutionsgedanken auf alle Wissensgebiete und baute allmählich eine umfassende philosophische Weltanschauung auf ihm auf.

Strauß' Ablehnung der indifferenten Wahlfreiheit (er bezieht die Beliebigkeit auf das Handeln, Spencer auf das Begehren) geht auf die Anschauungen solcher Naturforscher und Denker wie Spencer zurück. Dieser beruft sich hier auf Ergebnisse der psychologischen Forschung, die zeigen, daß und wie das menschliche Begehren immer konkrete, erforschbare Ursachen hat, daß es von biologischen wie auch assoziativ-psychologischen Mechanismen determiniert ist.

Steiner macht hier den gleichen Einwand wie gegenüber Strauß. Spencer kämpft gegen die Freiheitsidee, seine Angriffe richten sich jedoch nur gegen die Wahlfreiheit. Das heißt im Kern, daß Spencer keinen Freiheitsbegriff hat. Steiners Kritik impliziert aber noch mehr: Spencer will die geistig-seelischen Erscheinungen überhaupt naturgemäß erklären und kommt zu einer Entwicklungsgeschichte des Erkenntnisprozesses, damit die evolutionäre Erkenntnistheorie des 20. Jahrhunderts vorwegnehmend.[15] Er versucht zu zeigen, wie die geistigen Fähigkeiten des Menschen aus niedrigen biologischen Anfängen sich allmählich entwickelt haben durch immer entsprechendere Anpassungen an die Außenwelt und durch Vererbung dieser Anpassungen. Einsichten, die der einzelne Mensch scheinbar voraussetzungslos durch eigene Erkenntnis über die Dinge zu gewinnen meint, hat die Menschheit – nach Spencer – durch Erfahrung gewonnen.

Im Gesamtwerk Rudolf Steiners

In einem anderen Zusammenhang kritisiert Steiner vor allem den Dualismus der Spencerschen Weltanschauung. Auf der einen Seite strebt Spencer eine umfassende naturwissenschaftliche Welterkenntnis an, die ihn zu einem Materialismus der Erscheinungen führt, auf der anderen Seite bekennt er sich jedoch zum Agnostizismus gegenüber dem Wesen der Welt, gegenüber einer «höheren» Realität, die wir als solche nicht begreifen oder nicht erkennen können. Die Naturwissenschaft ist also – wie bei Kant – an Erkenntnisgrenzen gebunden, so daß Platz bleibt für den Glauben (GA 18, S. 444 f. und 466).

In zeitgeschichtlichen Betrachtungen führt Steiner Spencers soziologische Untersuchungen an und empfiehlt die Lektüre seiner politischen Aufsätze, weil sie repräsentativ seien für die «westliche» Denkart (Vortrag vom 15.5.1921, GA 325, S. 25).

Die kritischste Charakterisierung Spencers findet sich im Zusammenhang von Steiners Vorträgen über Erziehungskunst, fast dreißig Jahre nach dem Erscheinen der «Philosophie der Freiheit». Spencers Schrift über die Erziehung (1874 erschien die deutsche Übersetzung) empfehle zwar einen Unterricht aus dem Konkreten heraus, enthalte selber jedoch «lauter abstraktes Stroh». Spencer erscheint hier als ein Repräsentant eines toten Denkens, das nicht zu einer wirklichen Erkenntnis des Menschen vordringen kann (Vortrag vom 15.9.1920, GA 302a, 1977, S. 13 ff.; Vortrag vom 8.8.1923, GA 307, 1986, S. 66 f.).

Lebensdaten

Geb. 27.4.1820	Derby
	naturwissenschaftliches Studium
1837 – 1846	Zivilingenieur
1846 – 1853	Journalist am «Economist»,
	danach freier Schriftsteller

1861	*Education, intellectual, moral and physical*
	(deutsch 1874)
1862 – 1893	*A System of Synthetic Philosophy* (zehn Bände)
	(deutsch 1875 – 1895)
Gest. 8.12.1903	Brighton

Werk

System der synthetischen Philosophie:
I   *Grundlagen der Philosophie* (1862; dt. 1875)
II-III   *Prinzipien der Biologie* (1864-67, 1898-99; dt. 1876-77)
IV-V   *Prinzipien der Psychologie* (1855, 1870-72; dt. 1882-86)
VI-VIII *Prinzipien der Soziologie* (1877-96; dt. 1877-97)
IX-X   *Tatsachen und Prinzipien der Ethik* (1879-93; dt. 1879-95)

Titel und Einteilung dieses monumentalen Werkes lassen schon erkennen, daß hier ein Versuch gemacht wurde, die verschiedenen Wissensgebiete mit dem Blick auf den Menschen auf der Grundlage einer bestimmten Philosophie zusammenzufassen. Diese Philosophie unterscheidet das Erkennbare vom Unerkennbaren, dem Absoluten, Unbedingten, dem einheitlichen Sein. Die menschliche Erkenntnis muß sich auf die Interpretation der Manifestationen des Absoluten (an sich Unerkennbaren) beschränken. Die Grundform der Erscheinung des Absoluten, wie sie sich aus allen Wissenschaften ergibt, ist die Entwicklung. Mit Hilfe des Entwicklungsprinzips wird die Gesamtheit des materiellen und des seelisch-geistigen Geschehens und Lebens interpretiert.

Daraus resultiert eine utilitaristische Anpassungsethik. In den Urteilen «gut» und «schlecht» drückt sich die durch alle früheren Erfahrungen der menschlichen Geschichte organisierte Erfahrung des Nützlichen aus.

Rudolf Steiner über Herbert Spencer

Schriften:
GA 18, S. 443-445, 458-467

Vorträge:
GA 72, 24.11.1917, S. 164 f.;
    30.11.1917, S. 238-240
GA 73, 7.11.1917, S. 62 f., 89
GA 82, 12.4.1922, S. 203, 209
GA 173, 18.12.1916, S. 207-209
GA 302a, 15.9.1920, S. 13-17
GA 307, 8.8.1923, S. 66 f.
GA 325, 15.5.1921, S. 25

Baruch (Benedikt) de Spinoza (1632 – 1677)

Im 1. Kapitel
(2. – 5. Abs., S. 17 ff.)

Deutlicher als bei Strauß, Spencer und vielen anderen Denkern stellt sich für Steiner der deterministische Einwand gegen die Freiheitsidee bei dem älteren Philosophen Spinoza dar.

Die angeführte Briefstelle beginnt mit einer scharfen Begriffsbestimmung: «Ich nenne nämlich die Sache *frei,* die aus der bloßen Notwendigkeit ihrer Natur besteht und handelt, und *gezwungen* nenne ich die, welche von etwas anderem zum Dasein und Wirken in genauer und fester Weise bestimmt wird.» (S. 17.) Die Freiheit wird hier also nicht unreflektiert als indifferente Wahlfreiheit aufgefaßt, sondern als «freie Notwendigkeit» gedacht, die als solche nur einem Wesen zukommen kann, das kraft seiner eigenen Natur besteht und wirkt, Ursache seiner selbst ist – für Spinoza – Gott. Außer Gott gibt es nur noch die geschaffenen Dinge und Wesen, zu denen auch der Mensch gehört. Sie sind ausnahmslos von äußeren Ursachen bestimmt. Aus dieser Perspektive wird der Unterschied zwischen Mensch und Stein irrelevant. Der Mensch weiß zwar, daß er handelt, und hält sich deswegen vielleicht für frei, das kommt jedoch nur daher, daß er die Beweggründe seines Handelns nicht kennt. Auch der Stein, der sich zwar seiner Bewegung, aber nicht des sie verursachenden Stoßes bewußt würde, könnte sich irrtümlicherweise für frei halten. Mit dem Betrunkenen verhält es sich genauso in bezug auf sein Sprechen: Er meint, aus freiem Entschluß zu sprechen, weil er selbstbewußt spricht; er bereut seine Worte jedoch, wenn er nüchtern geworden ist.

Diesem Determinismus hält Steiner zunächst nur die Frage entgegen: Was bedeutet es, daß der Mensch die Gründe, die ihn zu handeln veranlassen, erkennen kann?

Im Gesamtwerk Rudolf Steiners

Spinozas Name taucht in Steiners Gesamtwerk in vielen Zusammenhängen auf, die weit über die hier berührte Frage hinausreichen, für den weiteren Gang der «Philosophie der Freiheit» jedoch nicht unwesentlich sind. Es seien nur einige Hauptzüge angedeutet.

In dem Buch *Die Rätsel der Philosophie* bezeichnet Steiner Spinozas Philosophie als eine *«moderne Weltanschauung»* (ein Terminus, mit dem er auch die «Philosophie der Freiheit» im Untertitel bezeichnet). Sie sei für das naturwissenschaftliche Zeitalter charakteristisch. Der «moderne» Mensch erlebt die Natur außer sich, die Gedanken in sich, und er versucht mit Hilfe dieser im Selbstbewußtsein erlebten Gedanken ein Weltbild zu gestalten (GA 18, S. 143 f.). Steiner hebt besonders

Spinozas Gedankenführung nach dem Muster des Mathematischen («ordine geometrico demonstrata») hervor: Das Ich schafft sich seinen Bewußtseinsinhalt so, daß es ihn voll durchschaut und durch Urteilen und Beweisen innerlich erlebend begleitet. Daraus ergibt sich eine für das Mathematisieren charakteristische Sicherheit im Erkennen. Den Versuch, das Denken auf diese Art so weit zu verfolgen, bis der Zusammenhang der denkenden Seele mit dem Weltgrund erreicht wird, das heißt bis der Gedanke im seelischen Entstehen zugleich als Ausdruck der in der Welt schöpferisch wirksamen Kräfte erlebt werden kann, nennt Steiner im Unterschied zur unbestimmten Gefühlsmystik ideelle oder *Denkmystik* und nimmt dieses Ziel auch für sein eigenes Bestreben in Anspruch (GA 18, S. 113 f., 129, 132 ff.; GA 7, S. 17; Vortrag vom 5.4.1921, GA 76, S. 63 ff.; Vortrag vom 26.12.1922, GA 326, S. 44; GA 30, S. 205 f.).

Auf die Bedeutung Spinozas für Goethe und den Goetheanismus weist Steiner oftmals hin. Goethe fühlte sich der Spinozistischen Anschauung sehr verwandt, im Gegensatz zu Kant, der dem Menschen die Möglichkeit einer Wesenserkenntnis absprach. Goethe hat sich durch das Studium Spinozas auf die Erforschung des Organischen vorbereitet (GA 1, S. 76 ff., 216 ff.; GA 2, S. 98; GA 6, S. 72; GA 18, S. 158).

Auf der anderen Seite weist Steiner auf eine Einseitigkeit in Spinozas Erkenntnisbegriff: das Mißtrauen gegen die unbefangene Naturbeobachtung (GA 6, S. 39). In Zusammenhang damit wird das Unpersönliche seines sittlichen Ideals gesehen, das die Hingabe an die reine Idee und die Überwindung alles dessen fordert, was aus der Wahrnehmungswelt stammt. Dabei geht die menschliche Individualität verloren, denn bei Spinoza ist die Idee letzten Endes die eine göttliche Substanz, die sich notwendig mit mathematischer Gesetzmäßigkeit in alle Weltwesen ausgießt. Auch das menschliche Ich ist nur ein Glied in diesem System (GA 18, S. 140 f. u. 230). Der Mensch verliert die selbständige Existenz und die Freiheit.

Lebensdaten

Geb. 24.11.1632	Amsterdam
	Spinoza stammt aus einer von Portugal nach Holland eingewanderten jüdischen Familie. Biblisch-talmudische Ausbildung, betreibt daneben aber schon früh das Studium der Scholastik, der Naturwissenschaft und Mathematik sowie der Schriften Descartes'
1656	Mit dem Bannfluch der jüdischen Gemeinde belegt
1660	Übersiedlung nach Rijnsburg bei Leiden
1663	Übersiedlung nach Voorburg bei Den Haag
1663 – 1665	Arbeit an der *Ethica ordine geometrico demonstrata* (Ethik nach der geometrischen Methode dargestellt)
1664	*Renati Des Cartes principia philosophiae more geometrico demonstrata*
1670	Umzug nach Den Haag, wo er zurückgezogen lebt und u.a. das Schleifen von optischen Gläsern betreibt.
	Tritt dem Kreis des leitenden Staatsmannes Jan de Witt nahe.
	Anonyme Herausgabe des *Tractatus theologico-politicus*
1673	Lehnt das Angebot einer Professur für Philosophie in Heidelberg ab
Gest. 21.2.1677	Den Haag
	Veröffentlichung der *Opera posthuma,* u.a. *Ethica ordine geometrico demonstrata*

Werk

Spinozas Hauptwerk, *Ethik, nach der geometrischen Methode dargestellt,* ist eine Darlegung seines Systems der Metaphysik nach dem Vorbild von Descartes. Nach «geometrischer Methode» werden von einfachen Grundbegriffen ausgehend alle weiteren Begriffe aus den ersten deduziert. Grundkategorie ist die Eine Substanz, die in und aus sich selbst besteht und deren Begriff von keinem anderen abhängig ist («causa sui»). Von ihr sind alle anderen Dinge nur Attribute (Bestimmtheiten) oder Modi (Zustände), in denen die Substanz sich manifestiert. Die «causa sui» ist mit Gott oder der Natur identisch («deus sive natura»). Zwei ihrer Attribute kann der Mensch klar und deutlich erkennen: Denken und Ausdehnung. Diese beiden Attribute trägt der Mensch auch in seinem eigenen Wesen. Es ist jedoch die Eine Substanz, die in ihm denkt und handelt. So wie der Körper sich zum Geist verhält (als Objekt seiner Idee zugeordnet), so verhält sich der menschliche Geist zum unendlichen göttlichen Geist. Gut ist für Spinoza das, was dem Menschen hilft, sich seinem Musterbild zu nähern. Tugend bedeutet die Macht, in diesem Sinne der eigenen Natur zu folgen, das heißt nach Leitung der Vernunft zu handeln, denn die Vernunft ist nichts anderes als unser Geist, sofern er klar und deutlich erkennt. In der Hingabe an die Idee verliert der Mensch sich in Gott. Die Einsicht des Geistes in die göttliche Notwendigkeit, die Erkenntnis Gottes als Ursache der Einzeldinge («scientia intuitiva») führt zur eigentlichen Gottesliebe («amor dei intellectualis»). Diese Erkenntnis «sub specie aeternitatis» bedeutet für Spinoza Freiheit und Glückseligkeit. Die «scientia intuitiva» ist die dritte, höchste Erkenntnisstufe nach der «imaginatio» und der «ratio». Die imaginatio ist ein Wissen auf Vorstellungsebene. Erst durch die ratio (Begriffserkenntnis) und durch die intuitive, schauende Wesenserkenntnis wird die Wahrheit erkannt.

Rudolf Steiner über Baruch de Spinoza

Schriften:

GA 1, S. 76-80, 121, 215-218, 284

GA 2, S. 98

GA 6, S. 39 f., 53, 72, 107

GA 7, S. 17, 30-33

GA 18, S. 31, 106, 113-115, 126-133, 140-145, 148, 166, 224-231, 340, 521, 528

GA 30, S. 127 f., 205, 214 f., 223 f., 448 f., 455, 481, 520

GA 31, S. 416

GA 35, S. 45

Vorträge:

GA 51, S. 57 f. (Autoreferat)

GA 76, 5.4.1921, S. 62 f.

GA 163, 28.8.1915, S. 54

GA 166, 1.2.1916, S. 85 f.

GA 222, 17.3.1923, S. 61

GA 325, 21.5.1921, S. 84-90

GA 326, 26.12.1922, S. 39, 44; 28.12.1923, S. 79 f.

Eduard von Hartmann (1842 – 1906)

Im 1. Kapitel
(6. – 9. Abs., S. 20 f.)

In seinem hier angeführten Werk *Phänomenologie des sittlichen Bewußtseins* differenziert Eduard von Hartmann den Gedanken der Bestimmtheit des Handelns. Er unterscheidet aktuelle Beweggründe vom bleibenden Charakter des Handelnden.

«Beweggründe» sind Vorstellungen, die durch äußere Ursachen («Umstände») veranlaßt werden und den Menschen zum Handeln bewegen. Wenn sie das unmittelbar und unvermeidlich tun würden, könnte von Freiheit natürlich nicht die Rede sein. So ist es aber nicht. Ein Bettler auf der Straße kann mich zu den unterschiedlichsten Willensregungen veranlassen, je nachdem, wie ich veranlagt bin. Erst mein «Charakter» kann bestimmte, von den äußeren Umständen angeregte Vorstellungen zu Motiven erheben. Insofern liegt die Ursache meines Handelns in mir selbst, in meiner «individuellen Beschaffenheit». Bin ich deswegen frei? Nichts weniger als das, meint Hartmann: An die Stelle der äußeren tritt eine bestimmte, dem jeweiligen Willensakt vorgegebene, nicht willkürlich veränderbare «innere» Notwendigkeit.

Bei Hartmann wird der Blick nach innen gewendet, auf das seelische Leben des Menschen. In der Betrachtung zum Gedankengang des 1. Kapitels (siehe oben, S. 51 ff.) wurde hervorgehoben, wie Steiner die Einseitigkeit, gleichsam den «blinden Fleck» dieses Blicks feststellt: Gerade an dieser differenzierteren seelischen Untersuchung zeigt sich, daß sie noch blind ist gegenüber der Erkenntnis. So stellt sich erneut die Frage: «Was heißt es, ein Wissen von den Gründen seines Handelns haben?» (S. 21.)

Im Gesamtwerk Rudolf Steiners

1. Die Bedeutung Eduard von Hartmanns für die philosophische Entwicklung Steiners bis zur «Philosophie der Freiheit»

Eduard von Hartmanns Name begegnet in der «Philosophie der Freiheit» immer wieder, das ganze Werk ist unausgesprochen eine Auseinandersetzung mit Hartmann.

In einem Brief aus dem Jahr 1891 behauptet Steiner, er habe stets danach getrachtet, sein «eigenes Denken irgendwo an

[Eduard von Hartmanns] Schöpfungen anzuschließen» (GA 39, S. 79). Er schickte Hartmann die von ihm herausgegebenen Bände der naturwissenschaftlichen Schriften Goethes und widmete ihm sein Buch *Wahrheit und Wissenschaft. Vorspiel einer Philosophie der Freiheit* (1891). Untertitel und Motto der «Philosophie der Freiheit» («Grundzüge einer modernen Weltanschauung. Seelische Beobachtungsresultate nach naturwissenschaftlicher Methode») spielen auf Hartmanns Hauptwerk an: *Philosophie des Unbewußten. Versuch einer Weltanschauung. Spekulative Resultate nach induktiv-naturwissenschaftlicher Methode.* Der «Philosophie des Unbewußten» will Steiner eine «Philosophie der Freiheit» entgegenstellen. Diese muß gerade auf dem Bewußtsein aufbauen. Im 1. Kapitel, «Das bewußte menschliche Handeln», wird gezeigt, wie die Bewußtseinsfrage der Freiheitsfrage vorangehen muß. Hartmann schickte sein ihm von Steiner zugesandtes Exemplar schon zwei Wochen später mit Kommentaren und Randbemerkungen versehen zurück. Seine detaillierte Stellungnahme führte zu vielen Änderungen und Zusätzen in der Neuauflage von 1918.[16]

Die Auseinandersetzung mit Eduard von Hartmann verlieh Steiner nach eigenem Bekunden eine «immer größere Sicherheit» über seine «eigenen erkenntnistheoretischen Gesichtspunkte» (GA 28, S. 110), die von denen Hartmanns grundsätzlich abwichen. Andererseits fühlte er sich jedoch durch Hartmanns Formulierung seiner philosophischen Aufgabe ermuntert: «[Eduard von Hartmann] meint: ich wäre dazu ausersehen, durch eine Synthesis von Nominalismus und Realismus eine neue Form des philosophischen Realismus herbeizuführen», heißt es in einem Brief an Rosa Mayreder vom 12.03.1891 (GA 39, S. 81). Steiner formulierte selber diese Aufgabenstellung als sein eigenes Ziel: «Ich wollte [...] den Nominalismus der neueren Naturwissenschaft überwinden und die Entität der Essenz [den Begriff als wesenhafte Wirklichkeit] wieder herstellen» (ebd.).

Auch die Tatsache, daß Hartmanns Schriften durch seine relativ unakademische, leicht faßliche und temperamentvolle Darstellungsweise nicht nur von Fachphilosophen gelesen wurden, sondern weiteste Verbreitung fanden, mag Steiner angeregt haben. Mit seinem eigenen Stil fand er sogar Hartmanns Beifall: «Die Darstellung und der Stil ist anziehend und gewandt, wie ich das von Ihnen gewohnt bin [...]» (Brief vom 21.11.1893, GA 39, S. 191).

Mit dem Inhalt der «Philosophie der Freiheit» konnte sich Eduard von Hartmann allerdings weniger einverstanden zeigen. Ein Dissenspunkt war, Hartmann wie Steiner gleichermaßen bewußt, der erkenntnistheoretische Dualismus Hartmanns. So mußte dieser den Erkenntnisbegriff Steiners ablehnen. Seine scharfsichtige Kritik, die im einzelnen fruchtbare Anstöße gab, mußte darum aufs ganze gesehen ins Leere gehen. Symptomatisch dafür erschien Steiner die Bemerkung Hartmanns zum Titelblatt der «Philosophie der Freiheit». Er schrieb: «Der Titel sollte lauten: ‹Erkenntnistheoretischer Monismus und ethischer Individualismus›» (Beiträge, S. 5). Damit reduzierte er die Wesenseinheit der Steinerschen Anthropologie zur bloßen Summierung unterschiedlicher Gegenstände und philosophischer Disziplinen. Für Steiner hatte dieses Mißverständnis symptomatische Bedeutung, es führte ihn nach eigenem Bekunden «das Schicksal» vor Augen, das seine «Weltanschauung innerhalb des zeitgenössischen Denkens finden mußte» (GA 35, S. 309). Denn für Steiner war Hartmann der Repräsentant des zeitgenössischen Denkens. Er sah in ihm einen Denker, der, «auf der Hochwacht der Bildung» stehend, das ganze «Materia[l] der einzelnen Wissenschaften» beherrschte (GA 1, S. 229). Welche Wesenszüge zeigt dieses Seelenleben? Dazu im folgenden einige Bemerkungen.

2. Der Repräsentant des zeitgenössischen Denkens

Steiner erinnerte sich, wie er nach einem längeren philosophischen Gespräch mit Hartmann (im Jahr 1889 in Berlin) ein «seelisches Frösteln» empfand. Hartmann hatte seine Argumentation auf eine bloße Worterklärung gegründet. Es ging um das Problem, «ob die Ansicht von der Vorstellung als eines Unwirklichen Geltung habe, oder ob sie nur einem Vorurteil entspringe. Eduard von Hartmann erwiderte: *darüber* ließe sich doch nicht streiten; es läge doch schon in der Wort-Erklärung der ‹Vorstellung›, daß in ihr nichts Reales gegeben sei. [...] ‹Wort-Erklärungen› der ernsthafte Ausgangspunkt von Lebensanschauungen! Ich fühlte, wie weit ich weg war von der zeitgenössischen Philosophie.» (GA 28, S. 155 f.) An diesen Einwurf erinnert die Bemerkung Eduard von Hartmanns zu Steiners begrifflicher Bestimmung der «Vorstellung» im 6. Kapitel der «Philosophie der Freiheit»: «Das ist ein ungewöhnlicher Wortgebrauch.» (S. 107; Beiträge, S. 27.) Dazu bemerkte Steiner später, daß auch dies ein Zeichen der Zeit sei. «Wenn die Menschen niemals sich dazu entschlossen hätten, ungewöhnlichen Wortgebrauch zu haben, so gäbe es ja gar keinen Fortschritt» (GA 181, S. 216). Hartmann erschien Steiner auch in dieser Hinsicht als Repräsentant seiner Zeit. In der «Philosophie der Freiheit» bekommen die Worte ihre Bedeutung durch den Gedankenzusammenhang und nicht umgekehrt. Aus dem Kontext kann der Leser auch bei ungewöhnlichem Wortgebrauch erkennen, was gemeint ist. Umgekehrt kann ein ungewöhnlicher Wortgebrauch ein Hilfsmittel sein, die Wortebene zu verlassen und zum tätigen Denken vorzustoßen. Die Sprache ist ein Sprungbrett und ein Ausdrucksmittel für das Denken, das als solches übersprachlich ist. Unser Denken ist jedoch immer in der Gefahr, sich an die Sprache zu klammern und Worte für Begriffe zu halten: «Was ein Begriff ist, kann nicht mit Worten gesagt werden.» (S. 57.)

Als zweites Charakteristikum des Berliner Gesprächs führt

Steiner Hartmanns überaus scharfe Kritik an. Sie gründete in der Verweigerung jeglichen Verständnisses: «So saß ich ihm denn gegenüber, indem er mich scharf beurteilte, aber eigentlich mich *innerlich* doch nicht anhörte.» (GA 28, S. 155.)

In solchen Charakterisierungen geht es Steiner jedesmal um die Kennzeichnung eines bestimmten Denkens, als dessen Repräsentant ihm Hartmann gilt: «der beste Intellektualist aus der zweiten Hälfte des 19. Jahrhunderts» (GA 225, S. 155). Dieses alltägliche Denken ist an das physische Gehirn als Spiegelungsapparat gebunden. Am spiegelnden Widerstand des Physischen wird der Mensch sich nur der «abgelähmten» Denkergebnisse, der abstrakten Begriffe und Vorstellungen bewußt. Nach Steiners Beurteilung hat Hartmann diesen unwirklichen Spiegelbildcharakter des gewöhnlichen Bewußtseins richtig durchschaut (GA 21, S. 98 ff.); er sah jedoch keine Möglichkeit, darüber hinauszukommen. Wie das Denken selbst zustande kommt, könne man nicht wissen, so war seine Meinung. Dies weist darauf hin, daß er die Tätigkeit, den Akt des Denkens nicht ins innere Auge fassen konnte. Durch seine erkenntnistheoretische Fixierung dieser seiner Akt-Blindheit verbaute er sich den Weg zu einer möglichen Entwicklung des Denkens über das gewöhnliche Bewußtsein hinaus (vgl. Beiträge, S. 16 ff. und 21 ff.). Hier liegt die entscheidende Differenz zu Steiner, der anknüpft an das beim Denken im Hintergrund bleibende Erleben der eigenen Tätigkeit und dieses wie einen Keim entfaltet (siehe die Beiträge zum 3. Kapitel der «Philosophie der Freiheit», S. 193 ff.). Das von Steiner gemeinte Denken muß selbsttätig hervorgebracht werden, es ist zu unterscheiden davon, bloß «Gedankenbilder [zu] haben» (S. 55). Diese Tätigkeit gilt es ins Bewußtsein zu heben. Das fällt mir leichter, wenn ich sie steigere. In der Überwindung der Wortvorstellungen und der vorgefaßten Meinungen vollziehe ich gerade dies. Wonach richte ich dann meine Denktätigkeit? Nach dem Inhalt des Gedachten, nicht nach meiner Willkür! So kann ich etwa beim Denken mathematischer Inhalte den Widerstand des denkend Hervorgebrachten erleben: Ich kann das Kreisgesetz nicht willkürlich verändern. Sein Zusammenhang mit der Gesetzmäßigkeit anderer geometrischer Gebilde ist durch den Inhalt dieser Gesetze bestimmt. Das heißt, daß mir im Denken ein Objektives, in sich Ruhendes begegnet. Die Denktätigkeit ist «subjektiv», in dem Sinne, daß sie vom Subjekt ausgeübt wird; der Denkinhalt, der dadurch erscheint, ist jedoch «objektiv». Hartmann dreht die Verhältnisse um: Der Denkinhalt ist subjektiv (bloß immanenter Inhalt meines Bewußtseins), die Denktätigkeit ist objektiv (aus dem absoluten Urwesen fließend, das allerdings nur schlußfolgernd erschlossen wird und als solches unbewußt bleibt). Obgleich Hartmann natürlich auch das Erlebnis des Durchschauens der logischen Beziehungen der Denkinhalte kennt, übersieht er, daß wir im Denken ein Prinzip haben, das in sich selbst ruht und durch sich selbst besteht. Dafür weist er hin auf die Weltentwicklung, die das Denken erst möglich gemacht hat, wie auch auf die organischen und psychologischen Faktoren, die bei der Genesis der Gedanken eine Rolle spielen. Hier zeigt sich seine Akt-Blindheit: Er verwechselt die Bedingungen des Erscheinenkönnens des Denkens mit dessen eigentlicher Wesenheit.

Um so mehr liegen bei Hartmann weitere Entwicklungsstufen des Denkens – in denen die Denkinhalte nicht mehr abgelähmt, sondern «lebendig» sind, das heißt zugleich als Tätigkeit erlebt werden können – außerhalb des Erlebnishorizontes (Vortrag vom 4.4.1921, GA 76, S. 30 ff.). Deshalb muß er auch ein Real-, das heißt Kraftprinzip, neben dem Ideellen als Weltprinzip fordern.

In späteren Jahren weist Steiner oftmals auf Hartmanns Philosophie zur Charakterisierung der negativen Seite des «Zeitgeistes». Da Hartmann dem «Genius» des Zeitalters abgesagt habe, sei der «Dämon» dieses Zeitalters an ihn herangetreten. Der Genius bringt die Möglichkeit, das Denken als erste Stufe einer geistigen Welterkenntnis auszubilden. Durch den Dämon bleibt das Denken dem Mechanismus des physischen Leibes verhaftet und wird selbst automatisch, seelenlos und lieblos. Deswegen konnte diese Philosophie in ihren spekulativen Extrempositionen in «grundlose Untiefen» abrutschen und das «intellektuelle Abbild der irdischen Dämonologie» werden (Vortrag vom 21.7.1923, GA 225, S. 166). In seiner *Philosophie des Unbewußten* beispielsweise macht Hartmann die Zerstörung der Erde zum idealen Ziel der Weltentwicklung, an dessen Realisierung mitzuhelfen die höchste sittliche Aufgabe des Menschen sei: Durch eine Maschine, die in den Mittelpunkt der Erde hineingebohrt wird, soll diese zerstört werden.

Dadurch, daß seinem Denken die Liebe fehlte, habe Hartmann einerseits den Menschen und seine seelische Realität verloren, urteilt Steiner. Er konnte andererseits keine Brücke zur Welt schlagen und blieb in bloßen Vorstellungen innerhalb eines geschlossenen Bewußtseins stecken. Nur das unendliche Meer des Unbewußten konnte als spekulativer Ersatz für die menschliche Seele und den konkreten Geist der Welt eingesetzt werden.

Für denjenigen, der die «Philosophie der Freiheit» studiert, kann die Auseinandersetzung mit Eduard von Hartmanns Philosophie zum Prüfstein werden. Bringen wir nicht auch die Neigung mit, uns an Worten festzuhalten und Neues nach unseren vorgefaßten Meinungen zu beurteilen? Was wirkt in solchem Denken? Das Aktbewußtsein im Denken und die Einsicht, daß uns im Denken Welt begegnet, müssen wir uns erst mühsam erringen, wenn wir für die Quellen und Ziele der «Philosophie der Freiheit» Verständnis aufbringen wollen.

3. Erkenntnistheoretischer Dualismus: die Differenz

Der erste Abschnitt in Hartmanns Buch *Das Grundproblem der Erkenntnistheorie* (1889) galt Steiner als vorbildliche Zusammenstellung aller Erwägungen, die im 19. Jahrhundert zu der Überzeugung geführt haben, daß die wahrgenommenen Dinge keine Realitäten (naiver Realismus), sondern meine Vorstellungen (kritischer Idealismus) sind. Diesen kritischen Idealismus vertritt Hartmann selber: Der Bewußtseinsinhalt ist die Wirkung vorbewußter Eindrücke und Sinnesreaktionen, die von einem ebenso unbewußten Denken tingiert sind. Auf diesen Vorstellungsinhalt wird dann nochmals das (bewußte) Denken gerichtet. Das dabei entstehende subjektive Bewußtsein kann aber durch Schlußfolgerungen prinzipiell überschritten (transzendiert) werden. Hartmann nennt daher seine Erkenntnistheorie auch «transzendentalen Realismus». Diese Erkenntnistheorie ist dualistisch, weil neben und außerhalb der geschlossenen Immanenz des einzelnen, subjektiven Bewußtseins, das prinzipiell nicht erweiterbar ist, eine diesem zugrundeliegende, aber nie erfahrbare Transzendenz angenommen wird. (In der «Philosophie der Freiheit» findet man den transzendentalen Realismus im 4. und 5. Kapitel behandelt.)

Steiners Erkenntnistheorie beansprucht dagegen, *monistisch* zu sein. Die Dualität ist nicht ursprünglich. Unsere Organisation teilt das Einheitlich-Wirkliche in zwei Hälften, deren einer Teil uns gegeben ist (durch Wahrnehmung), deren anderer Teil von uns denkend hervorgebracht werden muß. Im Erkenntnisakt (dem denkenden Durchdringen des Gegebenen) wird die Dualität überwunden und Wirklichkeit (wieder) hergestellt.

So, wie die Aussagen über die Dinge an sich nur der Bewußtseinsimmanenz entliehen sind (sein können), ist Hartmanns absolutes Urwesen eine Art «Ich an sich», eine Selbstentfremdung des im Denken auffindbaren Ich. Darin sieht Steiner noch Reste eines alten theologisierenden Vorstellens bei Hartmann: Im menschlichen Ich lebt sich das all-eine Urwesen aus, das ihm «seine» Ideen und Lebensziele einflüstert (Beiträge, S. 68; GA 30, S. 151 u. 400; GA 51, S. 63,

Autoreferat zu Vorträgen Januar bis März 1901). Es ist klar, daß Eduard von Hartmann auch Steiners ethischen Individualismus ablehnen mußte, der eine zum Monismus führende Erkenntnis voraussetzt.

4. Konkreter Idealismus: die Übereinstimmung mit Eduard von Hartmann

Eine Gespaltenheit sieht Steiner in Hartmanns Philosophieren: Auf der einen Seite ließ sich dieser zu metaphysischen Träumereien verführen, auf der anderen Seite war bei ihm aber ein Wille wirksam, fest auf dem Boden der Wirklichkeit zu stehen (GA 34, S. 260), der ihn in Tagesfragen sogar zum (eher konservativen) Realpolitiker machte. Hartmanns philosophische Bedeutung sieht Steiner darum nicht in den metaphysischen und transzendentalen Gedankengebäuden seiner Theorie, sondern in seiner konkreten Erkenntnispraxis. Als vorbildlich charakterisiert er Hartmanns Bestreben, sich einer unbefangenen Betrachtung der Dinge hinzugeben (GA 18, S. 518) und sich im Denken von den Gründen, die in den Dingen selbst liegen, leiten zu lassen (GA 30, S. 288). Hartmann forderte eine empirische Methode des Philosophierens. Für Steiner stand fest, daß er gerade auf diesem Wege den geistigen Grund der Dinge suchen wollte. Die naturwissenschaftlichen und positiv-historischen Tatsachen waren ihm ein Mittel, den Geist in den Dingen und in der Geschichte nachzuweisen (GA 34, S. 245 ff.). So kam er zu einer idealistisch-evolutionistischen Wissenschaftsrichtung. Darin sieht Steiner Hartmanns Philosophie mit Goethes Weltanschauung verwandt, die ebenfalls eine empirische Methode mit einem idealistischen Forschungsresultat verband (Brief vom 21.12.1886, GA 38, S. 144 f.).

Dieser Empirismus allerdings ist für die *Philosophie des Unbewußten* weniger tragend als in Hartmanns natur- und geschichtswissenschaftlichen Schriften, in denen er bestimmte Ideen konkret mit den Einzelerscheinungen verbindet. Eine besondere Bedeutung hatte für Steiner Hartmanns *Phänomenologie des sittlichen Bewußtseins* (1879), in der dieser die Entwicklung der mannigfaltigen Gestalten des «sittlichen Bewußtseins» in ihrem inneren (ideellen) Zusammenhang darstellte. Für Steiner war das Buch «eine Art ‹Naturgeschichte› der verschiedenen sittlichen Standpunkte» (GA 18, S. 518; GA 28, S. 110). Er betrachtete es als ein «mustergültiges historisches Werk», das von den «nackten Tatsachen» ausgeht, ihren ideellen Kern sucht und sie dadurch der gesamten geschichtlichen Entwicklung der Menschheit einzugliedern vermag (GA 30, S. 308; GA 1, S. 230). Wesentliche Teile davon hat er dem 9. Kapitel seiner «Philosophie der Freiheit» zugrunde gelegt. Kritisch weist Steiner allerding wiederum die über die Beschreibung des «sittlichen Bewußtseins» hinausgehende Spekulation Hartmanns zurück.

5. Ethische Konsequenzen: Unterschied und Verwandtschaft

Hartmanns Metaphysik schließt die Freiheit aus. Im Menschen ist das absolute Weltwesen tätig. Das gilt sowohl für seine körperliche und charakterologische Anlage als auch für seine Vernunft. Man kann zwar Stufen der sittlichen Entwicklung unterscheiden. Aber diese sind «nur Momente ein und derselben teleologischen Entwicklung», «die als solche logisch notwendig und schlechthin deterministisch sich vollzieht» (Beiträge, S. 43 u. 47; zu Steiners Kritik der teleologischen Weltauffassung vgl. das 11. Kapitel der «Philosophie der Freiheit»). Nur «auf der letzten und höchsten Stufe [tritt] der Mensch als selbst mittätiger und sich selbst bestimmender Arbeiter an dieser Entwicklung in den Vordergrund. [...] Aber seine Mitarbeit ist in ihrer Selbstbestimmung schlechthin (logisch) und charakterologisch determiniert, also nicht frei» (ebd.). Aus der so charakterisier-

ten Anschauung Hartmanns konnte Steiner auch dessen Ablehnung der Freiheitsidee in der «Philosophie der Freiheit» verstehen. Hartmann meinte, Steiners Betonung der Freiheit im
Buchtitel «Philosophie der Freiheit» sei irreführend und unbe-
gründet, weil die Freiheitserörterung «keinen erheblichen
Raum» im Buche einnehme, «nichts Neues und Eigenartiges»
biete und bloß «eine der deterministischen Freiheitsformen
(logische Selbstbestimmung des Willensinhalts durch intuiti-
ves Denken)» beträfe (Beiträge, S. 5).

Trotzdem betonte Steiner in Hartmanns Ethik die Übereinstimmung mit einem wichtigen Punkt seiner eigenen Ethik:
die Idee selbstloser Hingabe an den Weltprozeß, in der Steiner
die Liebe zur Handlung (vgl. 9. Kapitel der «Philosophie der
Freiheit») erblickt. «Hartmann hätte das Wort nicht unter-
drücken sollen, das den Charakter seiner Sittenlehre ausdrückt: die Liebe.» (GA 1, S. 235.)

6. Einzelnes

Die große Vielfalt der Aspekte macht es unmöglich, in diesem
Rahmen die Synopse philosophischer Positionen Steiners und
Hartmanns vollständig durchzuführen. Von unmittelbarer Re-
levanz für die «Philosophie der Freiheit» ist Hartmanns Meinung, es sei – im Sinne der Bewußtseinsimmanenz – unmöglich, mit anderen Menschen in derselben Bewußtseinssphäre zu
leben (vgl. Beiträge, S. 26; Vortrag vom 20.6.1916, GA 169, S. 63
f.). In der «Philosophie der Freiheit» findet sich dazu eine Ent-
gegnung im 1. Anhang zum Kapitel «Die letzten Fragen».

Zum Schluß sei noch darauf hingewiesen, daß Steiner später
auch geisteswissenschaftliche Forschungsergebnisse über kar-
mische Aspekte von Hartmanns Leben mitgeteilt hat (Vortrag
vom 22.3.1924, GA 235, S. 184-191).

Exkurs: Das Unbewußte und die Psychoanalyse

Nicht Hartmanns Philosophie hat die Theorie des «Unbewußten»[17] im 20. Jahrhundert geprägt – er gilt heute «als ein fast
vergessener philosophischer Sonderling»[18] –, sondern Sigmund
Freud durch die Begründung der Psychoanalyse.

Auch die Psychoanalyse will einen Weg zeigen, das Unbewußte bewußtzumachen und damit zur Befreiung, zur Eman-
zipation des Menschen beitragen. Als ihre Geburtsstunde wird
häufig das Jahr 1893 genannt (mit der Veröffentlichung der
«Vorläufigen Mitteilungen» von Josef Breuer und Sigmund
Freud), das gleiche Jahr, in dem die «Philosophie der Freiheit»
wirklich erschien (sie war auf das Jahr 1894 vordatiert).[19]

In der Formulierung der Zielsetzung und der Methodik der
beiden Geistesströmungen klingt vieles scheinbar verwandt.
Sie gehen jedoch grundsätzlich verschiedene Wege. Entscheidend ist Steiners Hinwendung zum Denken. Seine Methodik
ist die *Beobachtung des Denkens.* Sie kann als Gegenprogramm
zur Tiefenpsychologie gelesen werden und könnte auf ihre Art
eine vergleichbar umfassende kulturelle und zivilisatorische
Bedeutung bekommen, falls sie aufgegriffen würde. In der *Beobachtung des Denkens* liegt der Ansatz einer allgemeinen Kul-
turtherapie und individueller Prophylaxe, denn «bei gutem
Willen» hat «jeder normal organisierte Mensch» die «Fähigkeit» dazu, wie es im 3. Kapitel der «Philosophie der Freiheit»
heißt (S. 46); er muß sie nur richtig schätzen können und
weiterentwickeln.

Im Anschluß an die Betrachtungen zum 3. Kapitel wird der
Versuch gemacht, die Psychoanalyse in einigen Punkten der
«Philosophie der Freiheit» gegenüberzustellen (siehe unten,
S. 250 ff.).

Lebensdaten

Geb. 23.2.1842	Berlin
1858	Nach Abschluß des Gymnasiums Beginn einer Offiziersausbildung. Artillerie- und Ingenieurschule
1864	Verzicht auf die militärische Laufbahn wegen eines anhaltenden Knieleidens
1864 – 1867	Nach unbefriedigenden künstlerischen Versuchen (als Maler und Komponist) arbeitete er als philosophischer Autodidakt an seiner *Philosophie des Unbewußten*. Mit einem Kapitel aus diesem Werk promovierte er in absentia. Veröffentlichung November 1868. Lehnte in den darauffolgenden Jahren drei ihm angebotene Lehrstühle ab, um weiterhin als Privatgelehrter zu leben. Der Erfolg seines Buches ermöglichte ihm dies. Bis zum Ende seines Lebens baute er seine Grundansichten weiter aus, wandte sie auf die verschiedensten Gebiete an (Ethik, Religionsphilosophie, Ästhetik, Erkenntnistheorie, Metaphysik, Naturphilosophie, Psychologie etc. bis zu politischen Tagesfragen) und systematisierte sie.
Ab 1879	Zunehmende Gesundheitsprobleme bis zur Bettlägerigkeit
1890	10. Auflage der *Philosophie des Unbewußten*
Gest. 5.6.1906	Großlichterfelde
1907 – 1909	Posthum erscheint: *System der Philosophie im Grundriß* (8 Bände)

Werk

In Eduard von Hartmanns Hauptwerk *(Die Philosophie des Unbewußten. Versuch einer Weltanschauung. Spekulative Resultate nach induktiv-naturwissenschaftlicher Methode,* 1868) laufen die Gedankenfäden des 19. Jahrhunderts zusammen. Der Untertitel weist auf einen Versuch, die naturwissenschaftlichen Ergebnisse spekulativ zu verarbeiten im Sinne einer Gesamtauffassung der Welt. Dabei greift Hartmann die idealistische Philosophie (Schelling, Hegel, Schopenhauer) auf eigene Art auf. Anknüpfend an Schellings Thematisierung des Unbewußten schreibt er diesem Unbewußten die Attribute der unendlichen Idee und des unendlichen Willens zu. Für Hegel war die Idee das Wesen der Welt, für Schopenhauer der Wille. Nach Hartmann kann jedoch die bloße Vernunft kein wirkliches Sein schaffen, der blinde Wille wiederum hat keinen Inhalt, kann also nichts Bestimmtes schaffen. Damit die «Essenz» zur «Existenz» kommen kann, müssen Idealprinzip und Realprinzip zusammenwirken. Aus einem Urwesen, dem absoluten Unbewußten, sind die beiden Erscheinungsweisen der Wirklichkeit hervorgegangen: die objektiv-reale Natur und das subjektiv-ideale, bewußte Geistesleben. Das absolute Unbewußte ist das Wesen aller Tätigkeiten des Universums. Auch dem menschlichen Denken und Wollen liegt also ein Transzendentes (Bewußtseinsjenseitiges) zugrunde. Das Bewußtsein selbst ist immanent (bleibt in sich beschlossen). Voraussetzung ist ein «transzendentaler Realismus»: Durch Schlußfolgerungen aus der Erfahrung der Erscheinungswelt kann hypothetisch etwas über die Welt an sich ausgesagt werden.

Diese Metaphysik des Unbewußten wird von einer Phänomenologie des Unbewußten vorbereitet: Aus einem umfassenden Wissen inventarisiert Hartmann die Erscheinungsweisen des Unbewußten in der Natur (in Instinkthandlungen und Reflexbewegungen, in der Naturheilkraft und in der organischen Entwicklung) und im menschlichen Geist (in Trieben und Gefühlen, in der Sprache und im Denken ebenso wie in der Geschichte).

Hartmann ist idealistischer Evolutionist. Er sieht «in Natur und Geschichte nur einen einzigen großartigen und wertvollen Entwicklungsprozeß», in dem Finalität (Zweckmäßigkeit) waltet. Die Naturgesetze sind nur die Mittel des zweckvoll wirkenden Urwesens. In der Finalität wirkt das Idealprinzip der Welt. Doch weil deren reale Existenz vom irrationalen Willen herstammt, gibt es in ihr einen Kampf des Unvernünftigen mit dem Vernünftigen, und es überwiegt das Leiden. Die Idee kann sich nur des Willens bemächtigen, um die Schöpfung wieder aufzuheben. Der Weltprozeß besteht im Bewußtwerden des Unbewußten, mit dem Ziel, das absolute Weltwesen aus seiner Unglückseligkeit zu erlösen. Die höchste sittliche Aufgabe des Menschen ist die Mitwirkung an der Vernichtung des vernunftlosen Willens. In dieser Anschauung gipfelt Hartmanns Pessimismus, den er auf die Berechnung einer «Weltlustbilanz» begründet sehen will: Er meint damit zeigen zu können, daß die Unlust die Lust in der Welt überwiegt. Damit erweist sich das Streben nach Lust als aussichtslos. Durch seinen Pessimismus will Eduard von Hartmann den Egoismus ausrotten und die Menschen bereitmachen für die hingebungsvolle Mitarbeit am Weltprozeß (vgl. das 13. Kapitel der «Philosophie der Freiheit»).

Rudolf Steiner über Eduard von Hartmann

Im besonderen:

- *Beiträge zur Rudolf Steiner Gesamtausgabe Nr. 85/86,* Dornach, Michaeli 1984: Zur «Philosophie der Freiheit». Kommentare und Randbemerkungen von Eduard von Hartmann. 1994 in GA 4a, S. 345-420.
- Eduard von Hartmann. Seine Lehre und seine Bedeutung (1891), in: GA 30, S. 288-302.

- Eduard von Hartmann. Nachruf (1906), in: GA 34, S. 245-261.
- Die Geisteswissenschaft als Anthroposophie und die zeitgenössische Erkenntnistheorie. Persönlich-Unpersönliches. (1917), in: GA 35, S. 307-331.

Weitere Stellen:

Schriften:
GA 1, S. 127 f., S. 229-236, 258 f.
GA 2, S. 8, 16
GA 3, S. 13, 34, 37 f., 40-45, 51, 89
GA 18, S. 466, 503, 515-518
GA 21, S. 98 f., 168
GA 28, S. 108-110, 154-156, 244-249, 345
GA 30, S. 37, 43, 49 f., 151, 175, 177 f., 188, 194, 256, 263, 265, 308, 311 ff., 385, 400, 505, 524 ff., 530
GA 31, S. 308, 570
GA 33, S. 90
GA 34, S. 245-261, 358, 394 f., 498, 500
GA 35, S. 256-260, 307 f., 324-330
GA 38, S. 113, 127, 144 ff., 170, 174, 205
GA 39, 65, 256, 280, 281, 282, 297, 301, 323, 324, 333, 362, 364, 400, 517 (Die angegebenen Zahlen sind die Brief-Nummern.)

Vorträge:
GA 51, 25.2.1905, S. 259 (Autoreferat, s. o.) und 5.3.1905, S. 273
GA 72, 18.10.1917, S. 21; 19.10.1917, S. 91; 30.10.1918, S. 303 f.
GA 73, 15.11.1917, S. 51-53; 12.11.1917, S. 118-125, 152
GA 76, 4.4.1921, S. 30 f., 45
GA 133, 19.3.1912, S. 37
GA 139, 15.9.1912, S. 15
GA 167, 18.4.1916, S. 149-152; 9.5.1916, S. 219

GA 169, 20.6.1916, S. 63 f.
GA 174b, 23.4.1918, S. 319 f.
GA 176, 24.7.1917, S. 178-180
GA 181, 9.4.1918, S. 215 f.
GA 225, 21.7.1923, S. 152-159, 166 f.
GA 235, 15.3.1924, S. 155-161
GA 262, S. 57 f.
GA 291, 29.7.1923, S. 216
GA 321, 7.3.1920, S. 103 f.; 8.3.1920, S. 120-123
GA 353, 14.5.1924, S. 240-244

Robert Hamerling (1830 – 1889)

Im 1. Kapitel
(12. – 13. Abs., S. 22 f.)

Das Problem der Willensfreiheit, wie es landläufig aufgefaßt wird, ist für Hamerling eine Absurdität. Es läuft auf einen Widerspruch hinaus: Kann ich etwas wollen, ohne es zu wollen? Hamerling kommt es darauf an, daß Wille und Motiv nicht getrennt werden. Eine unvernünftige, unbestimmte Willenskraft ist für ihn ein Ungedanke. Von Freiheit oder Unfreiheit kann erst die Rede sein, wo dieses kraftvoll-zielgerichtete Einheitliche, der «Wille», auf eine ihm fremde Wirklichkeit stößt. Frei ist er, wenn er sich durchsetzen kann, unfrei, wenn er durch Widerstand in der Entfaltung seines Wesens gehemmt wird.

In den wenigen Worten des Zitats aus Hamerlings philosophischem Hauptwerk, der *Atomistik des Willens*, entsteht das Bild eines Philosophen, der den *Willen* betont. Der Autor der *Atomistik des Willens* hat eine hohe Meinung vom Willen. Er muß die Beeinträchtigung der Dignität des Willens abweisen, die ihm im Gedanken der «Willensfreiheit» entgegentritt. Der Wille ist eine Kraft, deren geistige Bestimmtheit sich im denkend erfaßten Grund des Handelns, dem Motiv, offenbart. Auf das bewußte Motiv, das Denken des Handlungsgrundes, kommt also alles an, wenn man den Willen zum Handeln wirklich verstehen will.

Wird die Bedeutung des bewußten Motivs so herausgehoben, dann kann die Frage um so stärker hervortreten, wie dieses Motiv im Bewußtsein erlebt wird: Wird es als Zwang erlebt? Diese Frage hält Steiner dem Gedanken Hamerlings entgegen und führt ihn damit über sich selbst hinaus zum *Ursprung* des Handlungsentschlusses im Bewußtsein.

Im Gesamtwerk Steiners

Diese Wendung hat ein Ziel, das Hamerling im Grunde nicht fernlag, wenn er es auch nie mit der Freiheitsfrage verband. Denn gerade dem Ursprung des Denkens war Hamerlings Aufmerksamkeit zugewendet. Er wollte das Denken als lebendige, willensgetragene Tätigkeit bewußtmachen, meinte aber, daß nur ein Gefühl dieser Tätigkeit möglich sei. Hier sieht Steiner bei Hamerling den Punkt erreicht, wo weitergeschritten werden muß. Das Bewußtsein vom Denken muß über das Gefühl hinaus aufgehellt werden. Man muß sich dem bewußten Motiv, dem geistigen Kern des Wollens, ebenso wie jedem anderen Gedanken, *bewußt gegenüberstellen* können (GA 20, S. 180 ff. und 187 ff.). Obwohl Hamerlings Freiheitsbegriff in der «Philosophie der Freiheit» zurückgewiesen wird (außer im 1. auch im 12. Kapitel, S. 201 ff.), unterstreicht Steiner die Verwandtschaft dieses «Gefühls des Denkens» mit der «Beobachtung des Denkens», wie sie in der «Philosophie der Freiheit» ausgebildet werden soll. Dieser besonderen Aufmerksamkeit, die Steiner Hamerlings philosophischem Werk stets entgegenbrachte, tat es keinen Abbruch, daß er die vergleichsweise konventionelle, an Kants Transzendentalphilosophie orientierte Erkenntnistheorie Hamerlings zurückwies.

Auch über Hamerlings poetisches Werk und vor allem über sein Leben hat sich Steiner vielfach geäußert. Im Zusammenhang philosophischer Betrachtungen ist es nicht uninteressant, daß Steiner hervorhebt, wie Hamerling dieses Bewußtsein geistiger Tätigkeit zu einem Kraftquell geworden ist in einem Leben, das durch äußere Not und schwere Krankheiten gezeichnet war.[20]

Lebensdaten

Geb. 24.3.1830	Kirchberg am Walde (Niederösterreich)
1840 – 1844	Stift Zwettl; Absolvierung der ersten vier Gymnasialklassen
1844 – 1846	Schottengymnasium in Wien. Erste dramatische Versuche
1846 – 1852	Studium in Wien
1852 – 1855	Supplent. Vorbereitung auf das Gymnasiallehramt Wien und Graz
1855 – 1866	Gymnasiallehrer am k. k. Gymnasium in Triest
1855	Ausbruch einer Krankheit, die Hamerling lebenslang begleitete
1856/57	Venedig
1858	*Venus im Exil*
1859	*Sinnen und Minnen*
1862	*Ein Schwanenlied der Romantik*
1866	*Ahasver in Rom.* Pensionierung. Übersiedlung nach Graz
1969	*Der König von Sion*
1876	*Aspasia*
1887	*Blätter im Wind*
1888	*Homunkulus*
Gest. 13.7.1889	Graz

Werk

Mit dem Problem der «Willensfreiheit» ist ein Kernpunkt der
*Atomistik des Willens (Die Atomistik des Willens. Beiträge zu
einer Kritik der modernen Erkenntnis,* posthum erschienen 1891)
berührt. Der Wille im einzelnen Menschen, aber auch in jedem anderen Wesen der Welt ist für Hamerling das Substrat
der Wirklichkeit: «Es gibt nur eine einzige wirkliche Kraft,
oder Urkraft, die aber in mannigfachen Formen auf den verschiedenen Stufen der Existenz sich bemerklich macht: eben
jene schon bezeichnete Urkraft, die wir im mechanischen Bereich schlechtweg als Kraft, im physiologischen als Leben, im
bewußten Bereich als Wille kennen.»[21] Die Welt ist eine Mani-
festation dieser Urkraft in den unterschiedlichsten, endlos vielen Wesenheiten, den «Atomen». Anders als etwa für Eduard
von Hartmann ist für Hamerling der Wille eine zielvolle, sinn-
volle Wirklichkeit, nicht ein «dummer Junge», wie Hartmann –
so Hamerling – meint. Von diesem Kern seines eigenen Wesens
kann der Mensch ein Bewußtsein erlangen, insofern er ein
Bewußtsein seines tätigen Denkens hat. Dies ist in der Klarheit
des Gedankens nicht möglich, weil jeder bewußte Gedanke
immer schon abgestorbenes Denken ist. Es bleibt nur das lebendige Gefühl der eigenen Gedankentätigkeit. Aber dieses
Bewußtsein der innersten geistigen Tätigkeit des Menschen ist
doch die entscheidende Kraftquelle des Lebens, die jedermann
in sich selbst erschließen kann und die ihm über alle Versu-
chungen des Pessimismus hinweghilft.

Rudolf Steiner über Robert Hamerling

Schriften:
GA 18, S. 524-528, 532-535, 544, 596-599
GA 20, S. 131-145, 180-182, 187-189

GA 28, S. 128, 134, 139-141, 193
GA 30, S. 331 f.
GA 32, S. 145-155
GA 33, S. 84, 86, 96, 120 f., 203
GA 35, S. 309 f., 315

Vorträge:
GA 61, 23.11.1911, S. 145 f.; 7.12.1911, S. 165-168 und S. 185;
    1.2.1912, S. 336 f., 341, 344-346
GA 154, 26.4.1914, S. 28-41
GA 185, 1.11.1918, S. 145 ff.
GA 236, 26.4.1924, S. 76-80
GA 273, 19.1.1919, S. 249 f.

Paul Rée (1849 – 1901)

Im 1. Kapitel
(15. Abs.)

Nach der Auseinandersetzung mit Hamerlings Anschauung steht das bewußte Verhältnis zum Denken im Mittelpunkt des Gedankengangs: Es kommt darauf an, wie ein bewußtes Motiv in mir entsteht. Die Frage nach dem Ursprung des Denkens darf aber nicht verwechselt werden mit einer «Erklärung» desselben, die sich gerade für das Eigentümliche des Denkens blind macht, indem sie sich auf anderes richtet.

Eine solche Ablenkung liegt in der Neigung, seelische Phänomene ohne Unterschied auf physiologische Vorgänge zurückzuführen. Dabei wird dann auch der Unterschied zwischen Tier und Mensch unwesentlich: Die Ursache der seelischen Vorgänge ist im Gehirn zu suchen. Weil die Gehirnschale diese ursächlichen Vorgänge dem Blick entzieht, kann – nach Rée – die Illusion entstehen, man sei frei.

Es ist klar, daß man aus dieser Perspektive das Denken selbst noch gar nicht in den Blick genommen hat. Läßt sich das Denken von außen, wie eine Sinneswahrnehmung, beobachten? Wie verhalten sich die hirnphysiologischen Vorgänge zum Denken? Darüber kann nur das Denken Aufschluß geben. Dazu muß es erst als solches erkannt werden. «Das führt uns auf die Frage: welches ist der Ursprung und die Bedeutung des Denkens?» (S. 24.)

Im Gesamtwerk Rudolf Steiners

Rée wird bei Steiner selten erwähnt. In seinem Buch *Friedrich Nietzsche. Ein Kämpfer gegen seine Zeit* (1895) nennt er ihn einen «mittelmäßigen Kopf», von dem nicht anzunehmen sei, daß er auf Nietzsche (der sich später von Rée distanzierte) einen bedeutenden Eindruck machen konnte (GA 5, S. 10). Daß er diesen – in seiner mittleren Periode – beeinflußt hat, räumt Steiner später jedoch ein (Vortrag vom 20.3.1909, GA 57, S. 373).

Rée wird hier also nur symptomatologisch angeführt, als Vertreter einer bestimmten Geistesströmung, die das Denken rein physiologisch zu erfassen sucht. Er gehörte auch zu den Anhängern der Evolutionstheorie und entwarf eine entwicklungsgeschichtliche Theorie des Gewissens, wobei er die Geschichte der Moral als Kampf der Werte betrachtete, also im Sinne Spencers die Entwicklungslehre auf seelisch-geistige Phänomene anzuwenden versuchte. Hätte er sich dabei wirklich vom Materialismus befreien können, wäre er dem Anliegen Steiners, den Entwicklungsbegriff auf die seelisch-geistigen Eigenschaften des Menschen anzuwenden, sehr nahe gekommen (Vortrag vom 20.10.1904, GA 53, S. 78-81).

Lebensdaten

Geb. 21.11.1849	Bartelshagen (Pommern)
1877	*Vom Ursprung der moralischen Empfindungen*
1878	Freundschaft mit Friedrich Nietzsche und Lou Andreas-Salomé. Nietzsche ist eine Zeitlang von Rées Positivismus beeinflußt
1885	*Die Entstehung des Gewissens*
Gest. 28.10.1901	Celerina (Schweiz)
1903	*Philosophie* (Posthum)

Rudolf Steiner über Paul Rée

Schriften:
GA 5, S. 10

Vorträge:
GA 53, 20.10.1904, S. 78-81
GA 57, 20.3.1909, S. 373
GA 59, 5.5.1910, S. 242 u. 246

Georg Wilhelm Friedrich Hegel (1770 – 1831)

Im 1. Kapitel
(17. Abs., S. 25)

Aus der Freiheitsfrage entwickelte sich im 1. Kapitel die andere der beiden «Wurzelfragen des menschlichen Seelenlebens» nach einer sichergegründeten Anschauung des Menschen. Sie stellt sich im Anfang der «Philosophie der Freiheit» damit als die Frage nach dem *Ursprung* und der *Bedeutung des Denkens*. Die Seele muß sich in ihrer *denkenden* Tätigkeit selbst erkennen, wenn sie sich überhaupt erkennen will: Menschliches Bewußtsein gründet auf dem Denken.

An dieser Stelle wird Hegels Name zum erstenmal in der «Philosophie der Freiheit» genannt. «Das *Denken* macht die Seele, womit auch das Tier begabt ist, erst zum Geiste.» Dieses Zitat ist der «Vorrede zur zweiten Ausgabe» von Hegels *Enzyklopädie der philosophischen Wissenschaften* entnommen. Der Satz lautet vollständig: «Das Denken macht die Seele, womit auch das Tier begabt ist, erst zum Geiste, und die Philosophie ist nur ein Bewußtsein über jenen Inhalt, den Geist und seine Wahrheit, auch in der Gestalt und Weise jener seiner, ihn vom Tier unterscheidenden und der Religion fähig machenden Wesenheit.»[22] Hegel will an dieser Stelle deutlich machen, welche Bedeutung dem Denken für eine philosophische Selbsterkenntnis des Menschen zukommt. Das Denken ist die Qualität des Menschen, seine «Bestimmung»,[23] die ihn vom Tier unterscheidet. Sie muß entsprechend anerkannt werden. Am Anfang der *Enzyklopädie*, einer umfassenden, wenn auch skizzenhaft-knappen Darstellung («Grundriß») der Philosophie, will Hegel auf die Notwendigkeit *denkender Selbsterkenntnis* hinweisen, «welche allein dem Menschen seine Würde gibt».[24] Zurückgewiesen werden soll die Versuchung eines «unmittelbaren Wissens» durch das scheinbar unmittelbare und lebensvollere *«Gefühl»*. Im Gefühl allein erschließt sich jedoch nicht das eigentlich menschliche Wesen.

Im Sinne dieses Bewußtseins von der Bedeutung des Denkens für das Wesen des Menschen und seiner Erkenntnis schließt das 1. Kapitel der «Philosophie der Freiheit» mit einer Betrachtung über das Verhältnis von «Kopf und Herz». Es ist keine Leugnung des Gefühls, wenn auf die wesentliche Verbundenheit aller Seelentätigkeit mit dem Denken aufmerksam gemacht wird. Noch die einfachste Handlung aus dem Gefühl schließt das Denken in sich: «Der Weg zum Herzen geht durch den Kopf.» Damit ist schon der Bogen gespannt zur Wirklichkeit des handelnden Menschen im 2. Teil der «Philosophie der Freiheit».

Die Philosophie Hegels im Werk Rudolf Steiners[25]

In zahlreichen, meist kurzen Betrachtungen über Hegels Philosophie, die sich im Werk Steiners finden, spiegelt sich etwas von der Entwicklung der Anthroposophie selber. Besonders in Steiners Versuchen, die Differenz zwischen Hegels Denken und seine Geisteswissenschaft zu bestimmen, wird dies deutlich. Gerade dabei ist aber auch zu bemerken, wie sich ein gemeinsames Band durch die verschiedenen Charakterisierungen hindurchzieht. Daß mit der «Beobachtung des Denkens» in der «Philosophie der Freiheit» bereits der erste Schritt zur Anthroposophie getan ist, wird dabei in Umrissen erkennbar (vgl. dazu den Beitrag zum 3. Kapitel: «Die ‹intellektuelle Anschauung› als geistesgeschichtlicher Hintergrund des 3. Kapitels», S. 242 ff.).

Hegels Philosophie hatte für Steiner zu Beginn seiner ersten Lektüre (etwa 1879) eine besondere Bedeutung, und zwar in zweierlei Hinsicht: Steiner schätzte Hegels Disziplin des Denkens, er hat sich nach eigenem Bekunden bewußt an seiner Logik geschult (GA 28, S. 63). Außerdem erkannte er in Hegel den Philosophen, der in einer für die Neuzeit einmaligen Weise in klaren Gedanken das geistige Wesen des Menschen und der Welt erfaßt habe. Im folgenden sollen diese beiden Aspekte und daran anschließend Steiners Bemühung zur Differenzbestimmung umrissen werden.

1. Übung im Denken

Wer im Vertrauen auf das Denken einen sicheren Weg in die Erkenntnis sucht, findet in Hegel einen Lehrer. Schon vor der Jahrhundertwende weist Steiner in diesem Sinne auf Hegel. Der Verlust des Vertrauens in das Denken, den er in der Wissenschaft und Philosophie seiner Gegenwart erlebt, hat Konsequenzen in der Denkdisziplin. Hegel erscheint demgegenüber als Vorbild

eines kraftvollen und stringenten Denkens. Steiner verteidigt
Hegel gegen das Mißverständnis eines weltfremden «Konstruie-
rens» von Begriffen; von den Positivisten unterscheide sich Hegel vornehmlich dadurch, daß er eben auch die Realität der Begriffe anerkenne: «Wer die Tatsachen des wirklichen Lebens erforscht, der denkt hegelisch» (Autoreferat aus einem Vortrag
1901, GA 51, S. 61). Auf dem Münchner Kongreß der Theosophischen Gesellschaft im Jahr 1907 weist Steiner auf Hegel als
Lehrer des Lebens im reinen Denken (Vortrag vom 19.5.1907,
GA 284, S. 48). Die «mystische Tiefe» des Hegelschen Denkens
betonte Steiner schon in *Die Mystik im Aufgange des neuzeitli-*
chen Geisteslebens (1901, GA 7). Die Bedeutung dieses reinen,
sinnlichkeitsfreien Denkens stellt er immer wieder in Vorträgen
dar. Eine Schulung des Denkens durch ein Leben im «sinnlichkeitsfreien Denken» als erste Stufe des rosenkreuzerischen Pfa-
des, dies ist ein immer wiederkehrendes Thema vieler Vorträge
für Mitglieder der Anthroposophischen (bzw. Theosophischen)
Gesellschaft in diesen Jahren. Hegel und die «Philosophie der
Freiheit» werden dabei nebeneinandergestellt. Steiner will gerade den Mitgliedern der nach Osten blickenden «Theosophischen Gesellschaft» dieses sinnlichkeitsfreie Denken nahelegen.
Hier liege ein speziell mitteleuropäischer und moderner An-
knüpfungspunkt für die «Theosophie», der von praktischer, aktueller Bedeutung sei für die Schulung. Hegels Philosophieren
kann mit dem Wesen des Denkens überhaupt vertraut machen:
«Es ist für den Anthroposophen außerordentlich wichtig, sich in
diese reinen Begriffe hineinzuarbeiten [...], es ist ein wichtiges
Erziehungsmittel für die Seele.» («Das Bilden von Begriffen und
die Kategorienlehre Hegels», Vortrag vom 13.11.1909, GA 108,
S. 247.) In ähnlicher Weise wird auch in einem Vortrag vom
26.5.1910 Hegel als Lehrer auf dem Weg zu einer Geisteswissenschaft charakterisiert («Die Philosophie Hegels und ihr Zusammenhang mit der Gegenwart», in GA 125, und Vortrag vom
16.1.1915, GA 64, S. 179). Was hier im öffentlichen Vortrag als

Weg angedeutet ist, wird vor Mitgliedern der neugegründeten Anthroposophischen Gesellschaft wenig später so verdeutlicht: Fichte, Schelling, Hegel «haben ein Denken geschaffen, welches zwar nicht schon Spiritualismus ist, nicht Geisteswissenschaft ist, welches aber der Keim der Geisteswissenschaft ist, welches sozusagen, wenn es durchmeditiert wird, wirklich zur Geisteswissenschaft führt.» (Vortrag vom 14.3.1915, GA 159/160, S. 142.) Wie diese Weiterbildung des Hegelschen Denkens verstanden werden muß, konkretisiert Rudolf Steiner in den folgenden Jahren (s. unten). Nur die Weiterbildung wird Hegel heute wirklich gerecht – es darf kein «Zurück zu Hegel» im wörtlichen Sinne geben (Vortrag vom 13.7.1919, GA 192, S. 278 ff.). «Weiterbildung» schließt aber Anknüpfung ein. Das wird von Steiner noch einmal ganz deutlich in einem Vortrag zum 150. Geburtstag Hegels (27.8.1920) ausgesprochen: Hegel hat Ahriman die Logik entrissen! Er hat damit etwas Wichtiges für die Menschheit errungen: «Man braucht dieses System. Man muß in einer gewissen Weise daran innerlich stark werden. Man braucht diese kühle Besonnenheit, wenn man nicht in nebuloser, warmer Mystik verkommen will beim geistigen Streben.» (GA 199, S. 156 f.) In der 1923 geschriebenen Vorrede zur Neuauflage des Werkes *Die Rätsel der Philosophie* (Neuauflage 1924) weist Steiner noch einmal darauf hin, wie Hegels Philosophie dazu geeignet ist, «die Kraft des eigentätigen Denkens zu stärken» (GA 18, S. 9).

2. Selbsterkenntnis – Welterkenntnis

«Hegel hat also den menschlichen Geist bei seiner höchsten Tätigkeit, dem Denken, ergriffen und dann zu zeigen versucht, welchen Sinn innerhalb des Weltganzen diese höchste Tätigkeit hat.» (GA 18, S. 241.) Faßt man ins Auge, welche Bedeutung Steiner einer Schulung an Hegels Denkens stets beimißt, kann man ahnen, wie er die philosophische Leistung Hegels überhaupt würdigt. Was hat Hegel durch sein Denken erreicht? Die ganze Welt löst sich für ihn «in Gedankenwesenheit auf», in der auch die Menschenseele ihr Wesen findet. «Aller Materialismus scheint damit überwunden. Die Materie selbst erscheint nur als eine *Offenbarung des Geistes*. Die Menschenseele darf sich fühlen als im Geistesall werdend und wesend.» (GA 18, S. 332.) Hegel hat nicht bloß eine Theorie über den Menschen und die Welt geschaffen, er ist denkend eingedrungen in geistige Weltzusammenhänge. Hegels Philosophie ist die «Darstellung des der Welt *immanenten* Ideengehaltes. Ich glaube mich von Hegel in gar nichts zu unterscheiden, sondern nur einzelne Konsequenzen seiner Lehre zu ziehen», so schreibt Rudolf Steiner an Eduard von Hartmann (Brief vom 1.11.1894, GA 39, S. 227). Hegel ist an die Seite Goethes zu stellen als «der Philosoph der Goetheschen Weltanschauung»: «Goethe geht in der Betrachtung des Wirklichen so weit, bis ihm die Ideen entgegenblicken. In welchem Zusammenhang die Ideen untereinander stehen; wie innerhalb des Ideellen das eine aus dem andern hervorgeht; das sind Aufgaben, die auf der empirischen Höhe erst beginnen, auf der Goethe stehen bleibt.» (GA 6, S. 205.) Wie Goethe die Metamorphose der Pflanzen betrachtet, so Hegel, Goethe fortsetzend, die «Metamorphose der Ideen» (ebd., S. 206). «Was Goethe mit einzelnen Naturvorgängen unternahm, sie durch ihr Werden, ihre Entwicklung zu erklären, das wendete Hegel auf den ganzen Kosmos an. Goethe fordert von dem, der das Wesen des Pflanzenorganismus begreifen will: «Werdend betrachte sie nun, wie nach und nach sich die Pflanze, stufenweise geführt, bildet zu Blüten und Frucht.» Hegel will alle Welterscheinungen in der Stufenfolge ihres Werdens begreifen, vom einfachsten, dumpfen Wirken der trägen Materie bis hinauf zu dem selbstbewußten Geiste. Und in dem selbstbewußten Geiste sieht er die Offenbarung des Urwesens der Welt.» (GA 18, S. 255.)

Dabei hat sich Hegel wirklich zu einem Denken erhoben,

das ihm «das Wesen der Dinge» enthüllt (GA 18, S. 244). Dieses Denken bildet nicht einfach eine ohne den Erkennenden schon vorhandene Wirklichkeit ab: «Es ist durchaus im Sinne Hegels gesprochen, wenn man behauptet, das Urwesen der Welt habe die niedere Natur und den Menschen geschaffen; an diesem Punkte angelangt, habe es sich beschieden und es dem Menschen überlassen, zu der Außenwelt und zu sich selbst hinzu auch noch die Gedanken über die Dinge zu schaffen. So schafft das Urwesen im Verein *mit dem Menschen den ganzen Inhalt der Welt.* Der Mensch ist Mitschöpfer des Seins, nicht müßiger Zuschauer, nicht erkennender Wiederkäuer dessen, was ohne sein Dasein auch da wäre.» (GA 18, S. 252.)

Hegels Denken erscheint bei Steiner in bedeutsamen *kulturgeschichtlichen Zusammenhängen.* Da wird zunächst die Mystik angeführt. Hegel kannte das «Licht der inneren Erfahrung», das die Dinge ihrem Wesen nach in unserem Inneren offenbart (GA 7, S. 28). Immer wieder thematisiert Steiner die Verwandtschaft der Hegelschen Philosophie mit der Mystik und betont dabei stets, daß diese hier der Gefahr entgeht, sich ins Subjektive zu verlieren. Die idealistischen Philosophen «verstanden *in Gedanken zu leben»,* «Kommunion» mit der Wirklichkeit zu finden (GA 34, S. 491). Auch auf eine innere Verbindung zu den Mysterien des Altertums wird hingewiesen. Im Denken versuchte Hegel «die Bilder zu erfassen [...], welche einst die Schüler der Mysterien geschaut hatten» (Vortrag vom 7.5.1906, GA 96, S. 50 f.), bemerkt Steiner anläßlich einer Rezitation von Hegels Gedicht «Eleusis» durch Marie von Sivers. Auf diese Rezitation weist Steiner am 1.2.1925: Mit ihr habe «die neue Rezitierkunst» ihren Anfang genommen (GA 260a, S. 404). Auch ein anderer esoterischer Zusammenhang wird angedeutet: Die «Philosophien Mitteleuropas [...] sind [...] nichts anderes als das Resultat des sublimiertesten alten Hellsehens. [...] Unmöglich hätte sonst ein Hegel in seinen Ideen Realitäten sehen können. [...] Die Ideenwelt Hegels ist der letzte sublimierteste Ausdruck der Bewußtseinsseele und enthält in reinen Begriffen das, was der nordische Mensch noch als sinnlich-übersinnliche, göttlich-geistige Mächte gesehen hat in Verbindung mit dem Ich.» (Vortrag vom 16.6.1910, GA 121, S. 174 f.) In der Zeit der Loslösung von der Theosophischen Gesellschaft und der Begründung der Anthroposophischen Gesellschaft weist Steiner auf die spirituelle Bedeutung vieler europäischer Denker, besonders aber der idealistischen Philosophen und speziell Hegels hin. Was in der indischen Vedantaphilosophie angestrebt wurde, habe sich bei diesen Denkern erfüllt (Vorträge vom 19.9.1912, GA 139, S. 93 f., und 4.6.1913, GA 146, S. 129 ff.). In der Umarbeitung von «Welt- und Lebensanschauungen im 19. Jahrhundert» (1900) zu dem Buch *Die Rätsel der Philosophie* (1914) wird die zentrale Rolle Hegels in der Bewußtseinsentwicklung noch besonders unterstrichen. Hegel wird charakterisiert als Repräsentant einer Entwicklung, die vom Wahrnehmen des Denkens im griechischen Geistesleben bis zum scharfen Bewußtsein der Eigentätigkeit im Denken in der Neuzeit reicht. Darin liegt die Gefahr einer Isolierung des Ich. Diese hat Hegel überwunden. Hegel hat es dazu gebracht, daß in dieser Tätigkeit des Selbstbewußtseins «sich dieses Selbstbewußtsein mit dem Weltengeiste verbunden fühlt. [...] Der neuere Denker in Hegel will sich in die schaffende Welt einleben [...]; er glaubt sich selbst dann in ihr zu entdecken und läßt in sich aussprechen, was der Geist der Welt als *sein* Wesen ausspricht [...]» (GA 18, S. 240). Die neuzeitliche Philosophie findet in Hegel ihren Repräsentanten. So kommt Hegel im ersten Teil des Buches besonderes Gewicht zu. Die Darstellung im zweiten Teil beginnt wiederum mit Hegel und mit einem Rückblick auf die große Leistung seiner Philosophie. Hegels Philosophie schließt einen Entwicklungsstrom vom Anfang der Philosophie bis zum 19. Jahrhundert ab. Sie muß aber auch am Anfang der Darstellung einer neuen Epoche der «Welt- und Lebensanschauungen» stehen, insofern diese – mehr oder weniger verhüllt – ihre Eigenart zunächst durch Betrachtung ihrer Differenz zum wichtigsten Repräsentanten dessen bestimmen zu müssen glaubten, was sie hinter sich lassen wollten. Noch in den Versuchen des 19. Jahrhunderts, Hegel zu überwinden, zeigt sich dessen Größe.

Wer es unternimmt, der Hegelschen Philosophie einen historischen Ort in der Entwicklung zuzuschreiben, ein Stadium, über das die Entwicklung hinausgehen muß, darf aber nicht vergessen, daß diese Weiterentwicklung gerade im Sinne der Hegelschen Philosophie selbst liegt: Steiner hat seit der Jahrhundertwende stets darauf hingewiesen, daß Hegels Philosophie wie ein Keim der vom 19. Jahrhundert an zu entwickelnden Geisteswissenschaft ist. Die deutschen Idealisten hatten Vertrauen in das «Eigenstreben der menschlichen Seele, die in innerer Kraft zum Erleben einer geistigen Welt hinaufwollte» («Wie die Geschichte der Dichtung den Geist verloren hat», 5.8.1923, GA 36, S. 192). Hegel führte das Denken bis an das Tor der geistigen Welt. Die weitere Entwicklung konnte nur über Hegel hinaus und in die geistige Welt hineinführen. Aber sie konnte sich auf den «Willensimpuls» zur geistigen Erkenntnis berufen, der der Hegelschen Philosophie zugrunde liegt.

So bezeichnet Hegels Denken für Steiner zugleich Ende und Anfang einer Entwicklung der Philosophie zur Geisteswissenschaft.

3. Weiterentwicklung

Das Fruchtbare der Hegelschen Philosophie zeigt sich gerade in dieser Weiterentwicklung. Steiner bemühte sich, die Grenzen der Hegelschen Philosophie und den Punkt ihrer Weiterentwicklung aufzuzeigen. Schon in der Auseinandersetzung mit Fragen der ästhetischen Philosophie ging es Steiner in den achtziger Jahren des 19. Jahrhunderts darum, diese Grenze zu ergründen: «Ich wollte die Ursache finden, warum der Idealismus einer mutigen Philosophie, die in Hegel und Fichte so eindringlich gesprochen hatte, doch nicht bis zum lebendigen Geiste hat vordringen können.» (GA 28, S. 141.) In «Wahrheit und Wissenschaft» (1892) und in der «Philosophie der Freiheit» wird eine Differenz zu Steiners eigener Philosophie festgestellt, die sich im Spiegel späterer Äußerungen zugleich als der Versuch einer philosophischen Bestimmung der Grenze zur Geisteswissenschaft zeigt. Es wird gegenüber Hegel die Bedeutung des Erkenntnissubjekts betont (GA 3, S. 16). Die Tätigkeit, das Denken, nicht wie bei Hegel Begriffe, stehen am Anfang der Philosophie (GA 4, S. 58). In seiner Antwort auf Eduard von Hartmanns Kritik der «Philosophie der Freiheit» greift Steiner die Frage der Differenz zu Hegel als einen wichtigen Punkt auf. Er gibt an, sich «von Hegel in gar nichts zu unterscheiden, sondern nur einzelne Konsequenzen seiner Lehre zu ziehen» (Brief vom 1.11.1894, GA 39, S. 227). Diese aber lägen in der Betonung der individuellen Realität des Erkenntnisaktes und der individuellen Erscheinung der «sittlichen Idee», ohne daß dadurch die «Allgemeinheit des Denkens» aufgehoben sei.

In dem wenig später entstandenen Buch «Goethes Weltanschauung» (1897) stellt Steiner Goethe und Hegel nebeneinander (s. oben, S. 113) und versucht zugleich auch die Grenzen beider zu bezeichnen: «Hegel wie Goethe fehlt die Anschauung der Freiheit, weil beiden die Anschauung des innersten Wesens der Gedankenwelt abgeht.» (GA 6, S. 207.) Hegel habe keinen Blick für das «Individuelle des Denkens». Das ist auch der Tenor zahlreicher Gegenüberstellungen mit der Philosophie Max Stirners Ende der neunziger Jahre (Aufsatz über den «Egoismus» (1899), GA 30, S. 99-152, und «Welt- und Lebensanschauungen im 19. Jahrhundert», Bd. 1, 1900, Bd. 2, 1901). Dabei will Steiner nicht verkennen, daß sich in Hegels Absicht einer «vollständigen Durchdringung» von Individuum und Weltvernunft in Kunst, Religion und Philosophie gerade

Hegels Achtung vor dem Individuum ausspricht («Welt- und Lebensanschauungen im 19. Jahrhundert», Bd. 1, S. 107 f.). Dennoch betont er, daß erst Stirner auf ein Verhältnis zum Denken abzielte, das den Menschen auch im *Denken* wirklich frei werden läßt. Für Stirner ist das Ich bei Hegel noch immer «von der Weltvernunft besessen» (ebd., S. 160). Das Ich muß sich aber auch gegenüber dem Denken freimachen und sich als Individualität im Erzeugen des Gedankens erleben. Mit dieser Ansicht habe Stirner der Geistesentwicklung vorgegriffen, betont Steiner. Entwicklungsgrundlage sei nämlich die naturwissenschaftliche Anschauung, die den Boden für eine Erfüllung des Stirnerschen Ideals gebe. Erst in der zweiten Hälfte des 19. Jahrhunderts «greift aber in die Weltanschauungsentwickelung etwas ein, das methodisch, anschaulich zu der Ansicht Stirners hinführt: die *naturwissenschaftlichen Ideen»* (ebd., S. 167). Mit diesem Hinweis auf die naturwissenschaftliche Methode schließt der erste Teil des Buches, der diejenigen «Welt- und Lebensanschauungen» behandelt, die noch von «einem illusorischen Außerweltlichen ausgegangen» sind (ebd.). Trotz seiner immanenten Auffassung des Denkens erscheint auch Hegels Anschauung vom Ich noch immer als ein «merkwürdiger letzter Rest des alten Gottes- und Jenseitsglaubens» (GA 30, S. 141), wie es Steiner in dem Aufsatz über den «Egoismus» formulierte. Die neuere Zeit, die sich in Stirners Philosophie ankündigte, finde – so wird nun im zweiten Teil des Buches «Welt- und Lebensanschauungen im 19. Jahrhundert» dargestellt – nach der Jahrhundertmitte ihre Protagonisten in den Naturwissenschaftlern. Es ist die Evolutionsidee, die sich als ein durchgehendes Band naturwissenschaftlicher Weltbetrachtung darbietet. Alle ideelle Einheit der Welt, der Gott der Theologen und der Zweck der Philosophen, ist damit überwunden. Zwischen den Menschen und sein Beobachtungsobjekt stellt sich keine «geistige Abhängigkeit» mehr. Wie Stirner den Blick auf den einzelnen Menschen richtet, so gehen die

Naturwissenschaftler «von den wirklich den Sinnen gegebenen Stoffen und Kräften für die Naturerklärung» aus («Welt- und Lebensanschauungen im 19. Jahrhundert», Bd. 2, S. 26). Steiner will darin keinen Rückschritt gegenüber Hegels Naturphilosophie sehen, sondern einen Fortschritt, sofern die Naturbetrachtung im Blick auf das einzelne das Vertrauen in das Denken nicht verliert, das beim Beobachten stufenweise den Entwicklungszusammenhang enthüllt. Wer aber auf diese Weise Entwicklung zu denken lernt, daß er sich bei jedem Schritt nur von der Beobachtung belehren läßt, wer jede auftretende Stufe zunächst nur als Beobachtungsobjekt kennenlernen kann und erst rückblickend ihren Zusammenhang mit dem bisher Aufgetretenen als Entwicklung erkennt, dessen Denken verträgt sich mit der *Freiheit des Menschen*. In dem «Ausblick» des Buches «Welt- und Lebensanschauungen im 19. Jahrhundert» weist Steiner auf die Nähe dieses naturwissenschaftlichen Entwicklungsdenkens des 19. Jahrhunderts zu seiner «Philosophie der Freiheit» hin. Denn auch für die «Philosophie der Freiheit» ist alles Spätere eine Neubildung, die nur durch Beobachtung aufgenommen und dann erst in ihrem Zusammenhang erkannt werden kann. Eine Ableitung aus irgendwelchen mit dem Denken zu erfassenden Prinzipien ist nicht möglich. So ist auch das Auftreten des Denkens selber im Weltzusammenhang als Neuschöpfung durch ein Ich zu verstehen. Das «Wesen der Dinge» wird vom Menschen zu den Dingen «hinzuentwickelt». So wird auch erst ein freies Handeln möglich (ebd., S. 187 f.).

Die Naturwissenschaft, sofern sie ihre Beobachtungen des einzelnen in der Natur im Vertrauen auf das Denken in Entwicklung verbindet, läßt das Individuum frei, wo Hegel es in einer allgemeinen Geistigkeit noch festhält, auch wenn ihr Gegenstand nicht der Mensch selber ist. Im Sinne der Naturwissenschaft aber betrachtet die «Philosophie der Freiheit» den Menschen als Schöpfer seines Denkens.

Der einzelne Mensch als Gegenstand der Beobachtung, der Mensch als Hervorbringer des Denkens: Nach der Jahrhundertwende versucht Steiner diesen zentralen Punkt seiner eigenen Philosophie geisteswissenschaftlich zu bestimmen und gleichzeitig den Unterschied zum Idealismus in diesem geisteswissenschaftlichen Sinne konkreter zu fassen. Dabei ist er sich im klaren, daß mit Hegels Denken eine Stufe erreicht ist, hinter die nicht im Sinne einer unreflektierten Subjektivität zurückgegangen werden darf. Der Vorwurf abstrakter Allgemeinheit übersieht ja gerade, daß für Hegel diese Allgemeinheit insofern nicht abstrakt war, als «Begriffe» von ihm als Realität erlebt werden konnten. Es liegt wirklich ein Einleben in das Wesen des Begriffs vor, das Ich verbindet sich wirklich mit dem allgemeinen Weltwesen durch das Denken, wenn erlebt werden kann, wie Begriffe miteinander zusammenhängen, auseinander hervorgehen. Dies muß zunächst gewürdigt werden, wenn eine Grenze zu einem noch stärker ausgeprägten individuellen Erleben gezogen werden soll. In einem Brief an den Theosophen Hübbe-Schleiden spricht Steiner beides an: «Diese Philosophie hat es nämlich, wie ich glaube, in der höheren Psychologie bis zu einer klaren Wahrnehmung des Denkens gebracht, das *als Denken* bereits die Stufe erreicht hat, die Sie so schön umschreiben, mit den Worten ‹dann hebt sich dabei das eigene Bewußtsein über sich selber hinaus›. Ein ‹Denken›, das über das Denken im gewöhnlichen Sinne hinausgeht und sich als Entwicklung innerhalb der *Individualität* erfaßt.» Wird hier die Realität des Allgemeinen betont, so liegt dem doch zugrunde, daß diese Realität durch *individuelles Erleben* verbürgt ist. Nur fehlte dieser Erkenntnis die Selbsterkenntnis, denn es «trat jetzt, nachdem die deutschen Philosophen dieses Denken erfaßt hatten, die merkwürdige Tatsache ein, daß sie nicht erkannten, was sie eigentlich hatten. Sie konnten nicht zu dem Begriffe der Individualität wirklich kommen. Dazu war eben das deutsche Denken, dem der Protestantismus gründlich die Erkenntnis der Individualität ausgetrieben hat, nicht *reif.* Und so kommt es, daß Fichte, Schelling, Hegel und ihre Anhänger das ‹Denken› als Tätigkeit der Individualität zwar wahrnehmen, ja sogar es richtig definieren, nicht aber als solches erkennen können.» (Brief vom 23.8.1902, in: *Briefe,* Bd. 2 (1953), S. 286.)

Ein wirkliches «Erkennen des Denkens» muß über den deutschen Idealismus hinausgehen, es müßte Konsequenzen für den Subjektbegriff haben. Wie kann dieses Subjekt gedacht werden? (Zum Problem des individuellen Erlebens des Allgemeinen im Denken siehe unten «Das Denken als Ich-Tätigkeit», S. 222 ff.)

Was in diesem Brief angedeutet ist, wird von Steiner erst einige Jahre später in Vorträgen wieder angesprochen. In einem in Hamburg gehaltenen Vortrag (26.5.1910) stellt Steiner in knapper Form Hegels «System» anhand der *Enzyklopädie* dar. Er weist dann auf eine Grenze des Hegelschen Denkens, «wo bei Hegel sich das Ich erfaßt in der ‹Phänomenologie des Geistes›». Hier, beim Selbsterfassen des Ich, könne man, wie Schelling beabsichtigte, über Hegel hinauskommen «zu übersinnlichen Erfahrungen, die wirklich über das hinausgehen, was Hegel in seinem System begreift» (GA 125, S. 36). Damit ist nun zum ersten Mal ausgesprochen, daß eine Weiterentwicklung der Hegelschen Philosophie (denn auf Weiterentwicklung, nicht einen Bruch mit der Hegelschen Philosophie legt Steiner stets die Betonung) in Richtung Selbsterkenntnis des denkenden Subjekts zugleich ein Schritt in die übersinnliche Erkenntnis ist.

Im selben Jahr, am 26.8.1910, spricht Steiner noch einmal über die Grenze der Hegelschen Philosophie zur übersinnlichen Erkenntnis. Sie erscheint hier als die Grenze des Denkens selber. Hegel wurde im späteren 19. Jahrhundert so mißverstanden, als habe er «den Weltinhalt sozusagen aus dem unmittelbaren Gedankeninhalt des Erkenntnissubjektes herausspinnen» wollen (GA 125, S. 74). Nichts lag Hegel ferner: «Hegel steht durchaus auf dem Standpunkt, daß der Gedanke selbst, der innerlich lebendige Gedanke, der regsame und produktive Gedanke es ist, der aus sich heraus den Welteninhalt holt, und daß wir mit unserem Erkenntnissubjekt nichts anderes sind als der Schauplatz, auf dem der Gedanke arbeitet.» (Ebd., S. 72.) Nun kann es auch gar nicht anders sein, wenn man wie Hegel wirklich gewissenhaft denkend «nur in Begriffen bleibt» (ebd., S. 74). Aber eben in diesem In-Begriffen-Bleiben fand die Hegelsche Philosophie ihre Grenze. Denn die Entwicklung ging gerade in die Richtung, daß «das Erkenntnissubjekt Erkenntnisinhalte aus sich heraus gewinnt» (ebd., S. 74). Dann muß aber über das «bloße Denken» hinausgeschritten werden, denn durch das «bloße Denken gewinnt man eine Art Überschau, eine Art größere Rückschau über das, was der Menschengeist im welthistorischen Werdegang produziert hat. [...] Man kann aber nicht neuen Erkenntnisinhalt gewinnen.» (Ebd.) Hegels Denken begreift nur das Gewordene. Es kann nicht durch sich selber produktiv werden. Hier müssen «produktive Erkenntniskräfte» einsetzen, sie müssen «einströmen» in das Denken (ebd.). Steiner weist auf seine ausführliche Darstellung des geisteswissenschaftlichen Erkenntnisweges, *Wie erlangt man Erkenntnisse der höheren Welten?* (1904/05 bzw. 1907), als «Befruchtungsmittel des Erkenntnissubjektes». Im Anschluß daran gibt Steiner einen Hinweis auf seinen eigenen Weg, der ihn durch das Denken zu einer solchen «Befruchtung» geführt habe: Bis zur «Philosophie der Freiheit» habe er einen Weg aufgezeigt «von der äußeren Sinneswahrnehmung [...] bis herauf zum Schauplatz des Gedankens. Sie finden da [in der «Philosophie der Freiheit»] auch noch die Eigentümlichkeiten sowohl des Schauplatzes des Gedankens wie auch die Tragweite des reinen Denkens für das Erkenntnissubjekt charakterisiert. In den folgenden Schriften, die auf dem eigentlich geisteswissenschaftlichen Gebiet liegen, finden Sie die andere Seite der Welt mit ihren die Erkenntnis befruchtenden Kräften charakterisiert» (ebd., S. 75). Die Philosophie nach Hegel hat es versäumt, den geschichtlich notwendig gewordenen Weg zur übersinnlichen Erkenntnis mit philosophischen Mitteln zu bahnen. «Da müssen gewisse denkerische Voraussetzungen erfüllt werden, wie sie sich heute eigentlich in keiner anderen Philosophie finden als in dem, was ich versuchte in meinem Buch über «Wahrheit und Wissenschaft» zu begründen, in dem, was in der «Philosophie der Freiheit» gegeben ist und in den sorgfältig ausgeführten Gedankenoperationen Dr. Ungers. Da ist aus dem geisteswissenschaftlichen Feld heraus der Ansatz zu einer tatkräftigen Philosophie gegeben, welche es vermeidet, überall das Theosophische hineinzumischen in ihre Ausführungen, welche streng philosophisch sein will und gerade durch diese strenge Wissenschaftlichkeit ihre Aufgabe in die Zukunft hinein erfüllen wird.» (Ebd., S. 77.) In *Wahrheit und Wissenschaft* beispielsweise ist eine Erkenntnistheorie entstanden, «welche damit rechnet, daß unsere Erkenntnistheorie nicht ohne objektive Bedeutung bleibt, sondern so auftreten muß, daß in den erkenntnistheoretischen Ergebnissen Befruchtung unseres Erkenntnissubjekts liegt [...]» (ebd., S. 90). «Produktive Erkenntnis» wird durch eine solche Erkenntnistheorie errungen. Sie findet Denkgesetze als Weltgesetze und erschließt eine verbindliche Ethik. Die Wirklichkeit der Seele wird erfahren – und «auf die Fragen nach der Seele und ihrem Schicksal in der Welt geht doch die menschliche Erkenntnissehnsucht» (ebd., S. 91).

Anders stellt sich also, nach Steiners eigenen Worten, seine eigene Erkenntnistheorie zum Denken als die Hegelsche Philosophie, die wie eine Zusammenfassung dessen erscheint, was durch «bloßes Denken» über das Wesen des Menschen und die Welt ausgemacht werden kann. Das «bloße Denken» begreift nur das Gewordene, nicht das Werden, die Schöpfung, auch nur die manifeste Geschichte, nicht den frei handelnden Menschen.

Ein Weg zur übersinnlichen Erkenntnis und zum Wesen der Seele soll mit Steiners Philosophie schon beschritten sein, ein Weg zur Anthroposophie.

Diese Grenze der Hegelschen Philosophie als Grenze des «bloßen Denkens» in seiner reinsten Form, als Grenze zur übersinnlichen Erkenntnis und zum Erfassen des übersinnlichen Seelenwesens wird in den nächsten Jahren von Steiner oft angesprochen. Es bezeichnet geradezu den «Keimpunkt» der Geisteswissenschaft, wenn man sich der Insuffizienz des Hegelschen Denkens in diesem Punkt bewußt zu werden beginnt (Vortrag vom 19.10.1911, GA 61, S. 21), wenn man empfindet: Dieses Denken kann trotz aller Tiefe und Weltverbundenheit nur ein «Welt-Bild» geben. Hegel kennt das «Ich» nur «als Gedanken», es ist ihm nicht gelungen, zur «Lebendigkeit und Unmittelbarkeit der menschlichen Persönlichkeit» vorzudringen (Vortrag vom 6.6.1912, GA 137, S. 79). Seine Geistlehre ist daher eigentlich auch nur eine «Seelenlehre» (Vortrag vom 12.12.1911, GA 115, S. 219).

Hegel wird bezeichnet als der Repräsentant einer «Mystik», die an das Gehirn gebunden bleibt (GA 137, S. 78 f.) – in dieser Zeit finden sich auch zwei Hinweise auf die Grenze dieses Denkens in bezug auf die Christus-Erkenntnis: Philosophisches Denken und auch das Denken Hegels kann nur den Vatergott, aber nicht den Sohnesgott denken (Vorträge vom 5.6.1912, GA 137, S. 58, und 12.4.1914, GA 153, S. 139).

In der Umarbeitung des Buches *Welt- und Lebensanschauungen im 19. Jahrhundert* zu *Die Rätsel der Philosophie* (1914) findet sich dann die Grenze des Hegelschen reinen Denkens in doppelter Weise charakterisiert: Sie ist eine Grenze gegenüber dem ewigen Wesen der Menschenseele ebenso wie gegenüber dem Geist der Natur (GA 18, S. 332 ff.). Daß die Erkenntnis Hegels an dieser Grenze zum geistigen Wesen des Menschen und der Welt haltmachen muß, ist durch die Art dieses Denkens bedingt.

Auch in der Umarbeitung übernimmt Steiner die ursprüngliche Einteilung des Buches. Der zweite Teil beginnt wieder mit dem Kapitel «Der Kampf um den Geist», an dessen Anfang die Philosophie Hegels steht. Hegel hat die vier Hauptfragen der Philosophie auf eine Weise beantwortet, die gleich nach seinem Tod als unbefriedigend empfunden werden mußte. Es ist die Absicht des Autors, in diesem Kapitel einerseits den Gründen dafür nachzugehen und andererseits aufzuzeigen, in welche Richtung die weitere Entwicklung, die weitere Suche in der Beantwortung der Fragen der Philosophie zielt. Die vier «Hauptfragen» sind die nach der Erkenntnis, nach Gott, der Natur und dem Wesen der Seele.

Die ursprüngliche Darstellung (in *Welt- und Lebensanschauungen)* griff nur das Problem der Naturerkenntnis auf. Hinzugefügt wurde nun auch eine ausführliche Darstellung zur Frage der Seelenerkenntnis. Hier erscheint wieder das Individualitätsproblem: «Kann sich aber die Seele damit für befriedigt erklären, als Weltgedanke in der allgemeinen Gedankenwelt enthalten zu sein? Diese Frage tauchte bei denjenigen auf, welche sich in der Mitte des 19. Jahrhunderts den Anregungen der Hegelschen Philosophie gegenübersahen.» (Ebd., S. 333.) Was sich im späteren 19. Jahrhundert als Rebellion gegen das «Abstrakte», «Unindividuelle» der Hegelschen Antwort auf die Seelenfrage zeigt, verbirgt in meist grotesker Verkleidung, daß darin die Frage nach dem ewigen Menschenwesen aufbricht. Eine neue Erkenntnisart ist aber zur Beantwortung dieser Frage erforderlich, die über die Gedankenerkenntnis Hegels hinausgeht. In bloßen Gedanken «verschwimmt […] das individuelle Seelenleben des Menschen» (ebd., S. 334). Auch hier betont Steiner, daß man dabei nicht hinter das Erreichte zurückfallen darf in eine naive Subjektivität: «Daß die Welt, in welche sich der Mensch gestellt sieht, ganz Geist ist, daß auch alles materielle Dasein nur Offenbarung des Geistes ist, das muß für jeden Hegelisch Fühlenden feststehen. Sucht ein solcher diesen Geist, so findet er ihn, seinem Wesen nach, als wirksamen *Gedanken, als lebendig schöpferische Idee.* Davor steht nun die Seele und muß sich fragen: Kann ich wirklich mich als ein Wesen ansehen, das im Gedankensein erschöpft ist? Es kann als das Große, das Unwiderlegliche der Hegelschen Weltanschauung empfunden werden, daß die Seele, wenn sie sich zu dem wahren Gedanken erhebt, sich in das Schöpferische des Daseins entrückt fühlt. [...] Wie sich mit dem Gedanken leben läßt? Das war die große Rätselfrage der neueren Weltanschauungsentwicklung.» (Ebd., S. 335 f.) Nicht hinter dieses Gedankenleben will die nach ihrem eigenen Wesen fragende Seele zurück. Aber sie kann auch nicht stehenbleiben und sich nur selber in diesem Gedankenleben als Gedanke erleben: «Diesem Gedankenerleben gegenüber fordert [Hegel] nun von der Seele: Erkenne dich deiner tiefsten Wesenheit nach in diesem Erlebnis, erfühle dich darin als in deinem tiefsten Grunde. Die Menschenseele ist mit dieser Hegelschen Forderung vor einen entscheidenden Punkt gebracht in der Erkenntnis ihres eigenen Wesens. Wohin soll sie sich wenden, wenn sie beim reinen Gedanken angekommen ist und bei demselben nicht stehenbleiben will?» (Ebd., S. 336.) Steiner entwirft hier ein Bild einer *Weiterentwicklung* des reinen Denkens gemäß der in ihm liegenden Anlagen, so wie ein Keim sich weiterentwickeln kann zur ausgebildeten Pflanze. Hegel selber hat sein Denken entwickelt wie eine lebendige Pflanze. Aber er schließt die Entwicklung ab mit dem Keim, mit dem Gedanken «und zeigt an ihm, wie er zur Erklärung der Weltvorgänge und Weltwesenheiten führen könne» (ebd., S. 337). Das ist *eine* mögliche Verwendung des Denkens. «Aber sollte aus dem Gedanken nicht Lebendiges sich entwickeln können?» (Ebd., S. 338.) Was geschieht, wenn der «Gedankenkeim» Leben entfaltet? «Wie im Pflanzenleben *Wiederholung* herrscht, so könnte *Steigerung* im Erkenntnisleben stattfinden.» (ebd.)

Hegel hat diese Gedankenentwicklung an einem Punkt abgebrochen. Er hat damit überhaupt die Erkenntnisentwicklung an einen «toten Punkt» gebracht. Das Denken soll seiner Anlage gemäß weiterwachsen über diesen «toten Punkt» hinaus und in die geistige Welt hineinwachsen. Hegel hat diese Gedankenentwicklung als Anlage hinterlassen. «Brächte [Hegel] den Gedanken zu einem ihm eigenen Leben, so könnte dies nur innerhalb des individuellen Seelenlebens geschehen; die Seele würde dadurch als individuelles Wesen ihr Verhältnis zum gesamten Kosmos finden.» (Ebd., S. 343.)

Wieder fehlt nicht ein Hinweis auf die Bedeutung der Naturwissenschaft für die Weiterentwicklung des Denkens. In Goethes Naturbetrachtung liegen «Keime [...] für einen Fortgang der Philosophie, die von Hegel nur mangelhaft aufgegriffen worden sind. Wenn Goethe von der «Urpflanze» eine solche Vorstellung zu gewinnen suchte, daß er mit dieser Vorstellung innerlich leben und aus ihr gedanklich solche speziellen Pflanzengebilde hervorgehen lassen konnte, die lebensmöglich sind, so zeigt er, daß er nach einem Lebendigwerden der Gedanken in der Seele strebt. Er stand vor dem Eintritt des Gedankens in eine lebendige Entwickelung dieses Gedankens, während Hegel bei dem Gedanken stehenblieb. In dem seelischen Zusammensein mit den lebendig gewordenen Gedanken, wie es Goethe anstrebte, hätte man ein geistiges Erlebnis gehabt, das den Geist im Stoffe hätte anerkennen können; in dem ‹bloßen Gedanken› hatte man ein solches nicht.» (Ebd., S. 380.) Die Entwicklung geht dahin, «Geist» nicht nur als Gedanke zu erleben, sondern den Gedanken zu einem konkreten Geisterleben weiterzubilden. In dieser Richtung des «Lebendigwerdens der Gedanken» muß der Blick auf die Philosophie Max Stirners verstanden werden, der in der Umarbeitung zu *Rätsel der Philosophie* im wesentlichen unverändert bleibt. Naturwissenschaft ist auf das einzelne gerichtet: Beobachtung. Denken muß dann aus dem einzelnen den Zusammenhang finden. So auch Stirners Ansatz: «Die Vernunft ist nur bei dem einzelnen. [...] Das naturgemäße Zusammenleben entsteht von selbst, wenn jeder in seiner Individualität die Vernunft walten läßt, im Sinne Stirners ebenso, wie nach der Ansicht der Materialisten die naturgemäße Ansicht von den Welterscheinungen entsteht, wenn man die Dinge ihr Wesen selbst aussprechen läßt und die Tätigkeit der Vernunft lediglich darauf beschränkt, die Aussagen der Sinne entsprechend zu verbinden und zu deuten.» (Ebd., S. 368 f.)

Ein ausführlicherer Hinweis auf seine eigene Philosophie im engen Zusammenhang mit der so bestimmten Grenze bei Hegel findet sich dann zuerst in dem Buch *Vom Menschenrätsel* (1916). Darin kennzeichnet Steiner wieder scharf die Grenze des «bloßen Denkens» bei Hegel: «Hegel sucht zuerst den Umkreis all der übersinnlichen Gedanken, die in der Menschenseele aufleben, wenn diese sich über alle Naturanschauung und alles irdische Seelenleben hinaushebt. Diesen Umkreis stellt er als seine ‹Logik› dar. Doch enthält diese Logik keinen einzigen Gedanken, der über das Gebiet hinausführte, das von der Natur und dem irdischen Seelenleben umschlossen wird.» (GA 20, S. 55.) Es wird dargestellt, wie I. H. Fichte und andere Denker eben dies als Schwäche der Hegelschen Philosophie erkannt haben. Auch hier kommt es Steiner bei aller Schärfe der Grenzziehung wieder darauf an, die Kontinuität in der Verwandlung, den Entwicklungsaspekt der Anschauungen zu betonen: In Fichte, Schelling, Hegel lebt ein Willensimpuls zur geistigen Erkenntnis, der «in ihnen selbst nicht voll zum Ausdruck kommen konnte» (ebd., S. 58). Und so wird man den Idealisten eben erst wirklich gerecht, wenn man beobachtet, wie dieser «Grundton» ihres philosophischen Denkens bei ihren Nachfolgern weiterklingt. «Man versteht vielleicht Hegel am besten, wenn man die in ihm waltende Kraft des Erkenntnisstrebens in Bahnen leitet, die er gar nicht selbst gegangen ist. – Er hat die übersinnliche Natur des Denkens mit aller nach dieser Richtung dem Menschen zur Verfügung stehenden Kraft empfunden. Aber er hat viel Menschenkraft aufwenden müssen, um diese Empfindung einmal durch ein volles Denkerwirken hindurchzutragen, so daß er die übersinnliche Natur des Denkens nicht selbst hatte in übersinnliche Gebiete hinaufführen können.» (Ebd., S. 53, ähnlich in den Vorträgen vom 16.3.1919, GA 189, S. 167, und 13.7.1919, GA 192, S. 278 ff.) Steiner weist auf ein Erleben, das die Seele haben kann, wenn sie in Hegels Sinne denkt. Sie kann sich nämlich fragen: Wie erlebe ich mich selber in diesem Denken? Die Seele entwickelt sich so durch Selbstbetrachten im Denken selber über sich hinaus zu einem konkreten Erfassen des Erkenntnissubjektes, nicht hinter das Erreichte zurückfallend, sondern das ausgeführte Denken beobachtend, sie erfaßt sich selber als übersinnliche Wirklichkeit: «Seine sinnliche Wesenheit bringt der Mensch bis zum Denken. Doch im Denken ergreift er sich als übersinnliches Wesen. Erhebt er das bloße Denken zum inneren *Erleben*, wodurch es nicht mehr bloß Denken ist, sondern übersinnliches Anschauen, so gewinnt er eine Wissensart, durch die er nicht mehr nur auf Sinnliches, sondern Übersinnliches hinschaut.» (GA 20, S. 62.) Das denkende Subjekt schaut sich in einem solchen Erleben des Denkens selber als ein übersinnliches Wesen, das sich nicht verwechseln kann mit dem im gewöhnlichen Sinne anschaubaren Subjekt, der Seele, wie sie sich im Leib erlebt. Steiner bezeichnet diese Selbstwahrnehmung auch hier wieder als einen ersten Schritt in die Anthroposophie.

Ausdrücklich im Zusammenhang einer über das «bloße Denken» hinausgehenden «Anschauung» des übersinnlichen Menschenwesens erwähnt Steiner im Zusammenhang mit der Grenze des Hegelschen Denkens seine eigene Philosophie dann in den Jahren 1917-19 («Die Geisteswissenschaft als Anthroposophie und die zeitgenössische Erkenntnistheorie» (1917), GA 35, S. 325 f. und 329; Vortrag vom 27.10.1918, GA 185, S. 148, und Vortrag vom 16.3.1919, GA 189, S. 156 ff.).

Man muß das reine Denken im Sinne Hegels benutzen, «um durchzubrechen zu dem Übersinnlichen» (GA 189, S. 164). «Zum wirklichen Menschen mußte wiederum die menschliche Anschauung hingeleitet werden. Und diesen Versuch habe ich gemacht in meiner ‹Philosophie der Freiheit›. Das ist die eigentlich historische Stellung des Problems.» (Ebd., S 165 f.) Die «Philosophie der Freiheit» – an anderer Stelle weist Steiner aber auch auf die *Grundlinien* zurück (siehe oben, Vortrag vom 27.10.1918) – wird nur verstanden, wenn dieses Selbsterleben dabei entwickelt wird. Ein Denken in dem Sinne des «bloßen Denkens» ist das nicht.

Das «bloße Denken» erfaßt, wenn es in Hegels Sinne rein geübt wird, die geistige Seite der Sinneswirklichkeit. Es ist damit, auch wenn seine übersinnliche Natur anerkannt wird, noch immer inhaltlich an die Sinneswelt gebunden. Es dient dem Blick auf die Sinneswelt. Das Denken ist dabei auch an den physischen Leib gebunden. Der Leib hält Übersinnliches im Spiegel fest. Das ist die Logik: gespiegelte übersinnliche Tätigkeit. Sie ist als gespiegelte, geronnene, festgehaltene Erscheinung tot. Man darf in ihr nicht «leben» (Vortrag vom 13.7.1919, GA 192, S. 280 f.). Ein «Leben im Denken» wird aber in der «Philosophie der Freiheit» entwickelt: Die «Weiterentwicklung» des «bloßen Denkens» bedeutet Lösung des Bewußtseins vom Spiegel des physischen Leibes, ohne daß dabei das Bewußtsein verschwindet.

Eine weitere Bestimmung der Tätigkeit, durch die Hegels Denken zu einem Erleben des Denkens, wie es in der «Philosophie der Freiheit» gemeint ist, weiterentwickelt werden kann, klingt in Bemerkungen aus dem Jahr 1920 über den Gegensatz von Hegel und Schopenhauer an. Wie Hegel den «kosmischen Gedanken» sucht, so sucht Schopenhauer den «kosmischen Willen» (Vortrag vom 4.12.1920, GA 202, S. 55 ff.). «Beiden aber [...] fehlt [...] das eigentliche Begreifen des Menschen». Sie können beide das Individuelle des Menschen nicht erfassen, ebensowenig wie sie das Wesen des Kosmos sehen. Steiner entwirft ein merkwürdiges Bild: «Und eine in bezug auf den Kosmos dienliche Weltanschauung wäre zustande gekommen, wenn das Paradoxon hätte eintreten können, daß das Geschimpfe des Schopenhauer ihn endlich so weit gebracht hätte, daß er [Schopenhauer] aus seiner Haut gefahren wäre und, trotzdem Hegels Seele in Hegel geblieben wäre, er in Hegel hineingefahren wäre, so daß Schopenhauer in Hegel drinnen gewesen wäre.» Wille müßte in das Denken dringen! Auf dieses Verhältnis von Wille und Denken hat Steiner in Anknüpfung an seine philosophiegeschichtlichen Darstellungen in dem Buch *Vom Menschenrätsel* besonderen Wert gelegt. Wer über das bloß am Leib gespiegelte Bewußtsein seines eigenen Seelenwesens hinaus zur Wahrnehmung des Wesenhaft-Seelischen vordringen will, wer die «Schwelle» (GA 20, S. 157) zu einem leibfreien Bewußtsein der Seele überschreiten will, der sucht ein «höheres Erwachen»: «Nun ist aber ein solches Erwachen durchaus möglich dadurch, daß man in seinem inneren (seelischen) Erleben eine gewisse, von der gewöhnlichen abweichende Betätigung der Kräfte des Seelenwesens (Gedanken- und Willenserlebnisse) entwickelt.» Wie im gewöhnlichen Erwachen der Wille in die Vorstellungen dringt, so kann dieses Eindringen noch bewußt gesteigert werden: «Der Mensch kann in das gewöhnliche bewußte Denken eine stärkere Willensentfaltung einführen, als in diesem im gewöhnlichen Erleben der physischen Welt vorhanden ist. Er kann dadurch vom Denken zum *Erleben des Denkens* übergehen.» Das heißt, «in der Tätigkeit des Denkens selbst zu leben» (ebd, S. 169). «Die Gedanken erfüllen sich mit einem ihnen eigentümlichen Leben, das der Denkende (der Meditierende) verbunden fühlt mit seinem eigenen Seelenwesen.» Das bedeutet eine «sich verändernde Einstellung der geistig-seelischen Vorstellungsart im Verhältnis zu einer geistigen Welt» (ebd., S. 162). Darin liegt zugleich eine Willenserziehung (Selbstlosigkeit).

Im Rückblick auf die Ausarbeitung seines Werkes *Welt- und Lebensanschauungen im 19. Jahrhundert* hat Steiner in *Mein Lebensgang* (1925) auch die Polarität zwischen Hegel und Stirner, die ihn damals so sehr beschäftigte, auf dem Hintergrund dieser Polarität des Denkens und Wollens erklärt: «Hegel ganz Denkmensch [...], Stirner alles, was der Mensch aus sich entfaltet, ganz aus dem individuell-persönlichen Willen holend.» (GA 28, S. 386.) Hier ist es aber gerade das Individuelle, das Stirner im Willen sucht: der Wille als die im Seelenleben und durch die Taten des Menschen sich offenbarende Kraft des Individuums. Durch diesen Gegensatz habe sich das Jahrhundert selbst ausgesprochen: «Gegenüber der Einseitigkeit, den Weltgeist bloß mit Wissen auszustatten, *mußte* ja die andere auftreten, den einzelnen Menschen bloß als Willenswesen geltend zu machen.» (Ebd., S. 368 f.) In Hegel trat ein «unpersönliches Denken, das am liebsten in einer Weltbetrachtung sich ergeht, an der der Mensch mit den schaffenden Kräften seines Inneren keinen Anteil hat», in Stirner «ein ganz persönliches Wollen, das für harmonisches Zusammenwirken der Menschen wenig Sinn hat», auf den Plan. Eine Vermittlung zwischen beiden, etwa ein Durchdringen wie im Gegensatz Hegel – Schopenhauer wird hier nicht erwähnt. Es darf auch nicht der vom gewöhnlichen «Ich» ausgehende Wille sein, der zu seiner Steigerung der Erkenntnis führt. Aber es bedarf doch einer Steigerung des Willens, wie sie im Kapitel «Ausblicke» des Buches *Vom Menschenrätsel* beschrieben ist (GA 20, S. 146 ff.).

Mit solchen Hinweisen will Steiner den historischen Ort seiner eigenen Philosophie bezeichnen. Denn ein Durchdringen des Denkens mit dem Willen durch die Selbsterfahrung des Denkenden, die «Beobachtung des Denkens», ist der erste Schritt seiner Freiheitsphilosophie. Es bedeutet dieser Schritt, daß die Nachtseite des Denkens, die in jeglichem vom Leib gespiegelten Denkbewußtsein stets verborgene lebendige Wesenheit, die Tätigkeit des Denkens, eindringt in das Bewußtsein, in die Tagseite des Denkens. Denken wird zur bewußten Intuition, die sich nicht am Leib spiegelt, die nicht schon erstarrt in logischer Form, obwohl sie als Denken von strenger Gesetzmäßigkeit ist. Steiner hat bei der Ausarbeitung der zweiten Auflage der «Philosophie der Freiheit» am Beginn des 9. Kapitels den Unterschied beider Arten des Denkens zu charakterisieren versucht.

Im Rückblick wird deutlich, wie Steiner eine Erkenntnisart zu charakterisieren sucht, die dem Individuum in einer Weise gerecht werden soll, wie es zunächst an Stirners Suche erlebt werden kann. Das Individuum soll sich gegenüber dem gewöhnlichen Selbsterleben in gesteigerter Form tätig erleben im Erkennen, ohne dabei ins nur Persönliche zurückzufallen und den Zusammenhang mit der Welt zu verlieren. Ja, dieser Zusammenhang soll noch viel tiefer erlebt werden als in Hegels gleichsam mystischer Versenkung in den Weltzusammenhang durch das reine Denken. Dann tritt auch eine vertiefte Naturerkenntnis ein. Die Abgrenzung der Philosophie und Naturwissenschaft des 19. Jahrhunderts von Hegel hat hier ihren verborgenen Grund. In Steiners Philosophie wird das Denken über ein «bloßes Denken» in der «Beobachtung des Denkens» zur bewußten Intuition gesteigert. Darin sieht Steiner eine Fortsetzung des idealistischen Denkens, die zugleich eine erste übersinnliche Wahrnehmung, leibfreies Erleben ist. Mit dem Eintritt des Willens ins Denken ist in der Beobachtung des Denkens der erste Schritt in diese Richtung getan: «Bei Hegel sah ich, wie er den Inhalt des Denkens in seiner geistigen Wirklichkeit erfaßt hatte, aber ihn doch nur in einer solchen Gestalt zu halten vermochte, daß das Denken nicht zum lebendigen Anfangsglied in einem geistigen Erkenntnisvorgang werden konnte, der sich die übersinnliche Welt erschließt. Bei Hegel ist die Idee zwar geistige Wirklichkeit; aber als solche doch nur Ausdrucksmittel für die sinnenfällige Welt und das Leben in ihr. Deshalb hat die Hegelsche Philosophie über eine geistige Welt nichts zu sagen; ihr Inhalt ist nur die Natur- und Geschichtswelt. [...] Hegels Panlogismus gegenüber wird [in der ‹Philosophie der Freiheit›] im Denken das Anfangsglied für rein geistige Erkenntnisfähigkeiten des Menschen gesehen, nicht ein letztes Glied des gewöhnlichen Bewußtseins, das den sinnenfälligen Weltinhalt nur in schattenhaften Ideen begrifflich abbildet» (GA 35, S. 326-329).

Lebensdaten

Geb. 27.8.1770	Stuttgart
1780 – 1788	Gymnasium in Stuttgart
	Studium der Philosophie und Theologie in Tübingen (Stipendiat im Tübinger Stift)
1790	Begründung der Freundschaft von Hegel, Schelling und Hölderlin
1793	Abschluß des Studiums; Hauslehrer in Bern
1797	Frankfurt/M. *Systemfragment*
1801	Habilitation in Jena. *Differenz des Fichteschen und Schellingschen Systems*
1805/06	Entstehung der *Phänomenologie des Geistes*
1808	Rektor in Nürnberg
1811	Heirat mit Marie von Tucher
1812	*Wissenschaft der Logik*
1816	Professor für Philosophie in Heidelberg
1817	*Enzyklopädie der philosophischen Wissenschaften*
1818	Professor für Philosophie in Berlin
1821	*Grundlinien der Philosophie des Rechts*
Gest.14.11.1831	Berlin

Werk

Hegel fordert eine besondere Aufmerksamkeit auf das Zusammenhängliche des Denkens, die noch über das in der Logik Gewohnte hinausgeht. Wenn Gesetze des Denkens bewußtgemacht werden, so genügt es nicht, diese einfach isoliert nebeneinanderzustellen und aufzuzählen: Satz der Identität: «A ist A»; Satz des Widerspruchs: «A kann nicht zugleich A und Nicht-A sein», um sie dann ebenso äußerlich wieder zusammenzufügen, wie Zettel und Einschlag auf dem Webstuhl, meint Hegel.[26] Wer so mit dem Denken verfährt, hat die Gedanken schon aus ihrem lebendigen Zusammenhang gerissen. Auch wenn er sich bemühte, sie als reine festzuhalten, so hat er einen wesentlichen Teil ihrer reinen Gesetzmäßigkeit übersehen: wie die Gedanken lebendig auseinander hervorgehen. Identität und Widerspruch dürfen nicht auseinandergerissen oder gar, wie es der Denkgewohnheit entspricht, die Identität, die ruhige Einheit, als das scheinbar Wichtigere herausgestellt werden: «ja, wenn von Rangordnung die Rede und beide Bestimmungen als getrennte festzuhalten wären, so wäre der Widerspruch für das Tiefere und Wesenhaftere zu nehmen. Denn die Identität ihm gegenüber ist nur die Bestimmung des einfachen Unmittelbaren, des toten Seins; er aber ist die Wurzel aller Bewegung und Lebendigkeit; nur insofern etwas in sich selbst einen Widerspruch hat, bewegt es sich, hat Trieb und Tätigkeit.»[27] Das ist kein subjektives Beharren auf dem Paradox. Gleich frei von unlogischer Willkür wie starrem Formalismus, die Hegel beide als polare Widerstände der Erkenntnis charakterisiert, sollte sich vielmehr der Blick auf das wirkliche Denken öffnen. Das scheinbar Einfache, das das gewöhnliche Denken überall gerne für sich festhalten will (bis hin zum isolierten Grundsatz der Identität), zeigt sich bei näherem Hinsehen zugleich als ein in sich Bewegtes, das, indem es seinen Widerspruch in sich trägt, über sich selbst hinausweist zu einer höheren Einheit usw. Aber auf dieses genauere Hinsehen gegen die Gewohnheit des bequemen Festhaltens kommt es eben an. Diese Fortbewegung des Denkens in Identität und Widerspruch, die *Dialektik,* ist keine äußerliche Methode des Denkens, sondern die Art, wie das Denken sich selbst bewegt. Sie zeigt sich, wenn man nur auf dieses Lebendige des Denkens achten will. (Die «Philosophie der Freiheit» ist gerade geeignet, sich ein Bild von diesem Beweglichen und zugleich Strengen im Denken zu machen. Wer sie liest, begegnet einer ähnlichen, vor dem inneren Wesen des Denkens zurücktretenden Haltung wie bei Hegel, die bei aller Aktivität des Denkens doch nur auftreten lassen will, was im Denken selber liegt – eine Haltung gegenüber dem Denken, die jenseits der oben auf Seite 116 ff. angedeuteten Unterschiede eine Gemeinsamkeit im Philosophieren Steiners und Hegels bezeichnet. Wer beispielsweise im 1. Kapitel verfolgt, wie sich die Freiheitsfrage im antinomischen Zusammenhang von Freiheit und Notwendigkeit in ganz bestimmter Weise entwickelt, bemerkt das Strenge, das aus dem Zusammenhang der Begriffe selber kommt, obwohl er sich zugleich bewußt sein kann, daß es dabei auf die eigene Anstrengung des Denkens, eine gesteigerte Aktivität und Aufmerksamkeit, ankommt.)

Aufgabe der Philosophie ist es, diese inneren, lebendigen Zusammenhänge in ihrer Reinheit ins Bewußtsein zu bringen, um schließlich den Grundgegensatz aufzuheben, der durch das Denken selber erst in die Welt getreten ist: den Gegensatz zwischen «Subjektivität» und «Objektivität». Diese Tätigkeit der Vernunft, die die scharfen und trennenden Bestimmungen des Verstandes wieder aufhebt, ohne die dabei gewonnene Schärfe und Klarheit zu verwischen, nennt Hegel *Spekulation,* einen alten Ausdruck für die reine Vernunfterkenntnis wieder positiv aufgreifend. Durch sie tritt ins Bewußtsein, was sonst nur in der Welt wirkt und sich allenfalls als ein Gefühl des Ganzen, unser Leben durchdringend und tragend, zu erkennen gibt. Wir bauen auf diesen geistigen Weltzusammenhang. Aber von diesem Ganzen haben wir im gewöhnlichen Denken nur «lichte Punkte», so heißt es in einer frühen Schrift Hegels, in der dieser sein Verständnis der Aufgabe der Philosophie umreißt: «Aber wirklich hat auch der Mensch nur solches Zutrauen zu ihrer [sc. dieser ‹lichten Punkte›] Wahrheit, weil ihn das Absolute in einem Gefühl dabei begleitet und dies ihnen allein die Bedeutung gibt. Sowie man solche Wahrheiten des gemeinen Menschenverstandes für sich nimmt, sie bloß verständig, als Erkenntnisse überhaupt, isoliert, so erscheinen sie schief und als Halbwahrheiten.»[28] Das Wahre der Welt kann sich darum nur in einem *System*, als in sich bestehender, «absoluter» Zusammenhang, in einer *Wissenschaft* ausdrücken. Die Philosophie muß eine systematische Gestalt haben, sie ist die «Wissenschaft der Vernunft». Das Denken entwirft nicht ein bloßes Bild von der Welt, sondern der erkennende Mensch lebt sich durch diese Wissenschaft bewußt in die ganze Weltwirklichkeit ein, die sich ihm sonst immer nur in Teile zerfallen und damit unwirklich darstellt. Das Denken überwindet zuletzt die von ihm selbst gemachte Zerspaltung in Subjektivität und Objektivität, es entdeckt, «daß alles Wirkliche nur insofern *ist,* als es die Idee in sich hat und sie ausdrückt».[29] So arbeitet der einzelne Mensch mit an einer Menschheitsaufgabe. Auch in der Natur wirkt ideeller Zusammenhang, der im einzelnen Menschen wie im geschichtlichen Leben der Menscheit, in seiner höchsten Form in Kunst, Religion und in der Philosophie, als *Geist* bewußt hervortritt.

Im 2. Kapitel der «Philosophie der Freiheit» heißt es: «in der Überbrückung dieses Gegensatzes [zwischen ‹Ich› und ‹Welt›] besteht im letzten Grunde das ganze geistige Streben der Menschheit. Die Geschichte des geistigen Lebens ist ein fortwährendes Suchen der Einheit zwischen uns und der Welt. Religion, Kunst und Wissenschaft verfolgen gleichermaßen dieses Ziel. [...] Der Denker sucht nach den Gesetzen der

Erscheinungen, er strebt denkend zu durchdringen, was er beobachtend erfährt. Erst wenn wir den *Weltinhalt* zu unserem *Gedankeninhalt* gemacht haben, erst dann finden wir den Zusammenhang wieder, aus dem wir uns selbst gelöst haben.» (S. 28 f.) In diesem Kapitel wird das geistige Streben der Menschheit als das Bewegende der ganzen Geschichte umrissen, von dem jeder etwas in sich selber entdecken kann (siehe unten zum 2. Kapitel, S. 149). Ein umfassendes Bewußtsein von dieser Entwicklung und eine kraftvolle Durchführung der einzelnen Erkenntnisschritte in ihrer systematischen und geschichtlichen Dimension bis ins Detail begegnet in der Philosophie Hegels.

Rudolf Steiner über Hegel

Schriften:
GA 1, S. 127 ff., 226 ff., 284, 287
GA 2, S. 19, 50 f.
GA 3, S. 10 f., 16
GA 4, S. 25, 58, 186 (ohne Namensnennung), 266
GA 6, S. 205 ff.
GA 7, S. 15 f., 28
Welt- und Lebensanschauungen im 19. Jahrhundert, Bd. 1,
    1900, S. 96 ff., 135 ff., 158 ff.; Bd. 2, 1901, S. 2 ff., 30 ff.,
    63 ff., 183 ff.
GA 18, geändert/ergänzt gegenüber *Welt- und Lebensanschauungen:* S. 204 f., 278, 328 ff., 340, 343, 346 ff., 379.
    (Im übringen siehe Namen-Register in GA 18)
GA 20, vor allem: S. 9 f., 46 ff., 58 ff., 175 f.
GA 28, S. 53, 63, 141, 226, 304 f., 307, 367 ff., 385, 401
GA 30, vor allem: S. 37 f., 47, 105, 140 ff., 253, 263, 290 ff.,
    310 ff., 368 f, 390
GA 34, S. 490 ff.

GA 35, S. 43 f., 64, 95, 217, 325 ff.
GA 36, S. 267 ff.
GA 39, S. 227, 384 f.
Briefe, Bd. 2, 1892-1902, S. 285 ff.

Vorträge:
GA 56, S. 62, 117
GA 64, S. 178 ff., 285 f., 306 ff., 356 f., 387 f., 426 ff.
GA 65, S. 373, 419 ff.
GA 108, S. 175, 178, 186, 194, 237 ff.
GA 121, S. 54, 174 ff.
GA 125, S. 27-41, 69, 75 ff.
GA 132, S. 13
GA 137, S. 24, 58, 78 f., 85
GA 146, S. 128 ff.
GA 159/60, S. 142
GA 189, S. 156 ff.
GA 192, S. 280 ff.
GA 199, S. 125, 132 ff., 137, 145 ff., 195 ff., 235
GA 202, S. 55 ff.
GA 284, S. 43, 48

Idealismus und Entwicklungstheorie. Die historische Aufgabenstellung: «Seelische Beobachtungsresultate nach naturwissenschaftlicher Methode»

Es kann zur Frage werden, warum Rudolf Steiner gerade diese und keine anderen Philosophen und dazu noch in dieser Reihenfolge zu Worte kommen läßt. Rein logisch-systematisch könnte der Inhalt des 1. Kapitels auch ganz anders dargestellt werden. Diese Frage lenkt die Aufmerksamkeit auf den Aufbau, die Komposition und die Gedankengestaltung des Buches. Hier soll ein *zusätzlicher Aspekt* berücksichtigt werden: Beachtet man, welche Namen als repräsentativ für die jeweiligen Anschauungen genannt werden, dann erscheint eine geistesgeschichtlich bedeutsame Gestalt der Komposition, die auf den *historischen Ort* der «Philosophie der Freiheit» hinweist.

Die meisten dieser (teilweise heute kaum noch bekannten) Philosophen waren Zeitgenossen Rudolf Steiners. Sie haben das Erscheinungsbild der Philosophie in der zweiten Hälfte des 19. Jahrhunderts entscheidend (mit-)geprägt. Jahrzehntelang waren Namen wie Strauß, Spencer und Hartmann sogar über den engen Kreis der Wissenschaft und akademischen Philosophie hinaus bekannt. Das kann aber die Auswahl nicht allein erklären. Es kann dabei etwas besonderes auffallen. Sieht man von Spinoza ab, der unter diesen Namen angeführt wird, weil man bei ihm «den schlichten Gedankengang, auf den es allein ankommt» (S. 17), und den «Grundirrtum» (S. 18) leichter erkennt, dann hängen drei der im 1. Kapitel genannten Philosophen (Strauß, Spencer und Rée) der materialistisch gedachten Entwicklungslehre und drei (Hartmann, Hamerling und

Hegel) dem philosophischen Idealismus an, wobei Spencer als ein Vordenker auftritt, Strauß und Rée aber Epigonen sind. Hegel vertritt die klassische Form des Idealismus, Hartmann und Hamerling dagegen dessen zeitgenössische Form.

Darüber hinaus kann es bemerkenswert erscheinen, daß die Reihe mit David Friedrich Strauß beginnt und mit Hegel beendet wird: Steiner nimmt damit die geistesgeschichtliche Entwicklung des 19. Jahrhunderts unter einer ganz bestimmten Perspektive auf, die man als «Umkehrung der Umkehrung» bezeichnen könnte. Wenn man den Hauptzug der Entwicklung des Denkens im 19. Jahrhundert charakterisieren will, kann man sagen, daß die erste Hälfte dieses Jahrhunderts ihre Weltanschauung aus dem Idealismus geboren hat, daß aber das Denken danach die Richtung umgekehrt hat: vom Idealismus zu einem naturwissenschaftlich geprägten Materialismus, der eine wesentliche methodische Ausdrucksform in Darwins bzw. Haeckels Entwicklungslehre findet. Weil der Idealismus keine Kraft hatte, seinen metaphysisch-spekulativen Ansatz vollständig zu überwinden, blieb sein Geistverständnis abstrakt und konnte weder zur konkreten Erfassung der wirksamen Kräfte in der Natur noch des individuellen Wesenskernes im Menschen durchstoßen. Die Naturforscher dagegen verloren durch ihren materialistischen Ansatz den Geist im Menschen oder reduzierten ihn zur Seele, «womit auch das Tier begabt ist», wenn nicht gar zum Leib.[30]

Im 1. Kapitel der «Philosophie der Freiheit» wird diese Umkehrung wiederum umgekehrt. Es beginnt mit Strauß (dessen Name die Wende von Hegel zur neueren Naturforschung symbolisiert) und schließt mit Hegels Satz: «Das Denken macht die Seele, womit auch das Tier begabt ist, erst zum Geiste.» (S. 25.) Steiner macht aus dem Idealismus ein naturwissenschaftlich-anthropologisches Forschungsprogramm: Es geht nicht darum, hinter die Naturwissenschaft zurückzukehren und den Geist spekulativ zu behaupten, aber auch nicht darum, mit der Naturwissenschaft den Geist dadurch zu eliminieren, daß man den Menschen zum bloßen Naturwesen reduziert. Die «differentia specifica» des Menschen ist das Denken. Dieses muß zuerst erforscht werden, und zwar durch eine Beobachtung im Sinne der Naturwissenschaft. Ob und wie das möglich ist, wird sich erst im 3. Kapitel zeigen. Erst sind noch materialistische wie auch spiritualistische Vorurteile aus dem Weg zu räumen – wie dies im 2. Kapitel geschieht.

Am Ende seines Lebens beschreibt Steiner den geistesgeschichtlichen Ausgangsort seiner «Philosophie der Freiheit» folgendermaßen: «Stumpf werden die Erkenntniskräfte für das Geistige besonders im achtzehnten Jahrhundert. Die Denker verlieren aus ihren Ideen den geistigen Inhalt. Sie machen im Idealismus von der ersten Hälfte des neunzehnten Jahrhunderts die geistleeren Ideen selbst als schaffenden Welt-Inhalt geltend. So Fichte, Schelling, Hegel; oder sie weisen auf ein Übersinnliches, das sich verflüchtigt, weil es entgeistigt ist. So Spencer, John Stuart Mill und andere. Die Ideen sind tot, wenn sie den lebendigen Geist nicht suchen.» (GA 26, S. 252.)

Ins Positive gewendet, hat man damit Steiners Anliegen der «Philosophie der Freiheit» formuliert: die Kraft zu entwickeln, «die Weltanschauung über das bloße Erleben des Gedankens im Hegelschen Sinne hinaus zu einer Teilnahme an dem Lebendigwerden des Gedankens» zu führen (GA 18, S. 345 f.).

Daß damit auch dem richtig verstandenen naturwissenschaftlichen Entwicklungsbegriff Rechnung getragen wird, zeigt Steiner im 12. Kapitel der «Philosophie der Freiheit», «Darwinismus und Sittlichkeit». Die naturwissenschaftliche Methode der vorurteilsfreien Beobachtung und der naturwissenschaftliche Entwicklungsbegriff werden in der «Philosophie der Freiheit» angewendet auf die seelisch-geistigen Vorgänge im Menschen.

Was das im einzelnen heißt, kann dem 1. Kapitel noch nicht entnommen werden, sehr wohl jedoch das Anliegen, das dem

20. Jahrhundert zur Aufgabe wird: Es bedeutet gleichsam eine Umkehrung der Umkehrung oder auch die «Aufhebung» der Antithese zwischen dem deutschen Idealismus und der neueren Naturwissenschaft, die das 19. Jahrhundert geprägt hat und unser Jahrhundert mit einem doppelten Defizit hat anfangen lassen. – Im Grunde ist es die gleiche Spannung, in die der Leser schon mit dem ersten Satz des 1. Kapitels hineingestellt worden ist, wo die geistige Freiheit der naturgesetzlichen Notwendigkeit gegenübergestellt wurde. Jetzt, am Ende des 1. Kapitels, sind neue, konkretere Fragen möglich geworden, wie zum Beispiel: Wie kann der Geist im Menschen aus seinem toten, abstrakten Abbild erlöst und zu seinem lebendig-aktuellen Ursprung zurückgeführt werden? Wie kann dasjenige, was die Seele zum Geist macht, in Erfahrung gebracht werden? Kann ich das Denken beobachten? Kann ich diese Erfahrung erkennend durchdringen, das heißt begrifflich bestimmen, so daß sich daraus etwas gewinnen läßt in bezug auf die Freiheitsfrage?

Zweiter Teil:
«Der Grundtrieb zur Wissenschaft».
Beiträge zum 2. Kapitel
der «Philosophie der Freiheit»

Einleitende Bemerkungen
zu den Beiträgen

Wird im 1. Kapitel ein Bewußtsein des Menschenwesens aufgerufen, indem sich verschiedene Anschauungen zum *Freiheitsproblem* so zusammengestellt finden, daß sie in ihrem inneren Zusammenhang einleuchten können, so begegnet dem Leser im 2. Kapitel eine entsprechende Erfahrung am *Erkenntnisproblem*. Am Anfang des Kapitels wird beobachtet, wie der Erkenntnistrieb erwacht, wo immer im wachen Bewußtsein «*Ich* und *Welt*» auseinanderzutreten beginnen. Aus dem *Gefühl*, daß beide zusammengehören, wird das *Streben* erzeugt, «den Gegensatz zu überbrücken» (S. 28): der «Grundtrieb zur Wissenschaft». Das 1. Kapitel führte zur Frage nach der Bedeutung des Denkens für den Menschen. Wer nun mit dieser Frage an das Erkenntnisstreben herantritt, wird diesen Abgrund zwischen «*Ich* und *Welt*» kennenlernen müssen, zu dessen Überbrückung die Erkenntnis antritt. Da begegnen wiederum verschiedene Anschauungen, die im Hauptgegensatz des Dualismus und Monismus einander gegenübertreten. Und wieder geht es darum, diese Anschauungen in der eigenen Seele zu entdecken: «Alle Rätsel, die sich auf Geist und Materie beziehen, muß der Mensch in dem Grundrätsel seines eigenen Wesens wiederfinden.» (S. 29.) Was im Zusatz zum 5. Kapitel (S. 100) über eine dort behandelte Anschauung gesagt ist, kann sinngemäß auch auf die Anschauungen im 2. Kapitel bezogen werden: «Diese Gedankengestaltung ist eine solche, mit deren bloßer theoretischer Widerlegung nicht alles für sie Notwendige getan ist.

Man muß sie *durchleben,* um aus der Einsicht in die Verirrung, in die sie führt, den Ausweg zu finden.»

Im ersten Beitrag des folgenden Teils, «Wie befreit sich das Denken aus seiner Tradition?», wird die Gedankenbewegung des 2. Kapitels vor dem Hintergrund des 1. nachgezeichnet: Die Frage nach dem *Denken,* die sich aus dem Freiheitsproblem entwickelt hat, erscheint nun im Erleben des Erkenntnisproblems als die Frage nach dem *Wesen des Menschen* und seines *Zusammenhangs mit der Welt.* Wie zum 1. Kapitel, wird auch hier in einem eigenen kurzen Beitrag versucht, ein grundlegendes Motiv der Gedankenentwicklung im 2. Kapitel in verdichtender Betrachtung zu umreißen: «Der Erkenntnistrieb».

Schon bei einer ersten Lektüre fällt auf, wie in diesem Kapitel noch deutlicher als im ersten große menschheitliche Zusammenhänge anklingen. Man beginnt zu ahnen, wie im «alltäglichen Bewußtsein» (S. 35) das ganze Menschenwesen in seiner individuellen und zugleich menschheitlich-geschichtlichen Wirklichkeit verborgen liegt. Die Beiträge versuchen, diesem Charakter des Kapitels Rechnung zu tragen, indem sie bestimmte anthropologisch-kulturgeschichtliche Perspektiven weiter verfolgen. Diese sind bereits im ersten Beitrag zum Gedankengang des Kapitels umrissen. Einzelne Bezüge werden in den Beiträgen zu den geistesgeschichtlichen Aspekten näher hervorgehoben. Aber auch hier gilt, was für die Beiträge zum 1. Kapitel betont wurde: Die geistesgeschichtlichen Betrachtungen sollen nicht von einem grundlegenden, ganz auf den Text konzentrierten Studium ablenken, sondern eine zusätzliche Perspektive eröffnen. Diese soll das Studium nicht ersetzen, sondern setzt es voraus, wie in dem Beitrag über genetische Methode und geisteswissenschaftliche Zusammenhänge demonstriert wird.

Zum Gedankengang

Wie befreit sich das Denken aus seiner Tradition?

Rudolf Steiner bezeichnete die «Philosophie der Freiheit» einmal als «Biographie einer sich zur Freiheit emporringenden Seele» (Brief vom 4.11.1894, GA 39, S. 232). Die Darstellungen in den einzelnen Kapiteln entsprächen dann den Beschreibungen bestimmter Ereignisse dieser Biographie. In diesem Sinne richtet sich im folgenden der Blick auf das 2. Kapitel, um seine Stellung innerhalb der Ereignisabfolge vom 1. zum 3. Kapitel zu erfassen.

Fünf Formen, den Riß im Universum zu leugnen oder zu verwischen

Was in den ersten drei Abschnitten des 2. Kapitels dargelegt wird, entspricht einer menschlichen Grunderfahrung – der Mensch erlebt sich in seinem Eigensein getrennt von der Welt, eine «Scheidewand zwischen uns und der Welt errichten wir, sobald das Bewußtsein in uns aufleuchtet» (S. 28). Insofern ist es die «Aufnahme des alltäglichen Tatbestandes» (S. 35), wenn Rudolf Steiner diese Grunderfahrung des neuzeitlichen Menschen gerade an dessen Fragehaltung gegenüber den Welterscheinungen darlegt. Im Fragen lebt unsere Unzufriedenheit über das Gegebene, wir distanzieren uns von ihm, wir streben darüber hinaus. Doch offenbart sich im Fragen auch der gegenläufige Strom; wir suchen im Fragen den Weg zur Welt: «niemals verlieren wir das Gefühl, daß wir doch zur Welt gehören, daß ein Band besteht, das uns mit ihr verbindet» (S. 28).

Dieses Gefühl treibt den Menschen zur Produktivität des geistigen Strebens: «Die Geschichte des geistigen Lebens ist ein fortwährendes Suchen der Einheit zwischen uns und der Welt.» (S. 28.) Religion, Kunst und Wissenschaft haben es im Laufe der Geschichte auf je eigene Weise unternommen, die aufgetauchten Rätselfragen zu lösen und aus der «zerrissenen Harmonie» (Hegel)[31] herauszufinden und den Einklang anzustreben. Dieses Suchen entfaltete sich bisher in zwei gegensätzlichen Grundformen: entweder als Dualismus, der «den Blick nur auf die vom Bewußtsein des Menschen vollzogene Trennung zwischen Ich und Welt» (S. 29) lenkt, oder als Monismus, der «den Blick allein auf die Einheit» richtet und «die einmal vorhandenen Gegensätze zu leugnen oder zu verwischen» (S. 29 f.) sucht.

Während Rudolf Steiner für die dualistischen Gedankensysteme lediglich einige der klassischen Gegensätze aufzählt (Geist und Materie, Subjekt und Objekt, Denken und Erscheinung) und das Ungenügende an ihnen als «ohnmächtiges Ringen nach der Versöhnung» (S. 29) charakterisiert, setzt er sich mit dem Monismus in seinen verschiedenen Formen eingehender auseinander. Drei Grundformen werden unterschieden: Materialismus, Spiritualismus (in drei Abwandlungen) und eine dritte Form ohne spezielle Bezeichnung.

1. Der Materialismus schreibt der Materie als Eigenschaft dasjenige zu, was er unserem menschlichen Bewußtsein als *eigene* Tätigkeit abspricht: das bewußte Denken. Wer Bewußtsein und Denken rein aus den materiellen Prozessen herleitet, der steht dann auf anderem Felde – dem der Materie – vor demselben Problem: Wie entsteht Denken? «Die materialistische Anschauung vermag das Problem nicht zu lösen, sondern nur zu verschieben.» (S. 31.)

2. Der Spiritualist setzt die Innenerfahrungen des eigenen

Bewußtseins als gedankenschaffender Geist in der Weise absolut, daß in diesem Bewußtsein nichts sein kann, was es nicht selbst produziert hat. Die Bestimmungen der *Materie* (d. h. die Außenwelt) werden als vom Bewußtsein gesetzte angesehen; Materie wird zum Produkt des Geistes. Würde dieses Verfahren konsequent durchgehalten, dann wäre «Welt» nur die Konstruktion dessen, was das Ich allein aus sich holen kann; die konkreten Erfahrungen, die durch Weltbegegnung dem Ich erst gegeben werden können, müßten ausbleiben. In diesem Sinne gilt Johann Gottlieb Fichte Steiner «als extremster Spiritualist» (S. 32).[32]

3. So, wie diese Form des Monismus nicht die materielle Welt erreicht, so verbaut sich eine andere Form den Zugang zur *geistigen* Welt. Der siebte Abschnitt ist eine Hinzufügung innerhalb der zweiten Auflage aus dem Jahre 1918. Steiner hatte inzwischen seit dem ersten Erscheinen der «Philosophie der Freiheit» Ende 1893 seine grundlegenden geisteswissenschaftlichen Forschungsergebnisse über die geistige Welt in Büchern und Vorträgen ausführlich dargestellt. Von der geistigen Welt aus gesehen können Ideen auch blind gegenüber den konkreten Inhalten der geistigen Welt sein. Die ideellen Inhalte verfestigen sich gleichsam zu einer eigenen Seinsform und sind damit nicht mehr Erkenntnismittel für die übersinnlichen Weltbereiche. «Der Spiritualismus wird [...] zum einseitigen Idealismus. Er kommt nicht dazu, *durch* die Ideenwelt eine geistige Welt zu suchen; er sieht in der Ideenwelt selbst die *geistige* Welt.» (S. 32.) In Hegel sieht Steiner einen Vertreter dieser Art von Idealismus (GA 28, S. 367 f.; genaueres siehe oben, S. 121 ff.).

Angesichts der umfangreichen und weitverzweigten Denksysteme von Fichte und Hegel und deren verschlungenen Gedankengängen und der wahrlich nicht breit entfalteten und recht einfach formulierten Ausführungen Steiners mag der Vorwurf naheliegen, daß solche Ausführungen nicht im ent-

ferntesten der Problemstellung und Gedankenhöhe jener
Systeme gerecht werden. Abgesehen davon, daß die Schöpfer
der großen Systeme des Idealismus nie den Gedankengehalt
ihrer Systeme mit deren Sprachform in eins gesetzt haben,
will Steiner durch den Gebrauch der Alltagssprache die Probleme weder vereinfachen noch verkürzen. Vielmehr kon-
frontiert er die verschiedenen Philosophien mit der alltäglichen Grunderfahrung des Menschen – dem Getrenntsein
von der Welt –, um zu prüfen, inwieweit die jeweiligen Gedankensysteme in Anlage, Gang und Charakter von dieser
Grunderfahrung bestimmt und geprägt sind. In der «einfachen Beschreibung dessen, was jedermann in seinem eigenen
Bewußtsein erlebt» (S. 34), sind alle Elemente gegeben, um
zu durchschauen, ob und wie eine Philosophie über die Kluft
führt, vor die das Alltagsbewußtsein sich gestellt sieht.

4. Der heutige Leser wird in der Erwähnung Friedrich
Albert Langes zunächst kaum mehr als Zeitkolorit des 19. Jahrhunderts sehen. Ist doch dessen Werk aus dem heutigen
Bewußtsein weitgehend verschwunden.[33] In den Jahren, als
Steiner an der «Philosophie der Freiheit» schrieb, war dies tatsächlich anders. Langes *Geschichte des Materialismus,* aus der
das im Text angeführte Zitat stammt, ist eine ausführliche Geschichte der Philosophie mit dem Blick auf den Materialismus
als «die erste, die niedrigste, aber auch vergleichsweise festeste
Stufe der Philosophie».[34] In ausdrucksstarker Sprache verfaßt,
ausgewogen zwischen genauen Detailbetrachtungen und ein-
prägsamen Überblicken wurde das Werk – trotz seines Umfan-
ges von rund tausend Seiten – eines der populärsten seiner
Zeit, ein «Volksbuch [...], dem Generationen ihre philosophische Unterweisung verdanken».[35] Der Grundgedanke Langes,
den das Zitat in Absatz 8 treffend widerspiegelt, enthält eine
bemerkenswerte Umwendung. Die vielgestaltige Erscheinungswelt, die den Menschen umgibt und die er naiv als unmittelbar gegeben ansieht, ist in doppelter Weise erzeugt:

einerseits hervorgerufen und erzeugt von den Prozessen der Materie im Zusammenspiel mit den materiellen Prozessen in den Sinnesorganen und im Gehirn; andererseits durch die Anschauungs- und Erkenntnisformen, die dem Menschen als Gattungswesen eigen sind. Die erste Art der Erzeugung sah Lange durch die zeitgenössische Physiologie der Sinnes- und Nervenorgane bewiesen; die zweite dachte er im Sinne einer idealistischen Weltanschauung. Lange blickte also aus zwei Richtungen auf die Erscheinungswelt bei gleichzeitiger Änderung der Denkhaltung: Erstens: Die Materie ist zunächst im Sinne des Materialismus die wirkende Ursache der Erscheinungen. Zweitens: Sie wird aus dem Blickwinkel des menschlichen Geistes zu dessen Produkt im Sinne des Idealismus; damit ist ihr aber der Boden ihres Wirkens entzogen. «Langes Philosophie ist somit nichts anderes, als die in Begriffe umgesetzte Geschichte des wackeren Münchhausen, der sich an seinem eigenen Haarschopf frei in der Luft festhält.» (S. 33.) – Daß Langes Erwähnung mehr als ein Tribut Steiners an die Zeitbildung des ausgehenden 19. Jahrhunderts ist, soll weiter unten in der zusammenfassenden Betrachtung zu den fünf Formen des Monismus dargelegt werden.

5. Als letzte Form des Monismus behandelt Steiner diejenige, «welche in dem einfachsten Wesen (Atom) bereits die beiden Wesenheiten, Materie und Geist, vereinigt sieht» (S. 33). Diesen Monismus mit dem «Materialismus» von Absatz 5 gleichzusetzen hieße den entscheidenden Unterschied zu verwischen. Dort werden das Bewußtsein und seine Inhalte so angesehen, daß sie von den Prozessen der Materie erzeugt sind; hier wird Bewußtsein (und entsprechend Geist oder Denken) in bestimmte Partikel (Atome oder was sonst als Baueinheit der Materie angesehen wird) hineinprojiziert. Jedes Partikel hat, wenn auch in anderer Abstufung, mit dem materiellen Sein auch das geistige. Es wird also in die Atomwelt versetzt, was der Mensch in sich erlebt. Unbeantwortet bleibt die Frage: «Wie

kommt das einfache Wesen dazu, sich in einer zweifachen Weise zu äußern, wenn es eine ungetrennte Einheit ist?» (S. 33.) In philosophisch anspruchsloser Form vertrat als Zeitgenosse Rudolf Steiners Ernst Haeckel diese Art des Monismus.[36]

Materialismus und Idealismus im Sinne Fichtes stehen sich in der Art gegenüber, daß sie in polarer Weise etwas ausgrenzen. Werden die Formen des Idealismus von Fichte und Hegel aufeinander bezogen, dann manifestiert sich bei Fichte eine Grenze zur sinnlichen Welt (gleichsam eine Grenze nach «unten» zur Materie); bei Hegel ist der Weg zur Welt der geistig realen Wesen verdunkelt (es existiert gleichsam eine Grenze nach «oben»). Diese drei Formen des Monismus bringen in das Universum unüberbrückbare Scheidewände: von der Materie zum Bewußtsein (Materialismus); vom Ich zur Welt (Fichte); von der ideellen Welt zur wesenhaften Geisteswelt (Hegel). – Die von Steiner als letzte behandelte Form hat einen völlig anderen Charakter. Indem die Dualität, die im Bewußtsein des Menschen existiert, dem gesamten Kosmos imprägniert und zur universellen Eigenschaft jedes seiner Partikel gemacht wird, versinken Welt und Mensch in diffuser Grenzenlosigkeit.

Wie ordnet sich Langes Philosophie in dieses Gesamtbild ein? Hält man sich nicht allein an den Wortlaut, sondern achtet auf die Erkenntnishaltung bei Lange, dann bekommen die beiden oben beschriebenen Blickrichtungen einen aktuellen Bezug, und zwar auf das heute vielfach praktizierte Arbeiten mit «Modellen». Dieses beruht häufig auf den mehr oder weniger klar ausgesprochenen Annahmen: Erstens: Sinne und Gehirn «machen» uns erst die Welt zu einer tönenden, farbigen usw., die zugrundeliegende Wirklichkeit ist dem Menschen unzugänglich. Zweitens: Auf der anderen Seite werden mit Hilfe definierter Begriffe «Modelle» entworfen und konstruiert, die möglichst weitgehend experimentelle und mathematische Überprüfungen zulassen. Das heutige Modell-Denken macht den Salto, den Lange in seiner Philosophie ausführt, zur alltäglichen

Erkenntnispraxis: Die wahre Wirklichkeit ist verschlossen; durch quantifizierende Experimente und deren begriffliche Ausdeutung wird ein «Modell» konstruiert; dieses wird schließlich den Operationen in der «wahren Wirklichkeit» zugrunde gelegt. Erkenntnisnihilismus in der einen Richtung verschwistert sich mit rigorosem Überstülpen in der anderen Richtung.

Neben diesem aktuellen Bezug ist die Behandlung Langes noch in anderer Weise bedeutsam. Dazu ist ein Vorblick auf das 4. Kapitel der «Philosophie der Freiheit» notwendig. Hauptthema dieses Kapitels ist das Problem des subjektiven Charakters aller Wahrnehmungen. Zunächst geht Steiner ganz im Sinne Langes den Gedankenweg von Sinnes- und Nervenphysiologie durch und folgt dabei dessen materialistischer Deutung; dann vollzieht er ebenso wie Lange eine Wendung, jedoch in völlig anderer Art. Denn Steiner durchläuft die materialistische Gedankenkette, die die Subjektivität der Wahrnehmungen (d. h. die Bindung unserer Wahrnehmungen an unseren Gattungscharakter) erweisen soll, mit deren eigenem Ergebnis noch einmal. Der vorgegebene Rahmen erlaubt es nicht, Rudolf Steiners Vorgehen vollständig darzustellen. Mit diesem Hinweis auf das 4. Kapitel sollte darauf aufmerksam gemacht werden, daß das Lange-Zitat mehr bedeutet als bloßes Zeitkolorit. Aus dem statischen zwitterhaften Nebeneinander von Materialismus und Idealismus bei Lange wird in der «Philosophie der Freiheit» ein dynamischer, in sich zurücklaufender Erkenntnisprozeß.

Der Dualismus als Erstgeburt

Worin liegt nun der Grund, daß Rudolf Steiner die ungelösten Probleme und das Ungenügende der verschiedenen Formen des Monismus aus der dualistischen Welterfahrung heraus beurteilt? Für jeden Menschen endet die Kindheit irgendwann mit einem Riß. «Welt» steht dann im Gegenüber da; Fragen und Suchen erwachen. Das Einheit-Erleben galt schon immer als Abglanz längst vergangener Menschheitszustände – als «Paradies» oder «goldenes Zeitalter» in den verschiedenen Kulturen geschildert. Entwachsen wir unserer unbewußt-unwissenden Kindheit, dann holen uns gleichsam die Folgen jener «Vertreibung aus dem Paradies» in grauer Vorzeit ein.[37]

Dualismus tritt zwar – entsprechend der Vielfalt an Grundpolaritäten – in äußerst unterschiedlichen Formen auf; entsprechend vielfältig sind die Formen der angestrebten Vermittlungen und Versöhnungen der Gegensätze. Alle gleichen sich jedoch darin, daß ihre Begriffe und Kategorien – in und aus dem Riß zwischen Ich und Welt geboren – unauflöslich und nicht aufhebbar die Spuren dieses Risses an sich tragen. Vermittlungen und Versöhnungen sind, mit Hilfe dieser Begriffe und Kategorien durchgeführt, so vorläufig und unabgeschlossen wie die Arbeit des Sisyphos: Wie dieser ständig, nachdem der heraufgewälzte Stein wieder herabgestürzt ist, von neuem zu wälzen beginnen muß, so ist das Denken, aus der Entzweiung geboren, zu stets neu anhebenden und nie zu Ende kommenden Versöhnungsanstrengungen verdammt. Das Denken läuft zwar zwischen den Polaritäten hin und her, ein Umfassen beider ist ihm verwehrt. Wie die Sonne durch ihre Auf- und Untergangsorte den Horizont bestimmt, innerhalb dessen sich das Tagesgeschehen bewegt, so bilden die jeweiligen Polaritäten den Horizont, in den das Denken hineingebannt ist.

Drängt das Einheitsgefühl in den Vordergrund, entsteht Monismus. Dieser will den Riß im Universum nicht wahrhaben, der Zustand vor dem «Fall» soll festgehalten werden. Er trägt jedoch stets das Stigma der Vereinseitigung an sich; in partieller Blindheit gegen die eine Seinsart bringt er nur deren polare zur Entfaltung. Indem sich der Monismus begrifflich entfaltet, übernimmt er vom dualistischen Gegenstandsbewußtsein dessen ureigenste Schöpfungen – die in Polaritäten eingespannten Begriffe. Wie sich Troja mit dem Hereinholen des hölzernen Pferdes seinen Untergang bereitet hat, so muß sich im begrifflichen Darstellen zwangsläufig das Einheitsgefühl auflösen. Der Monismus unterliegt einer Täuschung, wenn er glaubt, er könne das, was das Einheitsgefühl in seiner begriffslosen Realität besitzt, in die unausweichlich dualistische Begriffssphäre transponieren. Diese Täuschung kann durchschaut und offengelegt werden. Das führt Steiner in den Absätzen 5 bis 9 durch.

Diese Widerlegungen entlarven nicht nur die Täuschungen des Monismus, sie schaffen auch ein Bewußtsein für den Ursprungsort aller Entzweiung. «Allen diesen Standpunkten gegenüber muß geltend gemacht werden, daß uns der Grund- und Urgegensatz zuerst in unserem eigenen Bewußtsein entgegentritt.» (S. 33.) Die Bedeutung dieser Aussage mag ein geistesgeschichtlicher Vergleich erschließen. Die griechische Kultur ist das Aufwachen der Menschen aus der mythologischen Traumsphäre zum hellen Bewußtsein ihres Menschentums. Für das Rätsel der Sphinx – was ist das: am Morgen auf vier Beinen, am Mittag auf zwei, am Abend auf drei? – findet Ödipus das lösende Wort: der Mensch. Ödipus repräsentiert den Menschen, der an seiner Leibesgestalt, die sich im Zeitenlaufe wandelt, seine Identität erfaßt. Selbstbewußtsein erwacht im Leibe. Die griechische Kunst macht offenbar, wie dieser Leib aber noch so im Einklang mit den Geistkräften des Kosmos empfunden wird, daß er als Bild der Götter dienen kann. Nach zweitausend Jahren abendländischer Geschichte kommt die Rätselfrage der Selbsterkenntnis nicht mehr von außen als Bild eigener Gestaltverwandlung, sondern als innerliche Bewußtseinsfrage: «Alle Rätsel, die sich auf Geist und Materie beziehen, muß der Mensch in dem Grundrätsel seines eigenen Wesens wiederfinden.» (S. 29.)

Der Wille zum Anhalten

Wie geht nun Steiner an die Lösung dieses Grundrätsels heran? Zur Beantwortung dieser Frage sei der Blick auf den Gang vom 1. zum 2. Kapitel gerichtet. «Ist der Mensch in seinem Denken und Handeln ein geistig freies Wesen oder steht er unter dem Zwange einer rein naturgesetzlichen ehernen Notwendigkeit?» Das ist die Ausgangsfrage des 1. Kapitels. Die Priorität und herausragende Stellung des Denkens stehen dann als Ergebnis dieses Kapitels da: Klarheit über das Wesen des menschlichen Handelns kann nur erreicht werden, wenn vorausgehend die Frage nach dem «Ursprung des Denkens» behandelt wird. Im 2. Kapitel werden zunächst die Grundgegebenheiten des Menschen als Bewußtseinswesen beschrieben (Absätze 1-3). Durch die Charakterisierung von Dualismus und Monismus macht Steiner dann deutlich (Absätze 4-9), daß sich das Denken, gerade indem es die Polaritäten vermitteln will, selbst an die Polaritäten und ihre einseitigen Seinsformen bindet. Ob Dualismus oder Monismus, stets ist das Denken entweder zwischen die Antipoden eingespannt oder an Einseitigkeiten gefesselt. (Daß dieses so gekennzeichnete «Gebundensein» auch für das dialektische Vorgehen Hegels gilt, wird Steiner am Anfang des 4. Kapitels darlegen.)

Nun leugnet Steiner keineswegs die Grundsituationen des Menschen, die Dualismus oder Monismus hervortreiben. Was er nicht zulassen will, ist deren Absolutsetzung. Der Dualismus «hält das menschliche Innere für ein der Natur ganz fremdes Geistwesen und sucht dieses an die Natur anzukoppeln. Kein Wunder, daß er das Bindeglied nicht finden kann.» (S. 34.) Im physischen Bereich läßt sich leicht durchschauen, weshalb einen Raum, der von Luft entleert ist, kein Ton durchdringen kann – das vermittelnde Medium fehlt. Wie blind dagegen sind die Menschen der Neuzeit gegen das, was sie erst «weggeschafft» haben, ehe sie von unüberbrückbaren Gegensätzen, von unvereinbaren Polaritäten oder unauflösbaren Antinomien handeln konnten. Wie qualitätslos wurde Materie erst gemacht, damit sie zur bloßen Außenwelt für den erkennenden Menschengeist werden konnte; wie formal wurde durch die modernen Erkenntnistheorien der Erkenntnisvorgang des Menschen, so daß man nicht einmal mehr ahnte, daß die Erkenntnisfähigkeit des Menschen etwas mit dessen aufrechter Gestalt zu tun hat.

Wie entgeht nun Steiner selber dualistischem Absolutsetzen und monistischem Verschleiern? «So wahr es ist, daß wir uns der Natur entfremdet haben, so wahr ist es, daß wir fühlen: wir sind in ihr und gehören zu ihr.» Zwei Wahrheiten stehen nebeneinander, fein austariert durch ihre jeweilige Präsenz. Keine der Grundgegebenheiten drängt sich in den Vordergrund, zwei polare Zustände – doch umgriffen von der Wahrheit. Und der gleiche ruhige Pendelschlag zeigt sich im Blick auf eine mögliche Vermittlung: «Es kann nur ihr [der Natur] eigenes Wirken sein, das auch in uns lebt.» (S. 33.)

Unwilliges Befremden wird sich in unserer Zeit angesichts von so viel Harmonie regen. Ist menschliches Leben heute nicht von so vielen unauflösbaren Gegensätzen geprägt, daß Zerrissenheit und Entfremdung unser Dasein von Grund auf prägen – und wir nur noch durch ihre notdürftige Verschleierung leben? Goethes Worte und die daran anschließenden Formulierungen ließ Steiner auch in der zweiten Auflage am Ende des Ersten Weltkrieges stehen. Mit Recht, beschreiben sie doch wahrlich keine den Wirren unseres Jahrhunderts unangemessene poetische Idylle! Was aber dann?

Zunächst muß auffallen, daß Goethe mit zwei recht widersprüchlichen Passagen im 2. Kapitel zu Wort kommt. Als Motto des Kapitels stehen die Worte des tief zerrissenen Faust – die Klage am Anfang der Neuzeit, deren Ton seither in jedem Jahrhundert schriller wurde. Welch anderer Klang lebt dagegen in dem zweiten Goethe-Wort: «‹Wir leben mitten in ihr (der Natur) und sind ihr fremde. Sie spricht unaufhörlich mit uns und verrät uns ihr Geheimnis nicht. [...] die Menschen sind alle in ihr und sie in allen.» (S. 33).[38] Distanz und Nähe, Abstand und Vertrautheit im harmonischen Gegenüber, im lebendigen Ineinander. Als diese Gedanken niedergeschrieben wurden, war Goethe gerade am Anfang des Erkenntnisweges, der für die unterschiedlichsten Gebiete der Naturwissenschaft ganz neuartige Entdeckungen bringen sollte. «Der [...] Aufsatz ist eine Art Lebensprogramm, das allem Goetheschen Denken über die Natur zugrunde liegt.»[39] Dieser Aufsatz enthält Ideen, die Goethe im Laufe seines Naturforschens zu der Metamorphosenlehre und den anderen Entdeckungen führen sollten. Wenn Steiner in Frontstellung zu Dualismus und Monismus gerade aus ihm Stellen anführt, dann nicht als schöne Dichterworte, sondern als Prinzipien eines fruchtbaren Naturforschens. Goethe hat dem Menschen der Neuzeit, der sich als getrennt von der Natur erlebt, in Faust eine Stimme verliehen; sein eigenes Naturforschen dagegen war von der Erkenntnis bestimmt, daß sich der Mensch als Glied der Natur betätigt, denn in seinem Geist spricht die Natur in ihrer Sprache. Die von Steiner hier angeführten Gedanken Goethes und dessen davon impulsierte Naturforschung weisen auf ein Denken, das solch einem Gleichmaß zwischen Entfremdung (und dies ist nur die andere Seite des modernen Selbstbewußtseins) und Zugehörigkeitsgefühl entsprungen ist und das fähig ist, in die Tiefen der Natur zu dringen.

Auch das 2. Kapitel führt zu demselben Punkt, denn wieder stehen wir vor der Frage nach der Bedeutung des Denkens. Doch worin liegt der Unterschied?

Zu erkennen, daß wir den handelnden Menschen nur verstehen können, wenn die Bedeutung des menschlichen Denkens erfaßt ist, ist der eine Schritt. Wenn man nun in einem zweiten Schritt diese Bedeutung des menschlichen Denkens darlegte und dabei in der Tradition entnommenen Begriffen dächte, dann übernähme die Untersuchung von vornherein die dualistischen oder monistischen Weisen von Welt- und Menschenverständnis. Diese immer drohende «vorausgehende» Festlegung des Denkens will Steiner im 2. Kapitel offenlegen. Dem ersten Schritt des 1. Kapitels folgt also im 2. Kapitel kein zweiter Schritt, sondern in diesem Kapitel geschieht ein «Anhalten» in dem Sinn, daß die vorauseilenden Festlegungen, die durch die dualistisch oder monistisch geprägte Begrifflichkeit (und das sind alle bisher entwickelten Begriffe) geschehen, bewußtgemacht werden. Deshalb geht Steiner zwar vom «alltäglichen Bewußtsein» der Trennung von Ich und Welt aus, vermeidet aber, diesen «alltäglichen Tatbestand» in dualistische Begriffe einzuspannen.

Die Gefahr, doch noch einem geheimen Dualismus anheimzufallen, ist aber erst mit der Absicht, den «Weg zurück» finden zu wollen, überwunden. Dieser Wille lebt in der Zuversicht: «Wir wollen aber hinuntersteigen in die Tiefen unseres eigenen Wesens, um da jene Elemente zu finden, die wir herübergerettet haben bei unserer Flucht aus der Natur.» (S. 34.) Sieht man diesen Willen, in die Tiefen des eigenen Wesens zu dringen, im Zusammenhang mit dem Ergebnis des 1. Kapitels, dann deutet sich der zweite Schritt an, der im 3. Kapitel vollzogen wird. War dort von der Bedeutung des Denkens die Rede, so konnte Denken noch als allgemeine Fähigkeit des Menschen verstanden werden; jetzt, nach den Auseinandersetzungen mit Dualismus und Monismus, kann keine Unklarheit mehr darüber bestehen, daß Denken als individuelle Tätigkeit beobachtbar sein muß, um die begriffliche Vorfixierung durch einen Allgemeinbegriff von Denken zu vermeiden.

Diese individuelle Tätigkeit kann aber jeder Mensch nur bei sich selbst beobachten. Deshalb beginnt das 3. Kapitel mit eigenen Beobachtungen eines eigenständig vollzogenen Denkprozesses.

Die beiden ersten Kapitel der «Philosophie der Freiheit» sind also derart miteinander verschränkt:

Das menschliche Handeln zu durchschauen verlangt, zuerst die Bedeutung des Denkens zu erfassen (1. Kapitel).

Das menschliche Denken zu erfassen verlangt, zuerst das Denken als eigenes Handeln zu beobachten (2. Kapitel).

Diese Verschränkung stellt mehr dar als nur eine formale Umkehrung. Es geht darum, in dem *einen* Element das andere aufzusuchen und dabei das Zusammenspiel beider zu beobachten. Licht durch Dunkelheit wirkend ergibt andere Erscheinungen als Dunkelheit durch Licht. Daß solch ein Zusammenwirken nur durch Beobachtung zugänglich wird, das gilt auch für das hier in Frage stehende Zusammenwirken. Die beiden ersten Kapitel der «Philosophie der Freiheit» bahnen also den Weg dahin, daß in den folgenden Kapiteln die Forschungsmethode, die als Motto dem Werk vorangestellt ist, bewußt mitvollzogen wird.

Ein grundlegendes Motiv:
der Erkenntnistrieb

Das Streben nach Aufhellung der Handlungsgrundlagen, nach einem Wissen um die Gründe des Handelns, wie es im 1. Kapitel vorgezeichnet ist, enthüllt sich nun im 2. Kapitel als ein «tief in der menschlichen Natur begründeter Charakterzug» (S. 27): der Erkenntnisdrang als der «Grundtrieb zur Wissenschaft». In ihm wird ausgesprochen, daß der Mensch «stets mehr [verlangt], als die Welt ihm freiwillig gibt» (S. 27). Durch diesen «Überschuß» wird sich der Mensch seines Wesens, das er in der Erkenntnistätigkeit entfaltet, gegenüber der gegebenen Welt bewußt. Er unterscheidet sich von der Welt gerade durch diesen Überschuß über das Gegebene: durch eine Tätigkeit, die er aus sich selbst schöpft und durch die er in sich neue Erfahrungen, die über das Gegebene hinausgehen, hervorbringt. In diesem Hervorbringen lebt sich der Erkenntnisdrang aus: Der erkennende Mensch sucht zu *verstehen,* was ihm als gegeben gegenübertritt.

Der Erkenntnisdrang sucht im Sinne des Anliegens der «Philosophie der Freiheit» die Gründe des Handelns aufzuhellen. Er gibt der Frage und dem Streben nach Freiheit im 1. Kapitel die entwerfende Orientierung auf die Situation *des* Menschen, der «aus Erkenntnis» handelt (S. 21). Nun wird im 2. Kapitel sein Hintergrund aufgesucht, aus dem er auftaucht. Was ist es, das im Erkenntnisdrang heraufdrängt? Es zeigt sich, daß er durch eine Tätigkeit bewirkt wird, durch die der Mensch sich der Welt gegenüberstellt und diese dadurch bewußt anschauen kann. Schon dem Bewußtsein selbst liegt für sich ein Befreiungsakt zugrunde, indem der Mensch aus eigener Tätigkeit (Erkenntnis) einen Inhalt hervorbringt, den er, eben weil er ihn selbst hervorbringt, verstehend frei in sich erfahren kann und der ihn, so kann er hoffen, zu freiem Handeln motiviert. Freilich hat er dadurch zunächst einmal die Welt von sich getrennt: seiner Produktivität gegenüber erscheint sie als der Bereich des (im Bewußtsein) Gegebenen.

Machen wir uns den Vorgang klar, durch den wir «unser ganzes Wesen» (S. 28) in Ich und Welt spalten, um zwischen beiden die Ebene des Bewußtseins einzuziehen, in der beide Seiten bewußt wieder aufeinander bezogen sind, dann können wir hoffen, daß dieser Gegensatz, da er nur im und für das Bewußtsein auftritt, auch in diesem wieder überbrückt werden kann: durch denselben «Überschuß», der ihn aufgerissen hat. Die tätige Natur im Menschen, die ihn bildet, hat auch die Gründe in der Hand, ihn wieder einzulösen. Konkret: Dasselbe Denken, das durch seine Fragen an die gegebene Welt den Unterschied zu dieser aufreißt, findet in sich auch die Antworten auf sie. Denn sonst hätte es gar nicht gefragt: Mit den Fragen drängen auch ihre Antworten in das Bewußtsein. Darin liegt der «Grundtrieb zur Wissenschaft». Mit ihm schreibt sich der Mensch, sein Wesen aufspaltend, in das Weltganze ein – mit dem Ziel, sich in es einzubringen, um wissend an seiner Wirklichkeit teilzunehmen.

Die Frage ist nun, inwiefern die Tätigkeit, durch die der Mensch sich der Welt gegenüberstellt, auch die Brücke baut, die beide wieder verbindet. Sie verweist auf den *Erfahrungspunkt*, in dem «wir nicht mehr bloß ‹Ich›» sind, also geschieden von der Welt, sondern «mehr als ‹Ich›». Dieses Wesen, «das Naturwesen in uns», durch das wir mit der Welt zusammenhängen, ist unser *Denken*. In es müssen wir «hinuntersteigen», um es und die in ihm sich auslebende, in die Wirklichkeit eintauchende Kraft kennenzulernen (S. 34). Dies leistet der

Ausnahmezustand des Beobachtens des Denken, der im 3. Kapitel eingenommen wird. In ihm wird das Denken als eine Wesenheit erfahren, die einen «Zipfel» des «Weltgeschehens» ergreift; in ihm wird das Prinzip gefunden, das die Brücke zur Welt zu schlagen vermag: das «Denken im Dienste der Weltauffassung». Der «Grundtrieb der Wissenschaft» offenbart sich als die Kraft des Denkens, aus der er aufsteigt.

Der Zug zum *Wissen um die Gründe* des Handelns im 1. Kapitel zeigt sich im 2. Kapitel als der *Erkenntnisdrang* (der auf ein Handeln aus Erkenntnis drängt), dessen treibende Kraft sich im Sinne des 3. Kapitels als dem *Wesen des Denkens* (im Ausnahmezustand) entspringend erweist. Die Kraft der Selbstaufklärung, die das Wesen des Denkens beherrscht (3. Kapitel), orientiert offensichtlich auch die beiden ersten Kapitel.

Geistesgeschichtliche Aspekte

Genetische Methode und geistesgeschichtliche Zusammenhänge

Das 1. Kapitel der «Philosophie der Freiheit» beschreibt die Frage nach der Freiheit des Menschen als eine existentielle Frage. Sie angehen zu können setzt jedoch voraus, die Frage nach dem Ursprung des Denkens gelöst zu haben. Dies ist Thema des 3. Kapitels. Dazwischen steht das 2. Kapitel mit dem Titel «Der Grundtrieb zur Wissenschaft». Es konstatiert, daß der Mensch einen Erkenntnis*trieb* hat, und fragt, wo dieser herkommt.[40] Am Ende wird daraus eine Aufgabenstellung formuliert, die zugleich Vorblick auf die weiteren Kapitel der «Philosophie der Freiheit» ist.

Zur Gliederung des Kapitels

Das 2. Kapitel gliedert sich in drei Teile:

A   (Absatz 1 bis 4): Die Beschreibung des Erkenntnistriebs und seine Implikationen.

B   (Absatz 5 bis 9): Die gegenwärtig vertretenen Positionen (Dualismus und Monismus), deren Spielarten und deren Ungenügen.

C   (Absatz 10 bis 13): Die sich daraus ergebende Aufgabenstellung.

Danach folgt noch ein letzter (14.) Absatz, der jedoch nur

methodische Bemerkungen, keine neuen Beiträge zur Sache enthält.[41]

Zum Verständnis des hier zu betrachtenden letzten Teils (C) ist die Beobachtung bedeutsam, daß die vier Absätze des Teils A den vier Absätzen des Teils C in umgekehrter Reihenfolge entsprechen: Absatz 1 korrespondiert mit Absatz 13, 2 mit 12 usw. – Im folgenden werden die Absätze der Teile A (1-4) und C (10-13) zunächst nacheinander referiert und anschließend gegenübergestellt.

1. Abs. Ausgangspunkt ist ein «tief in der menschlichen Natur begründete[r] Charakterzug»: Der Mensch «verlangt stets mehr, als die Welt ihm freiwillig gibt». Dieser Charakterzug wird zunächst nicht hinterfragt, sondern beschrieben. Das Ergebnis in abstrakterer Formulierung: «Wir suchen überall nach dem, was wir Erklärung der Tatsachen nennen.»

2. Abs. Dieser im ersten Absatz gekennzeichnete Grundzug der Unzufriedenheit «spaltet unser ganzes Leben in zwei Teile». Dabei stellen wir uns als «selbständiges Wesen der Welt gegenüber». «Das Universum erscheint uns in den zwei Gegensätzen: Ich und Welt.»

3. Abs. Diese Scheidewand zwischen Ich und Welt wird durch das Bewußtsein aufgerichtet. Zweifellos ist diese Scheidewand um so größer, je ausgebildeter das Bewußtsein wird. Diese weltgeschichtlich (Neuzeit) ebenso wie biographisch (Kind – Jugendlicher – Erwachsener),[42] also entwicklungsgeschichtlich erläuterbare Tatsache wird aber hier nicht weiter ausgeführt, sondern es wird nur noch ein zweiter Satz hinzugefügt: «Aber niemals verlieren wir das Gefühl, daß wir doch zur Welt gehören.» Damit wird – bisher rein beschreibend – die Doppelheit des menschlichen Bewußtseins gekennzeichnet. Da, wo es am klarsten ist, wird uns der Gegensatz zur Welt bewußt. Im Hintergrund aber steht das Gefühl der Zusammengehörigkeit mit der Welt.

4. Abs. «Dieses Gefühl erzeugt das Streben, den Gegensatz zu überbrücken.» Durch dieses Gefühl im Hintergrund also kommt erst der Erkenntnistrieb zustande. Sonst würde es einfach bei der durch das Bewußtsein gegebenen Distanz zur Welt bleiben. Und wiederum kann auf ein bekanntes Phänomen verwiesen werden, «die Geschichte des geistigen Lebens» (Religion, Kunst und Wissenschaft). Alle diese Gebiete sind darauf angelegt, den Gegensatz zu überbrücken. Das wird kurz erläutert. Und das Ziel dieses Bestrebens ist: «Erst wenn wir den *Weltinhalt* zu unserem *Gedankeninhalt* gemacht haben, erst dann finden wir den Zusammenhang wieder, aus dem wir uns selbst gelöst haben.»

Bis hierhin wird also der Erkenntnistrieb als vorhanden beschrieben (1. Absatz), in seinen Konsequenzen für das Verhältnis des Menschen zur Welt (Spaltung) gezeigt (2. Absatz), sodann die gegebene Doppelheit zwischen klarem Bewußtsein und Gefühl (3. Absatz). Und aus dieser Doppelheit heraus ergibt sich die Erklärung für den im ersten Absatz konstatierten Erkenntnistrieb (4. Absatz). – Die ersten vier Absätze des Kapitels gehen nicht darüber hinaus, den Erkenntnistrieb des Menschen anthropologisch zu beschreiben. Diese Beschreibung bleibt ganz gegenwärtig, geht vom gegenwärtigen Bewußtsein aus. Auch «die Geschichte des geistigen Lebens» (4. Absatz) wird problemorientiert, nicht unter Entwicklungsaspekten erwähnt. Lediglich wird ein «Ziel» formuliert (den Weltinhalt zu unserem Gedankeninhalt zu machen), das sich aus dem konstatierten Erkenntnistrieb ergibt und seine Lösung aus der anthropologischen Beschreibung sucht. – Erst nachdem in den folgenden fünf Absätzen (Teil B) das Ungenügen gegenwärtiger Lösungsversuche dargestellt ist, wird eine eigene Lösung versucht (Teil C). Darin werden nun evolutionäre Gesichtspunkte geltend gemacht.

10. Abs. Der beschriebene «Grund- und Urgegensatz» tritt uns im eigenen Bewußtsein entgegen, er ist nicht im Universum gegeben.

11. Abs. Die Doppelheit im Bewußtsein lautet jetzt: «So wahr
es ist, daß wir uns der Natur entfremdet haben, so wahr ist es,
daß wir fühlen: wir sind in ihr und gehören zu ihr.» Daraus
wird die Aufgabe präzisiert: «Es kann nur ihr eigenes Wirken
sein, das auch in uns lebt.»

12. Abs. Daraus ergibt sich: «Wir müssen den Weg zu ihr
zurück wieder finden», da wir uns einmal von ihr getrennt
haben. – Hier greift der evolutionäre Ansatz und zeigt die entscheidenden Konsequenzen, müssen wir «doch etwas mit herübergenommen haben in unser eigenes Wesen». Dies gilt es in
uns aufzusuchen. Somit stellt sich die Aufgabe neu: «Hinuntersteigen in die Tiefen unseres eigenen Wesens, um da jene Elemente zu finden, die wir herübergerettet haben bei unserer
Flucht aus der Natur.»

13. Abs. «Die Erforschung unseres Wesens» ist also die grundlegende Aufgabe. Bei diesem Eintauchen in das eigene Wesen
ist zu erwarten, daß ein Punkt erreicht wird, wo in diesem
Wesen der Weltzusammenhang wieder auftaucht. Das ist so
formuliert: «Hier sind wir nicht mehr bloß ‹Ich›, hier liegt
etwas, was mehr als ‹Ich› ist.»

So wie das 1. Kapitel von der Frage nach der Freiheit ausging
und mit der Frage nach dem Denken endete, so geht das
2. Kapitel von der Tatsache des Erkenntnistriebs aus und endet
mit der Frage nach dem eigenen Wesen des Menschen, in dem
auch der alte, verlorengegangene Zusammenhang mit der Welt
wieder aufleuchtet.

Die Absätze in Teil A und Teil C entsprechen sich nun in
folgender Weise, indem sie je verschiedene Erfahrungen des
menschlichen Wesens, des Ich, ansprechen:

Teil A: Vom gegebenen Befund zur gegenwärtigen Situation: *seelische Erfahrung.*	Teil C: Von der gegenwärtigen Situation zu einer Lösung in der Zukunft: *geistige Tätigkeit.*
1 Der Erkenntnistrieb als *Gegebenheit.*	13 Erforschung des eigenen Wesens als *Aufgabe:* Ich ist mehr als Ich.
2 *Gegensatz* von Ich und Welt durch den Erkenntnistrieb.	12 In den Tiefen des eigenen Wesens die Elemente finden, die wir ‹herüberge-rettet› haben aus der Natur.
3 Bewußtsein der ‹Scheide-wand› – Gefühl der Zuge-hörigkeit.	11 Der Natur ‹entfremdet› – wir fühlen: Wir sind in ihr, und wir *gehören* zu ihr.
4 Daraus Streben, den Gegensatz zu ‹überbrücken› (die Geschichte des geisti-gen Lebens).	10 Der ‹Grund- und Urgegen-satz› tritt uns zuerst im eigenen Bewußtsein entgegen.

Die genetische Methode – ein Dreischritt

Die Betrachtung geht von Phänomenen aus, die im Bewußt-sein auftauchen und die sich bei näherem Hinsehen auf das Zusammenwirken von zwei Bewußtseinserscheinungen zu-rückführen lassen: das Bewußtsein von der Trennung zwischen Ich und Welt einerseits und das daran erwachende Gefühl des Zusammenhangs andererseits. Zur weiteren Erhellung dieses anthropologischen Zusammenhangs wird dann die Bewußt-seinsgeschichte einbezogen: «Daß wir uns der Natur entfrem-det *haben*», «wir *haben* uns [...] losgerissen von der Natur»

(S. 33 und 34, Hervorhebungen vom Verf.). Dieser Einbezug der Geschichte geschieht an der Stelle, wo über die Feststellung eines gegebenen Problems hinausgegangen wird. Methodisch stellt sich hier eine Weiche, die in der gegenwärtigen akademischen Wissenschaft oft anders gestellt wird als in der «Philosophie der Freiheit» und im Werk Rudolf Steiners: Um aus einer empirischen Feststellung der Problematik herauszukommen und zu Lösungen vorzuschreiten, wird sonst meistens das Heil in der theoretischen Verknüpfung gegebener Phänomene gesucht, die vergangenheitsbezogen ist, nicht nach wirkenden Kräften fragen kann und keine Zukunftsentwicklung ermöglicht. Diese Verknüpfung ist überdies in der zweiten Hälfte unseres Jahrhunderts als prinzipiell subjektiv entlarvt worden.[43] Rudolf Steiner geht hier wie auch sonst anders vor: Er fragt aus der Gegenwart heraus und ohne vorgegebene Blickrichtung nach der Herkunft des Bewußtseinsphänomens. Bewußtseinsgeschichte wird verwoben mit der Bewußtseinsphänomenologie. Was zunächst nur mein Bewußtseinsproblem zu sein schien, ist in Wirklichkeit eine Menschheitsfrage. Und damit wird ein dritter Schritt möglich: der Weg zur Lösung des gegebenen Problems, die Entwicklung in die Zukunft. Ich befinde mich als einzelner nicht im Spülsaum der Geschichte, sondern es kommt auf meine Mitwirkung bei der Gestaltung der Zukunft an. Dieser dritte Schritt mutet an wie ein Gegenentwurf zu wissenschaftstheoretischen Überlegungen über die Bedingtheit des Erkennens (T. S. Kuhn), die letztlich Gefahr laufen, in einen erkenntnistheoretischen Dadaismus oder Nihilismus einzumünden (P. Feyerabend). Die entscheidende Neuerung der «Philosophie der Freiheit» liegt in ihrer *genetischen* Fragestellung.[44]

Mit dem Dreischritt:

– Bewußtsein,
– Bewußtseinsgeschichte,
– Entwicklung in die Zukunft

ist ein Grundpfeiler des Steinerschen Monismus gelegt, der diesen von allen anderen Monismen unterscheidet. Bei den verschiedenen Formen des Spiritualismus und des Materialismus ebenso wie im Dualismus spielen diese Begriffe nicht die entscheidende Rolle, die ihnen hier zukommt. Der Dreischritt könnte auch so charakterisiert werden:

1. Bewußtsein.
2. Die Spaltung von Sein und Bewußtsein im Zusammenhang der bisherigen geschichtlichen Entwicklung.
3. Zukunftsentwicklung unter Aufhebung der Spaltung von Bewußtsein und Sein (Ich und Welt).

Die genetische Methode ermöglicht auch einen Blick auf die Rolle des Gefühls. Gefühl tritt im Erkenntnisakt auf der Seite des Wahrnehmens auf (3.–5. Kapitel). Das ist konsequent, denn im Gefühl ist der alte Zusammenhang mit der Welt noch erhalten geblieben, aus dem sich das denkende Bewußtsein emanzipiert. Der Gegensatz von Wahrnehmung und Begriff (ab dem 3. Kapitel) ist gleichfalls aus der bewußtseinsgeschichtlichen Situation heraus gegeben, aber nicht unauflösbar: Im 6. Kapitel wird ein erstes Zusammenspiel von Gefühl und Denken mit dem Motiv des «Pendelschlags» gegeben (individuelle Färbung des allgemeinen Begriffs durch das Gefühl, mit der Tendenz hin zu einer Vereinigung). Ab dem 9. Kapitel wird in der Intuition die ursprünglich vorhandene, dann aber zerrissene Einheit zwischen Ich und Welt wieder hergestellt. In der Intuition fällt zusammen, was im gegebenen Bewußtsein in Denken und Wahrnehmung auseinandergefallen ist. In der Intuition liegt so die Erfüllung der im 2. Kapitel beschriebenen Aufgabe: den Punkt zu suchen, an dem Ich zugleich mehr als Ich ist. Intuition ist sowohl das eigentlich Individuelle des Menschen als auch die Herstellung des Zusammenhangs mit der Welt. – Im intuitiven Denken fallen auch Denken und Gefühl wieder zusammen. Wenn im Zuge der Bewußtseinsentwicklung eine Spaltung von Ich und Welt einerseits und das Zusammengehörigkeitsgefühl andererseits eingetreten sind, so muß in der Zielsetzung (Ich ist mehr als Ich) auch die Vereinigung von Denken und Gefühl liegen.[45]

Verwandte Motive bei Heraklit

Das Motiv der Abspaltung des Individuums vom Weltganzen hat viele Denker vor Rudolf Steiner beschäftigt. Verwandte Vorstellungen zu den Andeutungen des 2. Kapitels der «Philosophie der Freiheit» finden sich schon in der Zeit, als das Denken die Bühne Europas erstmals betrat, beispielsweise bei Heraklit von Ephesus (um 500 v. Chr.), der von Rudolf Steiner als «der größte Philosoph des Altertums» bezeichnet wurde (Vortrag vom 6.1.1921, GA 323, S. 120).[46]

Als Schlüsselsatz darf angesehen werden:

«Der Seele ist Logos eigen, der sich selbst mehrt.» (Fragment 115.)

Zum Schlüsselwort wird dieses überlieferte Fragment dadurch, daß es der Logos ist, der den Kosmos beherrscht:

«Diesen Logos, der immer ist, verstehen die Menschen nicht, sowohl bevor sie (ihn) gehört haben, als auch sobald sie ihn gehört haben. Denn obwohl alle Dinge gemäß diesem Logos geschehen, gleichen sie Unerprobten, wenn sie sich erproben an solchen Worten und Werken, wie ich sie auseinandersetze, indem ich der Natur gemäß jedes einzelne auseinandernehme und zeige, wie es sich verhält. Den anderen Menschen aber bleibt unbewußt alles, was sie im Wachen tun, ebenso wie sie das Bewußtsein verlieren für alles, was sie im Schlafe tun.» (Fragment 1.)

Dieses den ganzen Kosmos beherrschende Prinzip, das dem Bewußtsein des Menschen so schwer zugänglich ist, ist auch der Seele des Menschen eigen. Hier hängt der Mensch in seinem Wesen mit dem Kosmos zusammen. Jedoch tritt der Logos in der Seele des Menschen anders auf als in der Welt. Dort findet man seine Werke, hier, in der Seele, ist er selbst noch am Werk («der sich selbst mehrt»). Ähnlich wie es in der «Philosophie der Freiheit» das Denken ist (ab dem 3. Kapitel), das die verlorene Einheit mit dem Weltganzen wieder herstellt, so ist es hier der Logos. Aus diesem Doppelverhältnis des Logos in der Welt und des Logos im Menschen ergeben sich Irritationen, wenn man sich des Logos nicht bewußt werden kann:

«Mit dem Logos, mit dem sie doch ununterbrochen verkehren, mit dem entzweien sie sich, und die Dinge, auf die sie täglich stoßen, die erscheinen ihnen als fremd.» (Fragment 72.)

Die auf den ersten Blick widersprüchliche Formulierung «womit sie zusammen sind, damit entzweien sie sich» macht auf die Bewußtseinsebenen aufmerksam: Der Mensch *ist* in der Welt des Logos, aber er bemerkt sie nur, wenn er dafür aufwacht. Wer nur immer auf die einzelnen Dinge stößt (Bäume, Flüsse, Berge usw.) und nicht bemerkt, daß diese alle Werke des Logos sind, der kann sich in der Welt nicht wirklich zurechtfinden. Das Alltägliche erscheint dann als «fremd». Menschen, die nicht zum Logos erwachen, leben als «Fremdlinge» (Hölderlin) in der vertrauten Umgebung. Sie sind vom Sein der Welt abgetrennt. Damit nimmt Heraklit gleichsam vorweg, was in der Neuzeit als Subjekt-Objekt-Spaltung philosophisch beginnt und im 20. Jahrhundert Katastrophen des ganzen Lebenssystems nach sich zieht. Das «Fragment über die Natur» (1781/82), auf das sich auch Steiner am Ende des 2. Kapitels der «Philosophie der Freiheit» bezieht, klingt fast wie eine Auslegung dieses Satzes von Heraklit:

«Natur! Wir sind von ihr umgeben und umschlungen [...]. Sie schafft ewig neue Gestalten; was da ist, war noch nie; was war, kommt nicht wieder – alles ist neu und doch immer das Alte.

Wir leben mitten in ihr und sind ihr fremde. Sie spricht unaufhörlich mit uns und verrät uns ihr Geheimnis nicht [...]. Jedes ihrer Werke hat ein eigenes Wesen, jede ihrer Erscheinungen den isoliertesten Begriff, und doch macht alles eins aus. [...] Gedacht hat sie und sinnt beständig [...]. Sie hat sich einen eigenen allumfassenden Sinn vorbehalten, den ihr niemand abmerken kann. [...] Wer sie nicht allenthalben sieht, sieht sie nirgendwo recht. [...] Ans Große hat sie ihren Schutz geknüpft.»[47]

Das Nichtbemerken des anwesenden Logos ist durch Belehrung nicht zu beheben:

«Denn viele haben von solchem kein Bewußtsein, wie viele auch darauf stoßen; auch wenn man sie belehrt, erkennen sie es nicht, sie bilden es sich jedoch ein.» (Fragment 17.)

Einbildung ersetzt dann Wirklichkeitserfahrung, und für den Menschen gilt:

«Verständnislos, obgleich sie gehört haben, sind sie wie taub; das Sprichwort bezeugt ihnen: anwesend sind sie abwesend.» (Fragment 34.)

Die Abhilfe gegenüber dieser Selbstisolierung des zu sich kommenden Menschen liegt darin, ein Wachbewußtsein zu erzeugen, das noch wacher als das Normalbewußtsein wird. Davon sprach bereits der Schluß des zitierten Fragmentes 1. Deutlicher heißt es noch:

«Die Wachenden haben eine einzige und gemeinsame Welt, jeder Schlafende aber wendet sich ab in seine eigene.» (Fragment 89.)

Den Zustand, den Rudolf Steiner als das Bewußtsein der Isolation gegenüber dem Gefühl der Integration in die Welt beschreibt, benennt Heraklit als die zwei Seiten des Schlafens: Auf der einen Seite muß man aufwachen (mit dem Bewußtsein), wenn man das Gemeinsame der Welt finden will. Auf der anderen Seite ist der Schlafende, ohne es zu merken, mit dem Kosmos verbunden:

«Die Schlafenden: Werker und Mitwirker der Dinge, die im Kosmos geschehen.» (Fragment 75.)

Das Bewußtsein muß dieser Tatsache Rechnung tragen, deshalb gilt:

«Man darf nicht handeln und reden wie Schlafende ...» (Fragment 73.)

Auf diese Weise verbindet sich der einzelne, Vereinzelte, dem Gemeinsamen, dem Logos. Dies geht allerdings über das Normalbewußtsein des Menschen hinaus:

«Während doch der Logos gemeinsam ist, leben die Vielen, als hätten sie einen Privatverstand.» (Fragment 2.)

Welches ist nun das Mittel, zu dieser Gemeinsamkeit, zum Logos zu gelangen? Es ist das Denken.

«Gemeinsam ist allen das Denken.» (Fragment 113.)

Das griechische Wort für «allen» ist sowohl männlich wie neutral. Es bezieht sich auf alle Menschen und alle Dinge. Durch das Denken kommt man in das der Welt zugrundeliegende große Gemeinsame hinein, von dem man sich im normalen Bewußtsein isoliert hält. Das gilt für jeden Menschen:

«Alle Menschen haben Teil daran, sich selbst zu erkennen und verständig zu denken.» (Fragment 116.)

Das Denken führt zur Einheit der Welt:

«Denn eins ist das Weise: die Einsicht zu verstehen, die alles durch alles hindurch steuert.» (Fragment 41.)«Haben sie nicht auf mich, sondern auf den Logos gehört, dann ist es weise übereinzustimmen, daß alle Dinge eines sind.» (Fragment 50.)

Dieses Gemeinsame trägt nicht nur das menschliche Erkennen, sondern auch sein Handeln:

«Wenn man mit Geist sprechen will, muß man sich stützen auf das Gemeinsame aller Dinge, wie eine Stadt sich stützt auf das Gesetz, und noch viel stärker. Denn es nähren sich alle menschlichen Gesetze aus dem einen, göttlichen; denn es gebietet, soweit es will, und reicht aus für alle und ist sogar noch darüber.» (Fragment 114.)

Diese seine Methode, durch Denken aus der Isolation des vereinzelten Menschen zum Gemeinsamen, dem in der Welt wirkenden Logos, zu kommen, hat Heraklit mit einem Satz bezeichnet, der griechisch nur aus zwei Wörtern besteht:

«Ich durchforschte mich selbst.» (Fragment 101.)

Dieses Sich-selbst-Durchforschen ist nicht zu verwechseln mit irgendeiner Art von psychologisierender Nabelschau, sondern es besteht darin, den Logos in der Seele aufzusuchen, der diese aus ihrer Begrenztheit heraushebt und ihr den Anschluß an den Kosmos vermittelt:

«Der Seele Grenzen dürfte im Gehen wohl nicht ausfindig machen, wer jeden Weg abschreitet. So tiefen Logos hat sie.» (Fragment 45.)

Die Sätze Heraklits, die uns nur als einzelne Fragmente erhalten sind, aber möglicherweise auch ursprünglich schon den Charakter von Einzelsätzen hatten, regen den Leser an, das, was darin oft nur angedeutet ist, selbständig zu Ende zu denken. Bei dieser Denktätigkeit schließen sich dann auch die Einzelsätze zu einem großen Ganzen zusammen. Das *Wie* der Darstellung entspricht bei Heraklit dem *Thema* seines Buches!

Es ist nicht schwer, im Werk Rudolf Steiners Sätze zu finden, die eng an Heraklit angelehnt erscheinen. Exemplarisch seien hier einzelne genannt:

Anthroposophie will «aus diesem gewöhnlichen Bewußtsein heraus ein anderes» entwickeln, «etwa so, wie aus dem dumpfen Traumbewußtsein heraus das wache Tagesbewußtsein» (GA 35, S. 72 – vgl. Fragment 1).

«Man erwacht (im schauenden Bewußtsein) in eine Welt hinein [...], die jetzt ebenso Licht wirft auf die gewöhnliche physisch-sinnliche Welt, wie die Welt des gewöhnlichen Bewußtseins Licht wirft auf die Traumeswelt.» (GA 66, S. 90 f. – vgl. Fragment 1.)

«Wenn der Mensch im wachen Dasein mit Menschen lebt, dann muß sein Streben auf Verständigung über *Gemeinsames* ausgehen. [...] Die Menschen, die miteinander leben, müssen das Gefühl haben, daß sie in einer gemeinsamen Welt sind. [...] Im Wachen haben die Menschen eine gemeinsame Welt; im Träumen hat jeder seine eigene. – Anthroposophie sollte nicht aus dem Wachen in das Träumen, sondern in ein stärkeres Erwachen hineinführen.» (GA 260a, S. 56 – fast wörtlich wie Fragment 89.)

In der «Philosophie der Freiheit»:

«Unser Denken ist nicht individuell wie unser Empfinden und Fühlen. Es ist universell.» – «Die Befangenheit [der Menschen] kommt nicht bis zu der Einsicht, daß der Begriff des Dreieckes, den mein Kopf erfaßt, derselbe ist, wie der durch den Kopf meines Nebenmenschen ergriffene.» – «In dem Denken haben wir das Element gegeben, das unsere besondere Individualität mit dem Kosmos zu einem Ganzen zusammenschließt. Indem wir empfinden und fühlen (auch wahrnehmen) sind wir einzelne, indem wir denken, sind wir das all-eine Wesen, das alles durchdringt.» (S. 90 f. – vgl. Fragment 113.)

«Wir können die Natur außer uns nur finden, wenn wir sie in uns erst kennen.» – «Die Erforschung unseres Wesens muß uns die Lösung des Rätsels bringen.» (S. 34 – vgl. Fragment 101.)

Als Rudolf Steiner die massive Kritik Eduard von Hartmanns an der «Philosophie der Freiheit» entschieden zurückweist, gibt er zugleich zu:

«[...] daß es mir nicht hat gelingen wollen, die Frage ganz klar zu beantworten, inwiefern das Individuelle nur ein Allgemeines, das Viele ein Eines ist. Aber dies ist vielleicht die schwierigste Aufgabe einer Philosophie der Immanenz.» (Brief vom 1.11.1894, GA 39, S. 222 ff.)

Dieses Problem begegnet erstmals bei Heraklit, der den Logos als wirkendes Prinzip in der Welt und zugleich als der Seele innewohnend beschreibt (Fragment 1 und 115).

Wichtiger als einzelne Anklänge ist jedoch der Gesamtcharakter der Übereinstimmung: Das Weltwesen (bei Heraklit: der Logos) ist im Laufe der Bewußtseinsentwicklung auseinandergerissen. Er ist in der Natur und im Menschen. Der Mensch kann ein Verhältnis zur Natur dadurch wiedergewinnen, daß er den Logos zunächst in sich selbst aufsucht. Die vermittelnde Tätigkeit des Menschen, durch die solches geschieht, ist bei Heraklit wie bei Rudolf Steiner das Denken. Wer den Logos in der Seele findet, findet ihn auch in der Welt – mit den Worten des 2. Kapitels der «Philosophie der Freiheit»: Das Ich, das ich in mir finde, ist zugleich «mehr als Ich».

Die Entwicklung des Selbstbewußtseins bis Aristoteles

Heraklit bezieht sein kaum zu übertreffendes Selbstbewußtsein daraus, daß sich seine Einzelpersönlichkeit mit Hilfe des Denkens an den allen gemeinsamen Weltgrund (Logos) anschließen kann, das heißt, daß er die Vereinzelung, in die der Mensch zu fallen droht, aufzuheben in der Lage ist. Der Logos, die schaffende Weltenkraft, wohnt der menschlichen Seele inne. Der Mensch gewinnt um so mehr sein eigentliches Menschsein, als er den Logos in der Seele, «der sich selbst mehrt», zur Geltung bringen kann. Der Mensch darf sich als Mitwirker im Kosmos fühlen. – Ganz anderes vertritt Jahrzehnte später Protagoras von Abdera. Dessen Selbstbewußtsein ist nicht minder stark ausgebildet, gründet sich aber gerade darauf, daß eine unabhängig vom Menschen bestehende Wirklichkeit nicht auszumachen ist. «Der Mensch ist das Maß aller Dinge.» Alles Wesentliche beruht auf menschlicher Setzung, die uneingeschränkte Subjektivität macht den Menschen unangreifbar. Innerhalb weniger Jahrzehnte dreht sich das Bewußtsein vom Zusammenhang des Menschen mit dem Kosmos um und wendet sich der isolierten Einzelpersönlichkeit zu. Auch Platon, der versuchte, diese Entwicklung aufzuhalten, konnte sie am Ende nicht verhindern.

Den Griechen war die Individualisierung des Menschen und dabei die schrittweise bewußtseinsgeschichtliche Trennung aus dem Weltzusammenhang bewußt. Das zeigt schon der Prometheus-Mythos. Der Mensch lebt zunächst in Gemeinschaft mit den Göttern, aber dadurch auch in deren Abhängigkeit. Die Tat des Prometheus befreit ihn davon und gibt ihm die Möglichkeit zur Eigenständigkeit. Die Menschen werden «innengeistig», «ihres Sinnes Herren» (Aischylos). Sie bemächtigen sich des Unterscheidungsvermögens in der Sinneswahrnehmung und gleichen nicht mehr «nächtigen Traums Wahnbildern», die nicht richtig zwischen sich und der Welt zu scheiden wissen. Auf diesen anthropologischen Errungenschaften beruht dann die Entwicklung der Technik, des Staatslebens und der gesamten Zivilisation. Prometheus wird so zum Repräsentanten des menschlichen Ich. Der Mensch ist nicht von Anfang an eine geschlossene Persönlichkeit. Homer zeigt ihn vielmehr überall offen gegenüber Einflüssen von außen, insbesondere von seiten der Götter. Das Wort «Psyche» erhält erst am Ende des 6. Jahrhunderts v. Chr. die Bedeutung «seelischer Innenraum». Heraklit spielt dafür die entscheidende Rolle. Beruhte Erkennen ursprünglich auf Inspiration durch die Gottheiten (bei Homer, aber selbst noch bei Parmenides), so bildet sich Denken langsam als eigenständige menschliche Leistung heraus (Alkmaion von Kroton). «Geist» (noos, nus) ist in den Anfängen des Griechentums nicht menschliches Eigendenken, sondern eine geistige Wahrnehmungsfähigkeit. Sie wird als götterverwandt und göttervermittelt angesehen. «Nus» ist eigentlich eine hervorragende Eigenschaft des Zeus, an welcher der Mensch in schwächerer Form Anteil hat. Parmenides von Elea, Zeitgenosse Heraklits, führt zu Beginn seines philosophischen Gedichtes vor, wie das göttliche Wissen in menschliches übergeht. Die Göttin fordert den Menschen auf, sich des denkenden Schauens zu bedienen.[48] Der Inhalt des gesamten Gedichts ist Inspiration durch die Göttin und ist zugleich vom Menschen her gedacht. Zwischen Offenbarung und Selbstdenken ist hier nicht geschieden. Parmenides charakterisiert damit den intuitionalen Ursprung des logischen Denkens.

Platon spricht von drei Teilen oder Kräften der Seele: dem begehrlichen, dem mutartigen und dem Geist- oder Vernunftteil. Der Geist steht also der Seele nicht gegenüber, sondern ist deren Teil oder Kraft (Platon, *Der Staat*). Er ist diejenige Kraft, die es der Seele ermöglicht, sich, dem Zuge der Götter folgend, mit dem Kosmos in Verbindung zu setzen. Er ist «Lenker» der Seele (Platon, *Phaidros*).

Mit Aristoteles nimmt die Anschauung von Seele und Geist eine neue Wendung. Ihr Verhältnis wird zum ersten Mal ausdrücklich befragt und problematisiert. Die Antworten, die Aristoteles findet, werden die nächsten zwei Jahrtausende beschäftigen. Sie sind bis heute weder ganz geklärt noch überholt. Aristoteles unterscheidet (hierin Platon folgend) zwei Arten des Denkens: das intuitive Denken, das immer wahr ist, und das logisch-diskursive, das auch falsch sein kann. Im intuitiven Denken kommt Weltzusammenhang zur Erscheinung, das diskursive ist Werk des Menschen. Einen prinzipiellen Widerspruch zwischen beiden gibt es aber nicht. Denn das intuitive Denken ist Ursprung des diskursiven. Im logischen Urteil also schaltet sich der Mensch in die reine, anschaubare Begriffswelt ein, indem er die Begriffe verknüpft. Insofern das Denken anschauend (intuitiv) ist, ist es der Wahrnehmung ähnlich. Insofern es auf menschlicher Tätigkeit beruht – wie im Urteilen – ist es der Wahrnehmung jedoch entgegengesetzt. Das Denken des Menschen ist sowohl kosmosverbunden als auch eigenständig. (Dabei ist immer zu bedenken, daß «Geist» und «Denken» im Griechischen dasselbe Wort ist.)

Hieraus erklärt sich die aristotelische Ansicht von den zwei Arten von Geist (*Über die Seele*, 3. Buch), dem aufnehmenden Geist und dem tätigen Geist.[49] Der tätige Geist ist es, der das der Möglichkeit nach vorhandene Denken zu einem wirklichen Denken macht. Dieser Geist ist abgetrennt von allem Körperlichen, im Unterschied zum aufnehmendem Geist. Erst durch den wirkenden Geist ist tatsächliche Erkenntnis möglich, während der aufnehmende Geist für sich allein in der Bereitschaft (Möglichkeit) zum Erkennen verharrt.

Diese Unterscheidung des Aristoteles zwischen dem wirkenden und dem aufnehmenden Geist hat viele Jahrhunderte lang die Menschen beschäftigt. Sie führt letzten Endes zur Frage nach der geistigen Individualität des Menschen. Bis auf den heutigen Tag wird über das rechte Verständnis gestritten, ob nach Aristoteles der Geist des Menschen, und insbesondere der wirkende Geist, individuell oder als ein einziger, allen Seelen transzendenter aufgefaßt werden müsse. Zweifellos ist diese Frage aus der Darstellung des Aristoteles selbst nicht zu beantworten. Für ihn war «individuell» oder «nichtindividuell» nicht die scharfe Alternative, zu der sie im Mittelalter und dann ganz besonders in der Neuzeit geworden ist.[50]

Die Sehnsucht nach dem griechischen Lebensgefühl bei Hölderlin

Im zweiten Brief des *Hyperion* (1. Band, 1. Buch) beschreibt Hölderlin die griechische Stimmung zur Welt. Er zeigt Hyperion in der Versuchung, den schmerzlich empfundenen Zwiespalt zur Welt zu fliehen in wehmütigem Rückgriff auf einen Bewußtseinszustand, der noch nicht so stark von der Spaltung

in «Ich» und «Welt» betroffen war, der vielmehr im Blau des
Himmels noch ein *Einheitserlebnis* mit Gott empfand:

«Mein ganzes Wesen verstummt und lauscht, wenn die zarte
Welle der Luft mir um die Brust spielt. Verloren ins weite Blau,
blick ich oft hinauf an den Aether und hinein ins heilige Meer,
und mir ist, als öffnet' ein verwandter Geist mir die Arme, als
löste der Schmerz der Einsamkeit sich auf ins Leben der Gottheit. Eines zu sein mit Allem, das ist Leben der Gottheit, das ist
der Himmel des Menschen. Eines zu sein mit Allem, was lebt,
in seliger Selbstvergessenheit wiederzukehren ins All der Natur,
das ist der Gipfel der Gedanken und Freuden [...].Eines zu
sein mit Allem, was lebt! Mit diesem Worte legt die Tugend
den zürnenden Harnisch, der Geist des Menschen den Zepter
weg, und alle Gedanken schwinden vor dem Bilde der ewigei-
nigen Welt, wie die Regeln des ringenden Künstlers vor seiner
Urania, und das eherne Schicksal entsagt der Herrschaft, und
aus dem Bunde der Wesen schwindet der Tod, und Unzer-
trennlichkeit und ewige Jugend beseliget, verschönert die Welt.
Auf dieser Höhe steh ich oft, mein Bellarmin! Aber ein Moment des Besinnens wirft mich herab. Ich denke nach und
finde mich, wie ich zuvor war, allein, mit allen Schmerzen der
Sterblichkeit, und meines Herzens Asyl, die ewigeinige Welt,
ist hin; die Natur verschließt die Arme, und ich stehe, wie ein
Fremdling, vor ihr, und verstehe sie nicht.

Ach! wär ich nie in eure Schulen gegangen. Die Wissenschaft, der ich in den Schacht hinunter folgte, von der ich,
jugendlich töricht, die Bestätigung meiner reinen Freude er-
wartete, die hat mir alles verdorben. Ich bin bei euch so recht
vernünftig geworden, habe gründlich mich unterscheiden ge-
lernt von dem, was mich umgibt, bin nun vereinzelt in der
schönen Welt, bin so ausgeworfen aus dem Garten der Natur,
wo ich wuchs und blühte, und vertrockne an der Mittagsson-
ne. O ein Gott ist der Mensch, wenn er träumt, ein Bettler,
wenn er nachdenkt, und wenn die Begeisterung hin ist, steht er

da, wie ein mißratener Sohn, den der Vater aus dem Hause stieß, und betrachtet die ärmlichen Pfennige, die ihm das Mitleid auf den Weg gab.»[51]

Man findet hier den im 2. Kapitel der «Philosophie der Freiheit» beschriebenen Zwiespalt zwischen Ferne zur Welt und Zugehörigkeitsgefühl differenziert dargestellt, und zwar in der gleichen Abfolge: Einheitsgefühl – Fremdheit – Bewußtsein.

Mensch und Wirklichkeit bei Goethe

Goethe hat sich mit Heraklit eingehend beschäftigt. Für ihn spielte der Versuch, ein angemessenes Verhältnis zur Welt zu gewinnen, eine bedeutende Rolle. Schon das zitierte Fragment über die Natur von Tobler, zu dessen Gedanken er sich ausdrücklich bekannt hat, spricht dafür. Einige wenige weitere Sätze sollen dieses Verhältnis noch genauer illustrieren:

«Hierbei bekenn ich, daß mir von jeher die große und bedeutend klingende Aufgabe: Erkenne dich selbst, immer verdächtig vorkam, als eine List geheim verbündeter Priester, die den Menschen durch unerreichbare Forderungen verwirren und von der Tätigkeit gegen die Außenwelt zu einer innern falschen Beschaulichkeit verleiten wollen. Der Mensch kennt nur sich selbst, insofern er die Welt kennt, die er nur in sich und sich nur in ihr gewahr wird. Jeder neue Gegenstand, wohl beschaut, schließt ein neues Organ in uns auf.»[52]

«Es ist ein angenehmes Geschäft, die Natur zugleich und sich selbst zu erforschen, weder ihr noch seinem Geiste Gewalt anzutun, sondern beide durch gelinden Wechseleinfluß mit einander ins Gleichgewicht zu setzen.»[53]

«Die Wissenschaft hilft uns vor allem, daß sie das Staunen, wozu wir von Natur berufen sind, einigermaßen erleichtere; sodann aber, daß sie dem immer gesteigerten Leben neue Fertigkeiten erwecke zur Abwendung des Schädlichen und Einleitung des Nutzbaren.»[54]

Die dem 2. Kapitel vorangestellten Worte aus Goethes *Faust* («Zwei Seelen wohnen, ach, in meiner Brust [...]») weisen auf das Anliegen dieses Kapitels in dichterischer Weise hin. Kein anderes Kapitel des Buches erhält einen solchen Vorspruch. Man darf wohl empfinden, wie Rudolf Steiner hier darauf aufmerksam machen wollte – ohne doch den Hinweis näher auszugestalten zu können –, wie das im 2. Kapitel beschriebene Anliegen der «Philosophie der Freiheit» in geistesgeschichtlichem Zusammenhang darinsteht. Als «Dust» erscheint Faust die sinnliche, gegenständliche Welt, ähnlich wie vorher (Vers 416) als «Rauch und Moder» oder als «Staub» (Vers 653 ff.). Es sind die vertrockneten Reste von Wirklichkeit, trotz aller Gegenständlichkeit, dennoch unscharf zu erkennen. Von ihnen erhebt sich die «andere» Seele zu den «Gefilden hoher Ahnen», zum geistigen Ursprung des Menschen. Die Geste ist bei Goethe die gleiche wie im 2. Kapitel (und auch bei Heraklit): Vorwärts zum Ursprung!

Die geistesgeschichtliche Situation

Friedrich Nietzsche beschreibt die geistesgeschichtliche Situation, indem er sich ebenfalls des Rückgriffs auf Heraklit bedient:

«Die unmittelbare Selbstbeobachtung reicht nicht lange aus, um sich kennen zu lernen: wir brauchen Geschichte, denn die Vergangenheit strömt in hundert Wellen in uns fort; wir selber sind ja Nichts als Das, was wir in jedem Augenblick von diesem Fortströmen empfinden. Auch hier sogar, wenn wir in den Fluss unseres anscheinend eigensten und persönlichsten Wesens hinabsteigen wollen, gilt Heraklit's Satz: man steigt nicht zweimal in den selben Fluss.»[55]

Geschichte also betreibt die Suche nach der verlorengegange-
nen Einheit von Mensch und Welt: «Worum es geht, ist die
Wiedergewinnung eines kosmologischen Standpunkts, der
über die Metaphysik und über den transzendentalen Subjekti-
vismus der Neuzeit hinausliegt», sagt Uvo Hölscher angesichts
von Nietzsches Rückgriff auf Heraklit.[56] Eben dieses Problem
hat Steiner in erkenntniswissenschaftlicher Terminologie zum
Ausgangspunkt seiner «Philosophie der Freiheit» gemacht und
so formuliert: «So wahr es ist, daß wir uns der Natur entfrem-
det haben, so wahr ist es, daß wir fühlen: wir sind in ihr und
gehören zu ihr.» (S. 33.) «Erst wenn wir den *Weltinhalt* zu unserem *Gedankeninhalt* gemacht haben, erst dann finden wir den
Zusammenhang wieder, aus dem wir uns selbst gelöst haben.»
(S. 29.)

Mit den vorangehenden Darlegungen sollte darauf hingewiesen werden, daß die am Ende des 2. Kapitels formulierten
Aufgaben nicht nur die Aufgabenstellungen der gesamten
«Philosophie der Freiheit» sind, sondern daß sie eine menschheitliche, eine geistesgeschichtlich grundlegende Frage aufgrei-
fen. Steiner war dies wohl bewußt. Gerade im 2. Kapitel kann
deutlich werden, wie sehr die «Philosophie der Freiheit» die
scheinbar nur bewußtseinsimmanenten Fragen nach Denken,
Wirklichkeit und Handeln in die geistige Situation des Abendlandes einfügt.

Zweifellos gilt dies nicht nur für die im 2. Kapitel gestellte
Ausgangsfrage, sondern auch für die Lösungswege im weiteren
Verlauf des Buches. Die aristotelische Unterscheidung zwischen wirkendem Geist und aufnehmendem Geist wird man in
dem doppelten Intuitionsbegriff des 9. Kapitels wiederfinden
können (Intuition als Triebfeder und als Motiv).[57] In der dort
beschriebenen geistigen Individualität des Menschen löst sich
das seit Aristoteles mitgeschleppte Problem, wie tätiger und
aufnehmender Geist sich zueinander verhalten.

So leitet das 2. Kapitel ganz besonders den zweiten Teil der

«Philosophie der Freiheit» ein, wie das 1. Kapitel mit seiner Frage nach dem Ursprung des Denkens den ersten Teil einleitet.

Evolution

Kaum daß sich, was sich einst von Dir getrennt,
in seiner Sonderwesensart erkannt,
begehrt zurück es in sein Element.

Es fühlt sich selbst und doch zugleich verbannt
und sehnt sich heim in seines Ursprungs Schoß ...
Doch vor ihm steht noch ehern unverwandt

äonengroß sein menschheitliches Los!

Christian Morgenstern, 1914
(aus: *Wir fanden einen Pfad)*

Theoretischer Materialismus heute

Ein Grundproblem des Materialismus zeigt sich an den beiden möglichen und polar entgegengesetzten monistischen Anschauungen, dem Materialismus und Spiritualismus: Das Streben nach Überwindung der Spaltung von Ich und Welt gelangt über Vereinseitigungen nicht hinaus; die monistischen Begriffe bleiben letzten Endes dualistisch, da sie nur in bezug auf ihre jeweils polaren Begriffe bestimmt werden können (siehe oben, Beitrag zum Gedankengang des 2. Kapitels der «Philosophie der Freiheit», S. 149 ff.).

Man kann sich – im Abstand von einhundert Jahren – fragen: Wie ernst muß man den «Materialismus» als eine fundamentale Erkenntnisrichtung heute noch nehmen? Schon zur Zeit der Entstehung der «Philosophie der Freiheit» hat man über die Naivität der bürgerlichen Materialisten des 19. Jahrhunderts von der groben Art eines Jakob Moleschott («Der Mensch ist, was er ißt.») und über ihre Erkenntnishoffnungen gelächelt. Die Wissenschaftstheorie des 20. Jahrhunderts hat vollends den Erkenntnisoptimismus des 19. Jahrhunderts zu Grabe getragen. Namen wie Wittgenstein, Popper, Quine, Kuhn und Feyerabend stehen heute für eine reflektierte und historisch begründete Skepsis gegenüber allen scheinbar unumstößlichen Aussagen im Namen der Wissenschaft.

Es war Rudolf Steiner, der sich, nicht lange nach der Niederschrift der «Philosophie der Freiheit», für einen der bedeutendsten Materialisten des 19. Jahrhunderts eingesetzt hat. In einem

Nachruf auf den Naturforscher und Philosophen Ludwig Büchner unterstreicht er dessen Erkenntnishoffnung gegen den schalen Agnostizismus der Kritiker Büchners, die «den Materialismus» überwunden zu haben glaubten, weil sie allem ernsten Erkenntnisstreben die Pilatus-Frage entgegenhielten: «Was ist Wahrheit?» («Ludwig Büchner. Gestorben am 30. April 1899», GA 30, S. 383 ff.) Der konsequent ausgebildete Materialismus ist eine Form, in der sich das Erkenntnisstreben auf der Suche nach einem einheitlichen Weltengrund betätigt. Man kann erkennen, wie er an seinem Erkenntnisanspruch scheitern muß, weil er etwas sucht – die Einheit der Welt –, was er in seiner Einseitigkeit der Blickrichtung auf bloß materielle Vorgänge immer schon verlassen hat. Aber man muß ihn ernst nehmen.

Der heutige Materialismus muß die wissenschaftstheoretische Skepsis mitreflektieren. Dies macht zum Beispiel die amerikanische Philosophin Patricia S. Churchland, die zur Zeit wohl konsequenteste Verfechterin des sogenannten «eliminativen Materialismus» und «Reduktionismus». Sie hält die Art und Weise, wie gewöhnlich im Alltag, aber auch in Psychologie und Philosophie, über «Geist» gesprochen wird, für unwissenschaftlich, weil es (noch) an einer geschlossenen wissenschaftlichen Theorie des Geistes mangele. Würde – bereits unter Zuhilfenahme der Neurobiologie – eine solche ausgearbeitet, so könne diese Theorie schließlich ganz auf eine rein neurobiologische Wissenschaft der materiellen Gehirnvorgänge zurückgeführt («reduziert») werden. Die Rede von «geistigen» Vorgängen würde ausgeschlossen («eliminiert») oder wäre nur noch eine summarische Bezeichnung für komplexe Gehirnvorgänge. Dem Geist würde keine eigene Wirklichkeit mehr zugebilligt – Geist und Gehirn würden vollständig identifiziert. Über Gehirnprozesse soll nur so gesprochen werden, wie naturwissenschaftlich über alle anderen Naturvorgänge gesprochen werden kann. Dabei wird die Wirklichkeit des Denkens in einer durch

Experimente und Meßgeräte vermittelten Anschauung der begleitenden Gehirnvorgänge gesucht. Ein Gedankengang würde so zu einer Abfolge kausal verknüpfter, experimentell beobachtbarer Erregungszustände des Gehirns, die bestimmten Naturgesetzen gehorchen.[58]

Man kann es einer solchen Theorie leicht als inkonsequent oder naiv anrechnen, daß sie die Universalität der Wissenschaftskritik unterlaufen will. Es zeigt sich in solchen Versuchen aber auch heute gerade jenes Streben nach einheitlicher Welterkenntnis lebendig, das im 2. Kapitel der «Philosophie der Freiheit» beobachtet wird. Als einseitiger Materialismus muß eine solche Anschauung an eben die Grenze stoßen, die dort aufgezeigt wurde: Gebannt vom Blick auf die Wahrnehmungswelt wird die Voraussetzung ihrer Deutung vergessen. Wenn sich das Erkennen dieser Grenze bewußt wird, geht die Bewegung der Erkenntnissuche weiter; konsequent ausgebildete materialistische Anschauungen könnten geradezu den Blick für diese Grenze schärfen.

Eine Gefahr stellt der Materialismus, wie alle einseitigen Anschauungen, nur dar, wenn er diese immanente Grenze verschleiert. Eine solche Verschleierung liegt heute aber vor allem in der ganz alltäglichen Gewöhnung an unbegründete materialistische Vorstellungen, die geistige Prozesse von vornherein in physische Relationen einbinden. Wie geläufig ist beispielsweise schon die umgangssprachliche Rückübertragung von Ausdrükken der künstlichen Intelligenz auf geistige Vorgänge, wie beispielsweise der Ausdruck «speichern» für «etwas im Gedächtnis behalten»!

Die dritte Form des Monismus

Die atomistische Form des Monismus ist während des 20. Jahrhunderts insbesondere im Bereich der New Age-Physik in Erscheinung getreten; als wichtige Stationen können die Schriften *Das Bewußtsein des Atoms* von Alice Ann Bailey (1922), *Die Physik der Erleuchtung* von Michael Strzempa-Depré (1988) sowie die Publikationen von Fritjof Capra seit den sechziger Jahren gelten. Der Duktus dieser Darstellungen besteht darin, Geist und Materie scheinbar zu vereinigen.[59]

Die atomaren Teilchen durchziehen einerseits den materiell-sinnlichen Bereich, andererseits unterliegen sie einer geistig-seelischen Entwicklung. Bei Strzempa-Depré beispielsweise wird die menschliche Seele als Elektronenverbund beschrieben, der im Nachtodlichen weiterexistiert und die nächste Inkarnation im Vorgeburtlichen vorbereitet. Die der Seele zugehörigen Essenzelektronen verbinden sich bei der Geburt schließlich mit den atomaren Teilchen der physischen Leiblichkeit. Mit solchen Anschauungen wird das Atom zu einem Schein-Ich proklamiert; das eigentliche Menschen-Ich, das im physischen Leib (Materie) und in der geistigen Denkaktivität auf dem eigenen Bewußtseinsfeld erfahren werden kann, wird in die atomare Welt – den anderen Schauplatz – projiziert. «Damit ist aber auch nichts erreicht, als daß die Frage, die eigentlich in unserem Bewußtsein entsteht, auf einen anderen Schauplatz versetzt wird.» (S. 33.)

Rudolf Steiner hat auf die Widersprüchlichkeit geistiger und sinnlicher Qualitäten im einfachsten Wesen (Atom) in seinem Aufsatz «Einzig mögliche Kritik der atomistischen Begriffe» (1882) hingewiesen.[60]

Im Kontext des 2. Kapitels kommt dem hier gemeinten Atomismus eine besondere Stellung zu: Alle drei charakterisierten Monismen haben den Dualismus noch nicht überwunden, sie sind also selbst dualistischer Natur. In der dritten Form des Monismus ist aber die Gefahr am größten, dem scheinbaren Zusammenwirken von Geist und Materie Glauben zu schenken und damit den Scheincharakter des Monismus zu leugnen. Warum?

Der zu Beginn des Kapitels charakterisierte Dualist, der die Trennung zwischen dem «ichhaften» geistigen und dem physisch-materiellen Teil *in sich* schmerzlich empfinden muß, gibt sich im Atomismus der Illusion hin, eine Brücke gefunden zu haben. Damit würde aber alles geistige Streben, das von einem gesunden Dualismus ausgehen kann, zum Stillstand gebracht werden; dies wäre ein vernichtender Schlag gegen den Entwicklungsgedanken. Erkennt man jedoch diese Illusion des Atomismus, wird der Mensch weiterhin nach der Verbindung von Geist und Materie suchen: «Die Erforschung unseres Wesens muß uns die Lösung des Rätsels bringen.» (S. 34.) Wird der *Dualismus im Menschen* auf diese Weise Ausgangspunkt der weiteren Ich-Entwicklung, die in den nachfolgenden Kapiteln aufgezeigt wird, kann auch der *universale Dualismus* von Ich und Welt überwunden werden.

Dritter Teil:
«Das Denken im Dienste
der Weltauffassung».
Beiträge zum 3. Kapitel
der «Philosophie der Freiheit»

Einleitende Betrachtungen
zum 3. Kapitel

Anders als in den beiden vorangehenden Kapiteln wird nun der Leser zur Aktivität aufgerufen. Er wird nicht wie im 1. Kapitel als Zuschauer in ein Schauspiel großer Auseinandersetzungen um eine Menschheitsfrage eingeführt, die er darin kennenlernen und schließlich in sich selber entdecken kann; er taucht auch nicht wie im 2. Kapitel in einem gemeinsamen «Wir» mit dem Autor in einen seit Urbeginn der Menschheit aufgegebenen Erkenntnisprozeß ein. Das 3. Kapitel beginnt unvermittelt und gegenwärtig mit der Vorstellung einer *Erkenntnistat* und den Entdeckungen ihrer Bedeutung und Folgen. Aufgerufen ist der Leser, sich mit dem Ich-Subjekt des Textes zu identifizieren: «Wenn ich …», «Solange ich mich …», «Mein Nachdenken …», «Ich beginne …», «Ich suche …».

Ich richte die Aufmerksamkeit auf mich selber: Ich mache mir bewußt, was ich an einem (vorgestellten) Ereignis erlebe. – Die Situation des sich selbst betrachtenden Bewußtseins ist bisher in dieser Deutlichkeit noch nicht betont worden: Treten wir jetzt in jene «scharfen Unterschiede der Wissenschaft» (S. 35) ein, von denen am Ende des 2. Kapitels die Rede war? Was wird dabei zu erleben sein? Wie werden diese Erfahrungen sein, und wie werden die «scharfen Unterschiede» gemacht werden können? Schon die ersten Sätze des Kapitels vermitteln einen Eindruck von der Fülle und Dichte der Erlebnisse, die jetzt in ganz vertrauten, scheinbar gut bekannten Situationen unseres wachen Tagesbewußtseins durch den Text aufzuleuchten beginnen:[61]

1. Satz   *«Wenn ich beobachte, wie eine Billardkugel, die gestoßen wird, ihre Bewegung auf eine andere überträgt, so bleibe ich auf den Verlauf dieses beobachteten Vorganges ganz ohne Einfluß.»*
Ich mache mir bewußt: Ich beobachte. Gegenstand der Beobachtung ist ein Billardspiel – genauer: wie dabei eine Kugel gestoßen wird und ihre Bewegung auf eine andere überträgt. Das gehört zur dynamischen Mechanik des Spiels, das kann ich mir konkret vorstellen. Ich bringe mir aber vor allem noch zu Bewußtsein, was in meiner Tätigkeit liegt: wie ich dabei «ohne Einfluß» bleibe auf den beobachteten Vorgang.

2. Satz   *«Die Bewegungsrichtung und Schnelligkeit der zweiten Kugel ist durch die Richtung und Schnelligkeit der ersten bestimmt.»*
Hier bin ich ganz «in der Sache». Was ich an dem Spiel beobachten will (erster Satz), wird hier hervorgehoben: ein vollständig in sich selbst bestimmter Vorgang. Er nimmt jetzt ganz den Platz ein in meinem Bewußtsein, den ich ihm durch mein Verhalten der bloßen Beobachtung angeboten habe.

3. Satz   *«Solange ich mich bloß als Beobachter verhalte, weiß ich über die Bewegung der zweiten Kugel erst dann etwas zu sagen, wenn dieselbe eingetreten ist.»*
Nun wende ich meine Aufmerksamkeit wieder auf mein eigenes Erfassen zurück, und ich bemerke, wie ein so beobachteter Vorgang in meinem Bewußtsein gegenwärtig ist: als ein Nacheinander von Sinneseindrücken.

Danach wendet sich die Aufmerksamkeit dem Denken zu. –
Bleiben wir zunächst bei der Betrachtung der «Beobachtung»; durchlaufen wir noch einmal kurz den Gedankengang: An einer Beobachtungssituation mache ich mir bewußt, wie ich dabei «ganz ohne Einfluß» bleibe. Der Gegenstand tritt nun in seiner eigenen Bestimmtheit für mein Bewußtsein auf.

Wende ich mich meinem Bewußtseinserlebnis zu, so bleibt von dem bestimmten Weltzusammenhang nur ein Nacheinander in der Zeit übrig.

196

So habe ich eine bekannte Situation des am Gegenstand erwachenden Bewußtseins durchlaufen: Trete ich in ein beobachtendes Verhältnis gegenüber einem Weltvorgang, bin ich aus dem Wirkungszusammenhang der Welt ausgeschlossen wie der Zuschauer aus dem Spiel – ich habe mich einfach entschieden, ein bestimmtes Verhältnis zur Welt einzugehen, mich ihr beobachtend gegenüberzustellen. Nun kann ich darauf achten, was darin liegt und was daraus folgt: Jetzt kann der Weltzusammenhang in seiner Bestimmtheit in meinem Bewußtsein auftreten. Bleibe ich aber dabei stehen, ihn nur beobachtend auftreten zu lassen, so erlebe ich ihn gerade nicht als Zusammenhang. Die erste Erkenntnistat, konsequent fortgesetzt, führt zu einem Erlebnis, durch das ich genötigt werde, über sie selbst hinauszugehen: Im erwachenden Bewußtsein des Mangels beginne ich über das «bloße Beobachten» zum Denken weiterzugehen. Es wäre willkürlich – der dritte Satz macht es in der Formulierung schon deutlich –, nun einfach beim Beobachten stehenzubleiben. In der Unzufriedenheit an der Beobachtung regt sich schon das Denken, das immer deutlicher die Aufmerksamkeit auf sich zieht.

Verfolgen wir kurz, wie das Auftreten des Denkens beschrieben wird:

Sätze 5-8   «*Mein Nachdenken hat den Zweck, von dem Vorgange Begriffe zu bilden.*

Ich bringe den Begriff einer elastischen Kugel in Verbindung mit gewissen anderen Begriffen der Mechanik und ziehe die besonderen Umstände in Erwägung, die in dem vorkommenden Falle obwalten.

Ich suche also zu dem Vorgange, der sich ohne mein Zutun abspielt, einen zweiten hinzuzufügen, der sich in der begrifflichen Sphäre vollzieht.

Der letztere ist von mir abhängig.»

Mit diesen Sätzen betreten wir ein ganz anderes Erfahrungsgebiet. Diese Tätigkeit setzt schon voraus, was in der «Beobachtung» erreicht wurde: ein Bewußtsein der Mannigfaltigkeit. Sie entzündet sich an diesem Bewußtseinserlebnis. Ihr bewußtes Ergebnis steht als Zweck am Anfang: der Begriff. Zu diesem Ziel muß ein Weg zurückgelegt werden: Begriffszusammenhänge werden ausgebildet – immer als Zusammenhänge, die der Durchdringung des Beobachteten dienen. Neben dem beobachteten Vorgang entwickle ich also einen Gedankengang, dessen Abhängigkeit von meiner eigenen Aktivität mir im nachhinein zum Bewußtsein kommen kann.

Hier kann ich nun am Ende vollziehen, was beim Beobachten am Anfang stand: Ich ziehe mich als Zuschauer aus dem Geschehen heraus, «beobachte» gleichsam auch mein eigenes Denken. Das Geschehen kann beim Beobachten nur hingenommen werden, im Denken ist es die eigene Tätigkeit. Während das Beobachten, im strengsten Sinne geübt, ein reines Nacheinander der Sinneseindrücke in der Zeit erleben läßt, führt das Denken über diese Begrenzung hinaus zu einem Zusammenhang, der den Vorgang unabhängig vom zufälligen Zeitpunkt der Beobachtung in seiner Ganzheit erscheinen läßt, der sogar präzise die erst noch eintretenden Bewegungen vorausberechnen läßt etc.

Eine Polarität der beiden Erkenntnistätigkeiten «Beobachten» und «Denken» beginnt sich schon in den wenigen Sätzen des ersten Absatzes abzuzeichnen, wenn man die am Text gebildeten Vorstellungen in ihrer Reihenfolge durchläuft. In dieses Wechselspiel immer wieder eintauchend, kann man neue Entdeckungen machen. Das liegt bereits in der Art dieser betrachteten Polaritäten: Beide Tätigkeiten stehen in einem dynamischen Zusammenhang: Je schärfer die eine hervortritt, desto stärker wird das Bedürfnis, die andere ins Spiel zu bringen. Gegenüber der eigenen Erkenntnistätigkeit ist man nun Spieler und Zuschauer zugleich. Das Spiel belebt sich, es verlangt nach Wiederholung, und dabei treten weitere Differenzierungen ins Bewußtsein. In diesem Tun entwickeln sich erst allmählich die «scharfen Unterschiede» (S. 35), die zunächst gar nicht offensichtlich sind. So ist etwa die aufgegriffene Beobachtungssituation des Zuschauers beim Billardspiel gewiß kein Beispiel für «reine Wahrnehmung» (das Ergebnis einer ganz konsequenten Handhabung «bloßer Beobachtung»). Der Zuschauer hat ja eine bestimmte Erkenntnisintention, er öffnet sich nicht in reiner Zurückhaltung aller Erkenntnisinteressen bloß den mit den Sinnen zu erfahrenden Eindrücken; sie wird auch genannt: Er will das Spiel der Kugeln beobachten, so weiß er schon, was für das Spiel wesentlich ist – nicht etwa die grüne Farbe des Spielfeldes etc. Und doch kann man sich auch schon in der Verfolgung der wenigen Sätze des ersten Absatzes aus diesem Kapitel einen Begriff davon bilden, was es heißt, sich «bloß als Beobachter» zu verhalten: Hier wird die Aufmerksamkeit für eine Bewußtseinsgrenze aufgerufen, an der sich die Ich-Tätigkeit stößt – die Grenze der reinen Zusammenhanglosigkeit! Je deutlicher die Qualität der Zusammenhanglosigkeit ins Bewußtsein tritt, desto stärker wird die Aufmerksamkeit auf das Denken. So bekommt die zuerst nur oberflächlich begriffene Polarität von «Beobachtung» und «Denken» beim wiederholten Lesen schärfere Konturen.

Es ist ein Kunstgriff des Autors, uns zu solchen Erfahrungen – und das heißt hier immer: nicht bloße Erfahrungen einzelner Phänomene, sondern Erfahrungen in einem bestimmten Zusammenhang – zu führen, die, zwar in eigener Anstrengung, aber doch genau geleitet durch den Text, immer weiter vertieft werden können. Schon an den ersten Sätzen kann man ahnen, in welch dichter Reihenfolge hier innerlich zusammenhängende Bewußtseinserlebnisse durchlaufen werden. Sie zeigen sich außerdem in fortwährender Verwandlung. Dieser sich verwandelnde Zusammenhang muß beachtet werden. So bleibt etwa «Beobachtung» nicht, als was sie in den ersten Sätzen aufgegriffen wurde. Schon bald bemerkt man, daß im Beobachten etwas liegt, das auch auf das Denken ausgreifen will. Die «Beobachtung» umfaßt auch das Denken, und um die bewußte Ausbildung der «Beobachtung des Denkens» geht es im 3. Kapitel.

Eine Skizze der im ganzen 3. Kapitel zu erlebenden Gedankenentwicklung will der folgende Beitrag «Die Beobachtung des Denkens» geben. Es zeigt sich, wie das Kapitel einen Mittelpunkt hat, zu dem sein Anfang hinleitet und von dem aus sich der Weg in die weiteren Kapitel des ersten Teils der «Philosophie der Freiheit» öffnet: der «archimedische Punkt» der Selbsterkenntnis. In dem Beitrag «Das Denken als Ich-Tätigkeit» (S. 222 ff.) wird wiederum das zentrale Motiv des Kapitels kurz umrissen.

Auch das 3. Kapitel stellt sich in einen bestimmten Bezug zur Geistesgeschichte, wenn auch nicht so offensichtlich wie die beiden vorausgehenden. Auf diesen Zusammenhang wollen die Beiträge zu geistesgeschichtlichen Aspekten hinweisen.

Zum Gedankengang

Die Beobachtung des Denkens

Zum Gedankengang des Kapitels

Von der ersten Unterscheidung von *Beobachtung* und *Denken* bis zur *Beobachtung des Denkens* als Weltelement führt der Gedankengang des 3. Kapitels:

Erster Teil: Die Grundpolarität – Beobachtung und Denken

> «… nach innen geht der geheimnisvolle Weg.»
> *(Novalis, Blütenstaub)*

1. Abs. Im ersten Absatz werde ich zur Beobachtung meines Bewußtseins anhand eines (vorgestellten) äußeren Vorgangs (Billardspiel) eingeladen. Gleich der erste Satz bezieht mich beobachtend in die Tätigkeit des Autors ein, der die Bewußtseinsvorgänge Beobachtung und Denken voneinander trennt. Ich mache mir bewußt, daß ich als bloßer Zuschauer auf den Verlauf des beobachteten Vorgangs «ganz ohne Einfluß» bleibe. Das Nachdenken über den Inhalt dieser Beobachtung dagegen fügt dieser einen zweiten Vorgang hinzu, «der sich in der begrifflichen Sphäre vollzieht» und «von mir abhängig» ist; er spielt sich nicht «ohne mein Zutun» ab. Damit ist eine erste grundlegende Unterscheidung vollzogen: zwischen einem Vorgang, der ohne mein Zutun abläuft, und einem, der von mir abhängig ist. Der zweite entspringt einem Bedürfnis in mir, das durch den ersten geweckt ist – liefert mir die bloße Beobachtung jenes Vorganges doch nur ein reines Nacheinander in der Zeit, dessen weiterem Verlauf ich ausgeliefert bin, ohne irgend etwas Bestimmtes voraussehen zu können. – Und hinterher kann ich nur staunen; ich kann mir den tatsächlichen Ablauf nicht erklären. Der «Grundtrieb zur Wissenschaft» (2. Kapitel: der «Erkenntnisdrang») kann daran erwachen. Ich beginne nachzudenken mit dem «Zweck, von dem Vorgange Begriffe zu bilden».

So lenkt der erste Absatz die Aufmerksamkeit auf einfache, grundlegende Vorgänge im eigenen Bewußtsein, wobei sich zeigt, daß das Denken eine jeweils eigene, aus einem bestimmten Bedürfnis hervorgehende Tätigkeit ist.

2. Abs.   Im zweiten Absatz wird einem bloßen Nachdenken, das die Beobachtungsebene vorschnell zu verlassen droht, Einhalt geboten: «Vorläufig wollen wir bloß die Tatsache feststellen», daß das Denken «zunächst» als unsere Tätigkeit «erscheint». Die Frage, inwiefern das Denken fremdbestimmt sei (zum Beispiel durch physiologische oder bewußtseinspsychologische Bestimmungsgründe des Denkens), wird einer späteren Klärung vorbehalten. Mit diesem Hinweis wird die Untersuchung methodisch an das Beobachtbare zurückverwiesen, und es kann vertiefend gefragt werden, was wir denn gewinnen «dadurch, daß wir zu einem Vorgange ein begriffliches Gegenstück hinzufinden?»

3. Abs.   Dies wird im dritten Absatz beantwortet: Wir gewinnen den *Zusammenhang* der Elemente des beobachteten Vorgangs oder Gegenstands untereinander und mit anderen Vorgängen und Gegenständen.

4. Abs.   Jetzt können wir die begriffliche Summe dieser Selbstbeobachtung ziehen: «Beobachtung und Denken sind die beiden Ausgangspunkte für alles geistige Streben des Menschen, insoferne er sich eines solchen bewußt ist.»

5. Abs.   In den folgenden Absätzen (5 und 6) werden Beobachtung und Denken in ihrer Bedeutung gegeneinander abgegrenzt, bevor sie dann wieder aufeinander bezogen werden (Absatz 7). Zunächst wird die Bedeutung des Denkens gegenüber der Beobachtung betont: Ihm kommt eine «Hauptrolle beim Zustandekommen einer Ansicht» über die Welterscheinungen zu. (Die Frage nach seiner Bedeutung in der Weltentwicklung kann hier noch nicht beantwortet werden und bleibt vorerst offen.)

6. Abs. Die Betrachtung wendet sich nun der Bedeutung der Beobachtung zu: Es liegt «in unserer Organisation, daß wir derselben bedürfen». Die Welterscheinungen müssen uns zuerst gegeben sein, dann kann das Denken ansetzen und seine Verknüpfungen beginnen.

7. Abs. Aber: «auch das Denken müssen wir erst durch Beobachtung kennenlernen». Was erst streng getrennt wurde, Beobachtung und Denken, wird hier zusammengeführt als *Beobachtung des Denkens.* Mit der Hinlenkung der Beobachtung auf das Denken wird zugleich deutlich, daß der Bezug zu äußeren Vorgängen (wie dem Lauf von Billardkugeln) für das Beobachten nicht wesentlich ist: Der «Beobachtung» zeigen sich auch alle «inneren» Gegebenheiten, wie Empfindungen, Gefühle, Gedanken etc.

Zuerst tritt also die Frage, die im ersten Abschnitt (Absätze 1-7) implizit geblieben ist, in den Vordergrund: Wie ist Selbstbeobachtung, wie ist die Betrachtung des eigenen Bewußtseins überhaupt möglich? Und: Wie unterscheidet sich das Denken als meine eigene Tätigkeit von allen anderen Beobachtungsobjekten?

Dies ist die entscheidende Wendung des Kapitels: Die Beobachtung wird jetzt auf das Denken selbst gelenkt.

*Zweiter Teil: Wie unterscheidet sich das Denken als
Beobachtungsobjekt von allen anderen Beobachtungsobjekten?*

8. Abs. Was geschieht durch den Entschluß, das Denken zu
beobachten? Ich trete in einen Ausnahmezustand ein. Eine Folge dessen, daß das Denken meine eigene Tätigkeit ist, durch
die ich zu einem beobachteten Gegenstand das begriffliche
Gegenstück hervorbringe, ist, daß ich dasselbe nicht gleichzeitig beobachte: Meine Aufmerksamkeit ist bei dem beobachteten Objekt, über das ich nachdenke, nicht bei meinem Denken. Die Beobachtung von Vorgängen und Gegenständen und
das Nachdenken über das Beobachtete bilden den Normalzu-
stand des Bewußtseins. Das Denken selbst zu beobachten ist
ein Ausnahmezustand, der willentlich herbeigeführt werden
muß.

9. Abs. Nun wurde zunächst (Absatz 7) die Beobachtung auf
innere Gegebenheiten oder geistige Tätigkeiten des Menschen
überhaupt bezogen. Dagegen kann sich der Einwand erheben,
ob denn das, was für das Denken gilt – daß es nämlich normalerweise nicht selbst zum Beobachtungsobjekt wird, weil das
betrachtete Objekt die Aufmerksamkeit auf sich zieht –, nicht
auch für die anderen Seelentätigkeiten wie zum Beispiel das
Fühlen gilt. Entzündet sich nicht auch das Gefühl der Lust an
einem Gegenstand? Dieser wird dann beobachtet, nicht die
Lust. Dieser Einwand lädt den Leser zu einer genaueren seelischen Beobachtung ein und gibt dem Autor die Gelegenheit,
die bisher nur allgemein vollzogene Unterscheidung zwischen
Beobachtung und Denken auf die Unterscheidung zwischen
dem Denken und den übrigen seelischen Gegebenheiten, Zu-
ständen und Vorgängen zuzuspitzen. Entstehen die Gefühle in
mir nicht genauso, wie die Bewegung der angestoßenen Billardkugel als Wirkung anderer Gegenstände oder Vorgänge er-
folgt? Das Denken dagegen ist keineswegs eine in mir auftretende Wirkung, sondern meine eigene Tätigkeit. Der entschei-

dende Punkt ist also der Unterschied zwischen einer unwill-kürlichen Wirkung in mir und meiner eigenen inneren Tätig-keit. Das heißt, daß der Blick genauer auf das zu Beobachtende hingelenkt wird: Gemeint sind auch nicht etwa Gedanken, die in mir «ohne mein Zutun» auftreten, sondern nur das, was ich wirklich eigentätig hervorbringe. (Im Zusatz zur Neuauflage 1918 heißt es: «Man sollte nur nicht verwechseln: ‹Gedanken-bilder haben› und Gedanken durch das Denken verarbeiten», S. 55.)

9.-10. Abs. Im Mitvollziehen bekommt die scharfe Unter-scheidung zwischen dem Denken und den übrigen Seelentätig-keiten den Charakter einer seelischen Reinigung: Ich sehe von mir als einem gegebenen, als bloße Wirkung auftretenden leib-lich-seelischen Inhalt (meiner «Persönlichkeit») ab, um die Tä-tigkeit des Denkens als solche in den Blick zu bekommen. Erkenntnistheoretisch wird die Beobachtung des Denkens da-mit aus der allgemeinen Introspektion herausgehoben, existen-tiell findet eine Vertiefung des Ausnahmezustandes bis zur see-lischen Katharsis (Reinigung, dazu unten, S. 252 f.) statt. Das seelisch Gegebene wird zugunsten einer demgegenüber geistig zu nennenden Tätigkeit in der Seele überstiegen.

Mit diesem Beiseiteräumen des gewöhnlichen Bewußtseins-inhaltes soll der Blick auf die «eigentümliche Natur des Den-kens» freigelegt werden. Was erscheint dann?

11.-12. Abs. Die erste Denkbeobachtung ist eine negative, der Denkende übersieht das Denken, während er es ausübt: «Die erste Beobachtung, die wir über das Denken machen, ist also die, daß es das unbeobachtete Element unseres gewöhnlichen Geisteslebens ist.» (Absatz 12) Der befreite Blick schaut zu-nächst in ein Nichts, es wird zu einer Erfahrung, daß das ge-wöhnliche Denken sich nicht selber «sieht». Kommen wir hier an eine Grenze, vor der das Bewußtsein, das wir gewöhnlich haben, wenn wir uns am Gegenständlichen oder am seelisch Gegebenen orientieren, stehenbleiben, stolpern oder sich verlieren muß? Oder können wir hoffen, in diesem Nichts «das All zu finden»? Dann könnte der Entschluß, in den Ausnahmezustand einzutreten und ihn auszuhalten, den Anfang einer Grenzüberschreitung bedeuten.[62]

13. Abs.   Gibt es im bisher beobachtend Festgestellten einen Anhaltspunkt, an dem wir uns in dieser Finsternis orientieren können? Diesen Anhaltspunkt gibt es: Wir kennen den Grund, warum wir das Denken für gewöhnlich nicht beobachten; es ist der, «daß es auf unserer eigenen Tätigkeit beruht». Auf diese Tätigkeit ist nun meine seelische Intention gerichtet.

14. Abs.   Zunächst ändert sich dadurch scheinbar nichts. Denken und mein Denken beobachten kann ich «nur in zwei getrennten Akten ausführen»,

15. Abs.   weil «tätiges Hervorbringen und beschauliches Gegenüberstellen» sich nicht vertragen. Das zeitliche Verhältnis von Denken und Beobachten (in Absatz 7 heißt es: «das Denken müssen wir erst durch Beobachtung kennenlernen») hat sich aus dieser Perspektive umgekehrt: Das Denken «muß erst da sein, wenn wir es beobachten wollen». Das ist kein Widerspruch, sondern sind zwei Seiten einer Sache.

Eine *gegenständliche* Beobachtung meines *aktuellen* Denkens ist somit unmöglich. Bleiben wir an der Grenze stehen, oder ist eine nichtgegenständliche Beobachtung möglich? Unser einziger Anhaltspunkt ist zunächst, daß das Denken *eigene Tätigkeit* ist. Wie läßt sich von dieser Tätigkeit eine Beobachtung entwickeln?

Dritter Teil: «Im reinen Gedanken findest du das Selbst, das sich halten kann.»[63]

> «Philosophieren ist [...] eine eigentliche Selbstoffenbarung, Erregung des wirklichen Ich durch das idealische Ich. Philosophieren ist der Grund aller anderen Offenbarungen. Der Entschluß zu philosophieren ist eine Aufforderung an das wirkliche Ich, daß es sich besinnen, erwachen und Geist sein solle.»
> *(Novalis, Logologische Fragmente)*

16. Abs. Wenn wir das Denken selbst hervorbringen, müssen wir es dann nicht «unmittelbarer und intimer erkennen» können als «jeden anderen Prozeß der Welt»? Alles andere tritt uns gegenständlich gegenüber, nur beim Denken sind wir, wenn auch zunächst nicht voll bewußt, bei der Genese dabei. Die Genesis des Denkens in meinem Bewußtsein ist zugleich mein Tun. Ich weiß, wie es gemacht wird, denn ich mache es ja. Die Begriffe, die *ich* hervorbringe, und ihr Zusammenhang sind mir klar, «und zwar durch sie selbst».

17. Abs. Mit diesem Satz ist auf die Begriffe, den Inhalt des Denkens, hingewiesen. Wird zunächst noch die Aktseite des Denkens (meine Tätigkeit) betont, so geht die Beobachtung jetzt auf die Inhaltsseite (die Inhalte sind in «durchsichtige[r] Klarheit» gegeben). Tatsächlich ist diese Seite des Denkens diejenige, die ich beim Versuch, das Denken zu beobachten, am ehesten in den Blick bekommen kann. Sie legt von meiner Tätigkeit Zeugnis ab. Was ergibt sich dabei? «Meine Beobachtung ergibt, daß mir für meine Gedankenverbindungen nichts vorliegt, nach dem ich mich richte, als der Inhalt meiner Gedanken». Die Intentionalität der Seele, die vor dem Ausnahmezustand auf die Beobachtungsobjekte gerichtet war, ist jetzt auf den selbst hervorgebrachten Denkinhalt gelenkt und läßt sich von ihm führen. Hier ist der Punkt erreicht, wo der im zweiten Absatz des Kapitels geäußerte Zweifel an der *Eigen*tätigkeit des Denkens ausgeräumt werden kann: Ich richte mich beim Denken *reiner* Gedanken weder nach physiologischen Vorgängen in meinem Gehirn noch nach psychologischen Determinanten in meiner Seele, sondern nur nach dem Inhalt der von mir hervorgebrachten Begriffe. Sie selbst «veranlassen» mich, sie «in ein bestimmtes Verhältnis zu bringen». Wenn nicht, dann denke ich nicht. Es geht also darum, «den Begriff des Denkens in seiner Reinheit zu fassen», auf das «reine» Denken zu schauen. Es gilt jetzt, die Beobachtungen nicht mehr am gegenständlichen Denken zu machen, sondern am Erfassen reiner Begriffe, also solcher Begriffe, die ich unabhängig von ihrer «Richtigkeit» im Sinne ihres Verhältnisses zu sonstigen Welterscheinungen, die ihnen entsprechen mögen, rein nach ihrer eigenen Gesetzmäßigkeit denke.[64] Wie schon der Anfang des Ausnahmezustandes willentlich herbeizuführen ist, kann auch das reine Denken nicht anders als in bewußter Anstrengung vollzogen werden. Im Zusatz zur Neuauflage 1918 heißt es: «das wirkliche Denken muß immer gewollt sein». – Aber: «es kommt darauf an, daß nichts gewollt wird, was, indem es sich vollzieht, vor dem ‹Ich› nicht restlos als seine eigene, von ihm überschaubare Tätigkeit erscheint» (S. 55).

18. Abs. Eben darum weiß ich, wie es zustande kommt. «Es ist ein fester Punkt gewonnen, von dem aus man mit begründeter Hoffnung nach der Erklärung der übrigen Welterscheinungen suchen kann.»

Die durchsichtige Klarheit weist also auf die Ich-Tätigkeit hin, die ihr Grund ist. Im Mittelpunkt dieser Abschnitte steht das «Ich», das Wesen, das «*nur* in der Betätigung des Denkens […] bis in alle Verzweigungen der Tätigkeit sich mit dem Tätigen als *ein* Wesen weiß» (S. 54). Im «Ich» erfassen wir einen Denkinhalt, der zugleich ein tätiges Wesen ist, und zwar der Hervorbringer seiner selbst. Wesen, Akt und Inhalt bilden eine Einheit. Das «Ich» gibt sich selbst «den bestimmten, in sich beruhenden Inhalt der denkenden Tätigkeit.»

19. Abs. «Das Gefühl, einen solchen festen Punkt zu haben, veranlaßte den Begründer der neueren Philosophie, Renatus Cartesius, das ganze menschliche Wissen auf den Satz zu gründen: *Ich denke, also bin ich.*» Gleich am Anfang der Neuzeit tritt dieses Gefühl als Wirkung der anfänglichen Bemühung einer Verständigung des denkenden Bewußtseins mit sich selbst auf. Allerdings ist noch nicht die Möglichkeit vorhanden, das «Ich» selbst denkend erleben zu können und damit dieses Gefühl zu der Wirklichkeit seines Wesens führen zu können. Ist die Gedankenentwicklung dieses Kapitels nicht verwandt mit dem Gang der neuzeitlichen Philosophiegeschichte?[65] Liegt nicht eine Entsprechung des cartesischen Satzes mit der anfangs des Kapitels gemachten Selbstbeobachtung vor, daß das Denken mir als mein Tun erscheint, allerdings noch ohne ganz vor dem Zweifel des Scheins in bezug auf die Seinsart meines «Ich» geschützt zu sein? (Abs. 2) – Erst jetzt, in diesem dritten Teil des Kapitels, sind die Beobachtungen (anhand des reinen Denkens) weit genug fortgeschritten, um die Wirklichkeit des «Ich» als eine sich selbst bestimmende *erkennend* erleben zu können.

Daß das «Ich» in der Betätigung des Denkens «sich mit dem Tätigen als ein Wesen weiß», heißt nicht, daß «Ich» und Denken identisch wären. Wir haben uns des Denkens noch nicht ganz vergewissert. Was läßt sich aus der Beobachtung der Wesenseinheit von Akt und Inhalt im «Ich» für das Denken als solches gewinnen?

Vergegenwärtigen wir uns den Gang des Kapitels: Nach dem Ersteigen des Gipfels des «Ich» oder des höheren Selbst (bei Novalis: «das idealische Ich» oder «Geist») schauen wir mit dem Autor wieder hinunter. Wir befinden uns noch in den höheren Gefilden des reinen Denkens, das uns zu diesem Gipfel hingeführt hat: von der durchsichtigen Klarheit seines Inhalts über die produktive Tätigkeit zum tätigen Wesen. Im «Ich» haben wir eine Wesenseinheit, die durch sich selbst besteht, sich selbst erfaßt und bestimmt. Wie ist es aber mit dem Denken selbst? Wie verhalten sich Akt und Inhalt im reinen Denken? Wie ist das Verhältnis der beobachtenden Denktätigkeit zum beobachteten Denkinhalt? Unter der Frage, ob «die andern Dinge in dem gleichen oder in einem anderen Sinne» als das denkende «Ich» existieren, wendet sich die Betrachtung zuerst dem reinen Denken zu.

Vierter Teil: Die Wesensgleichheit des Denkens mit sich selbst

20. Abs. Wenn mein Denken durchsichtig und klar sein soll, kann ich mich nicht damit begnügen, einen schon hervorgebrachten Denkinhalt bloß passiv im Bewußtsein zu haben. Ich muß ihn aktualisieren, das heißt ihn mit meiner aktuellen Tätigkeit durchdringen, mich denkend mit ihm identifizieren.

Im reinen Denken bedingen sich Akt und Inhalt gegenseitig. Wer einwenden möchte, daß diese aktuelle Tätigkeit durch die intentionale Blickrichtung auf den zu aktualisierenden Inhalt selbst wieder in den Hintergrund gerät, wird mindestens zugeben müssen, daß der «beobachtete Gegenstand» in diesem Falle «qualitativ derselbe [ist] wie die Tätigkeit, die sich auf ihn richtet», und daß das, «was jetzt im Hintergrunde schwebt, [...] selbst wieder nur das Denken» ist. Das ist par excellence so, wenn ich nicht irgendwelche Begriffe, sondern das Denken selbst zum Inhalt meiner Tätigkeit mache, wie es hier geschieht.

21. Abs. Durch diese qualitative Gleichheit der beobachtenden Tätigkeit mit dem Beobachteten unterscheidet sich das Denken von dem übrigen Weltinhalt. Nur bei ihm werden keine Prozesse übersehen, ist kein «unberücksichtigtes Element» vorhanden. Ich brauche die Anwendung des Denkens auf das Beobachtungsobjekt nicht zu rechtfertigen. Das Denken erkenne ich mit Hilfe seiner selbst.

22. Abs. Ich erkenne, was ich selbst schaffe. Auch in diesem Punkt unterscheidet sich das Denken von dem übrigen Weltinhalt, dessen Gesetze und Existenzbedingungen ich erst erkennen müßte,

23. Abs. wenn ich ihn (nach-)schaffen wollte. – Aus der umgekehrten Perspektive angeschaut, heißt dies, daß der denkende Mensch

24. Abs. einen beobachtbaren Weltinhalt hervorbringt (aber auch nur diesen, nicht «Natur» im Sinne Schellings). Der Einwand, daß es noch andere Tätigkeiten gibt, die der Mensch durchführen kann, ohne sie vorher verstanden zu haben (wie die Verdauungstätigkeit), wird aufgeworfen, um zu verhindern, daß der Leser den falschen Faden aufgreift: Was hier zählt, ist die Möglichkeit, *sich selbst* zum Gegenstand seiner Tätigkeit zu haben. Und diese besteht nur beim Denken.

25. Abs. «Daher gibt es keinen ursprünglicheren Ausgangspunkt für das Betrachten alles Weltgeschehens als das Denken.» Die Frage, die am Ende des dritten Teils gestellt wurde, kann also bejaht werden; das Denken zeigt die Seinscharakteristik des «Ich» auf: «In dem Denken halten wir das Weltgeschehen an einem Zipfel, wo wir dabei sein müssen, wenn etwas zustande kommen soll.»

Jetzt wird die Aufmerksamkeit frei, sich wiederum dem Bewußtsein zuzuwenden, aus dem wir durch den Ausnahmezustand und das reine Denken zum «Ich» aufgestiegen sind. In diesem Bewußtsein gilt es jetzt, Klarheit zu finden mit Hilfe der im Aufstieg gemachten Beobachtungen.

*Fünfter Teil: Das Denken als autonome Tatsache
im Weltgeschehen*

> «Das Denken ist, wie die Blüte, ge-
> wiß nichts, als die feinste Evolution
> der plastischen Kräfte ...»
> (Novalis, *Das Allgemeine Brouillon*)

26. Abs. Was ist mit dem normalerweise «vergessenen» Denken, dessen Spuren (die begrifflichen Gegenstücke der beobachteten Vorgänge) wir durch die Selbstbeobachtung unseres
Bewußtseins im ersten Abschnitt des Kapitels aufgedeckt haben? Ist es nicht möglich, daß dasjenige, «was wir erst unbewußt in die Dinge hineinweben, [...] ein ganz anderes [sei], als
was wir dann mit Bewußtsein wieder herauslösen»?
27.-28. Abs. Mit diesem Einwand wendet sich die Aufmerksamkeit vom reinen Denken auf dasjenige Denken, das «in die
Dinge» hineingewoben, das auf die übrige Welt angewendet
wird. Wie kann dem Einwand begegnet werden? Er greift auf
den Anfang des Kapitels zurück und ist somit ein Prüfstein,
über den wir nur hinwegkommen, wenn wir den Gedanken-
bogen des ganzen Kapitels spannen können. Wir vergegenwärtigen uns: Nicht Bewußtes und Unbewußtes (zu dem das «Vergessene» oder «Vorbewußte» in diesem Zusammenhang gezählt
werden dürfen) ist der Urgegensatz, sondern Beobachtung und
Denken (vgl. Absatz 4). «Was für ein Prinzip wir auch aufstel-
len mögen: wir müssen es irgendwo als von uns beobachtet
nachweisen, oder in Form eines klaren Gedankens, der von
jedem anderen nachgedacht werden kann, aussprechen.» (Absatz 5.) Das vorbewußte Denken bleibt als Tätigkeit unbeob-
achtet; was ich beobachten kann, sind die Produkte: die Begriffe. Diese sind jedoch aktualisierbar durch dasselbe Denken.
Kurzum: «ich kann aus dem Denken gar nicht herauskom-
men». Die Unterscheidung zwischen einem «vorbewußten»

und dem nachher bewußten Denken ist eine «ganz äußerliche». Es kann sich nur um verschiedene Erscheinungsformen desselben Denkens handeln. Mein eigenes Denken wird dadurch kein anderes, daß ich es beobachte. Die Reinigung des Denkens ist eben der Weg zum Wesen dieses selben Denkens, das meine Tätigkeit ist. «Ich beobachte selbst, was ich selbst vollbringe.» (Absatz 27.) Und mit Hilfe dieses Denkens betrachte ich die ganze übrige Welt. «Wie sollte ich bei meinem Denken hiervon eine Ausnahme machen?»

29. Abs. Der Kreis schließt sich: Damit ist «genügend gerechtfertigt, wenn ich in meiner Weltbetrachtung von dem Denken ausgehe». Das Denken trägt durchgehend (von seinem Ursprung im Ich bis zu seinem Ausfließen in die Welterscheinungen) den Seinscharakter des Ich: durch sich selbst bestehend, sich selbst tragend, in der Lage, sich selbst erfassen zu können. «Die Frage ist nur, ob wir durch dasselbe auch noch etwas anderes ergreifen können.»

30. Abs. Diese Frage geht auf das *Erkennen*, nicht auf das Erschaffen der Welt. Dem Denken am nächsten ist das menschliche Bewußtsein, dessen Träger. Man würde wieder den Faden verlieren, wenn man meinte, weil das Bewußtsein Träger des Denkens ist, muß man vom Bewußtsein und nicht vom Denken ausgehen. Das hieße jedoch, sich von Worten irreführen zu lassen. Wir haben eben gesehen, daß das Denken «durch sich selbst, nicht durch anderes *getragen* wird» (Absatz 29). Diese Selbstbegründung im Erkennen darf nicht verwechselt werden mit der Existenzbedingung im Weltgeschehen (die gemeint ist, wenn das Bewußtsein *«Träger»* des Denkens genannt wird). Um das Verhältnis zwischen Denken und Bewußtsein aufzuklären, muß ich darüber nachdenken.

Auch der Inhalt des Bewußtseins, insofern er aus Produkten des Denkens besteht, aus Begriffen also (wie zum Beispiel Subjekt – vom «Ich» zu unterscheiden! – und Objekt), kann nicht als Ausgangspunkt des Weltverständnisses genommen werden, weil diese eben schon durch das Denken gebildet sind. Was soll man vom Weltinhalt fassen können, wenn das Denken nicht begriffen ist? Es ist also nicht zu leugnen: *«Ehe anderes begriffen werden kann, muß es das Denken werden.»* (Absatz 31.)

31. Abs. Damit sind Weltentwicklung und Weltverständnis aufeinander bezogen: Das «absolut Letzte, zu dem es die Weltentwicklung gebracht hat», und «was uns als das Nächste, als das Intimste gegeben ist», muß das erste bei deren Erkenntnis sein.

32. Abs. Neben seiner fundamentalen Bedeutung für das Erkennen der Welt ist dem Denken somit eine Stellung im Weltgeschehen selbst zugewiesen. Es ist eine Tatsache der Welt, wie andere Tatsachen auch, die unserer Beobachtung gegeben sind. An seiner «Richtigkeit» zu zweifeln wäre genauso sinnvoll oder sinnlos, wie Zweifel zu hegen, «ob ein Baum an sich richtig sei oder nicht». Bezweifeln kann ich höchstens, «ob das Denken richtig verwendet wird», das heißt richtig angewendet wird auf das, was uns auch sonst durch Beobachtung gegeben ist: «die Welt als Wahrnehmung» (4. Kapitel).

Auf jeden Fall hat das 3. Kapitel bereits gezeigt, daß der Dienst, den das Denken für die Weltauffassung leisten kann, primär darin besteht, daß es den untrüglichen und festen, weltimmanenten Ausgangspunkt dazu liefert.

Zusammenfassung

Wir sind einen Weg «nach innen» gegangen. Mit einem (vorgestellten) äußeren Vorgang als Ausgangspunkt haben wir die eigenen Bewußtseinsvorgänge beobachtet und dabei unterschieden zwischen Beobachtung und Denken. Letzteres erschien uns als unser Tun. Auf dieses haben wir weiterhin unsere

Beobachtung gelenkt. Dieser Weg hat uns zunächst ins Dunkle geführt, an eine Grenze, wo nichts zu sehen war. Wir mußten in einen Zustand eintreten, der gegenüber dem gewöhnlichen Bewußtsein ein Ausnahmezustand ist und in dem die Beobachtung des Denkens zunächst in zwei getrennten Akten durchgeführt werden mußte: Zuerst muß hervorgebracht werden, was nachher beobachtet werden kann. Das Geheimnis des Denkens ist aber ein «offenbares», denn jeder «normal organisierte Mensch» (Absatz 18) hat diese Fähigkeit, er muß sie nur anwenden wollen. Er wird einen Inhalt von durchsichtiger Klarheit schauen. Die Klarheit des Hervorgebrachten stammt daher, daß es eine reine Ich-Tätigkeit ist. Diese Tätigkeit weist zurück auf ihre Quelle im «Ich», das sich selbst den Inhalt der denkenden Tätigkeit gibt. Hier ist der Punkt erreicht, der in der «alltäglichen» Sprache des 2. Kapitels folgendermaßen bezeichnet wurde: «Hier sind wir nicht mehr bloß ‹Ich›, hier liegt etwas, was mehr als ‹Ich› ist.» (S. 34.) Das «Ich» im Zentrum des 3. Kapitels ist mehr als «Ich» im Sinne des 2. Kapitels, mehr als mein gewöhnliches Ich-Bewußtsein, als meine Persönlichkeit oder meine Subjektivität. Es bringt einen überpersönlichen, eigengesetzlichen Inhalt hervor.

Dieser Weg nach innen führt also nicht aus der Welt heraus, sondern läßt uns eine Wirklichkeitserfahrung gleichsam auf der «Innenseite» der Welt zuteil werden: Ist es das «Naturwesen in uns», das wir «bei unserer Flucht aus der Natur» «mit herübergenommen haben» (S. 34)?

Von diesem Punkt ausgehend, haben wir uns des «Ich»-Charakters des Denkens vergewissert, zuerst des reinen Denkens, dann auch des im gewöhnlichen Bewußtsein «vergessenen» Denkens, und haben dieses Bewußtsein gereinigt von den Vorstellungen, die uns an der Einsicht hindern, daß eben dieses vom «Ich» stammende Denken «uns der Führer sein» kann beim Erkennen der Welt. Die eigentliche «Selbstoffenbarung» kann somit zum «Grund aller anderen Offenbarungen» (siehe

oben, S. 207) werden. Dieses Denken ist kein bloßes imma-
nentes Bewußtseinsphänomen – wie es am Anfang noch scheinen könnte –, sondern eine Welttatsache. Es ist der bisher
letzte Evolutionsschritt der Kräfte, die die Welt mitsamt den
Menschen selbst bilden.

Zur Komposition des Kapitels

Auf diese Weise zeigt sich das Kapitel in fünf Teile gegliedert,
die eine symmetrische Struktur aufweisen; ein zentraler Teil
bildet eine Achse, um die die übrigen Teile sich entsprechend
ordnen:

$$3.$$
$$2. \longleftarrow \longrightarrow 4.$$
$$1. \longleftarrow \qquad \longrightarrow 5.$$

1. Im einleitenden Teil (Absatz 1 – 7) werden mittels Selbstbeobachtung der Bewußtseinsvorgänge *Beobachtung und Denken als die Ausgangspunkte* alles bewußten geistigen Strebens
   bestimmt, mit dem weiteren Ziel, das Denken zum Beobachtungsobjekt zu machen.
2. Der zweite Teil (Absatz 8 – 15) führt auf den Ausnahmezustand (Beobachtung des Denkens) hin; man bemerkt
   zuerst, wie das Denken sich von allen anderen Beobachtungsobjekten *unterscheidet*.
3. Im zentralen Teil (Absatz 16 – 19) wird der wesentliche Unterschied – daß ich im Denken meine eigene Tätigkeit beobachte – weiter entfaltet. Dies führt zur Selbsterfassung
   des denkenden «Ich», das mir zu einem *festen Punkt* wird,
   von dem aus ich nach der Erklärung der übrigen Welterscheinungen suchen kann.
4. Im vierten Teil (Absatz 20 – 25) wird festgestellt, daß das

sich selbst beobachtende Denken *wesensgleich* ist mit dem beobachteten Denken.

5. Im letzten Teil (Absatz 26 – 32) werden die Bewußtseinshindernisse überwunden, die die Einsicht in die Natur des Denkens als sich selbst tragende und erfassende Tatsache ignorieren und damit verhindern, daß ich in meiner Weltbetrachtung *von dem Denken* ausgehe.

3. «Ich» als
fester Punkt.

2. Unterschied des Denkens zu allen anderen Beobachtungsobjekten.

4. Gleichheit des Denkens mit sich selbst.

1. Beobachtung und Denken als die beiden Ausgangspunkte.

5. Das sich selbst beobachtende Denken als Ausgangspunkt.

Was anfangs als Polarität (Beobachtung und Denken) auftritt, steigert sich innerhalb des Denkens selbst (Beobachtung des Denkens) zur höheren Synthese im «Ich».

Die Möglichkeit des «Ich», sich selbst denkend zu erfassen, liegt der Selbstbeobachtung am Anfang des Kapitels zugrunde. Was im letzten Teil explizit dargestellt wird, wurde im ersten Abschnitt selbstvergessen angewendet. Der Kopf verschlingt den Schwanz. Das ganze Kapitel hat eine sich rundende, in sich geschlossene Gestalt wie die Schlange, die sich in den Schwanz beißt. Dieses Bild hat Rudolf Steiner als Siegel bei dem Mysteriendrama «Der Seelen Erwachen» verwendet. Dabei standen die Worte: «*Ich* erkennet *Sich*.»

Wenn wir die *einzelnen Teile* des Kapitels jetzt nochmals überblicken, kann uns auffallen, daß wir in ihnen nicht pedantisch, sondern der Bildetendenz nach eine ähnliche Struktur finden: eine zentrale Achse, um die sich die Absätze spiegelbildlich ordnen. Es soll nur beispielhaft auf einzelnes hingewiesen werden, und es muß dem Leser überlassen bleiben, diese Hinweise zu überprüfen und dabei seine eigenen Entdeckungen zu machen:

Im ersten Teil, der sieben Absätze umfaßt, kann der vierte, mittlere Absatz, der die begriffliche Summe aus der anfänglichen Selbstbeobachtung zieht, als ein erster «fester Punkt» erlebt werden: Es ist von den beiden *«Grundsäulen»* unseres Geistes die Rede.

Im dritten und fünften Absatz wird die Bedeutung des *Denkens* betont: im dritten der Zusammenhang, den wir durch das begriffliche Gegenstück zur Beobachtung gewinnen, im fünften die Bedeutung des Denkens als Hauptelement beim Zustandekommen einer Weltansicht.

Im zweiten und sechsten Absatz tritt die Bedeutung der *Beobachtung* hervor.

Im ersten Absatz werden Beobachtung und Denken *unterschieden,* im siebten Absatz werden sie auf eine bestimmte (und weiterführende) Weise *verbunden.*

(Auch der fünfte Teil umfaßt sieben Absätze, deren mittlerer den Punkt beschreibt, wo Archimedes seinen Hebel hätte ansetzen können.)

Der zweite und vierte Teil haben keinen mittleren Abschnitt. Im zweiten Teil fallen jedoch sowohl der Form als auch dem Inhalt nach die *beiden* Absätze elf und zwölf auf, in denen von der eigentümlichen Natur des Denkens, bzw. der ersten Beobachtung, die wir über das Denken machen, die Rede ist. Der Vergleich der folgenden mit den vorhergehenden Absätzen liefert weitere Gesichtspunkte.

Den mittleren Absätzen des zweiten Teils entsprechen die Absätze 22 und 23 im vierten Teil. Wo jene uns in das *Nichts* schauen lassen, weisen diese darauf hin, daß wir resolut darauf losdenken müssen, um unserer Beobachtung des Denkens ein *Objekt zu schaffen.*

Auch der dritte, zentrale Teil hat seine Mitte nicht in einem einzelnen Absatz. Aber in Absatz 17 wird die «durchsichtige Klarheit», die Eigengesetzlichkeit der *Inhalte,* nach denen ich mich richte, hervorgehoben; der 18. Absatz betont die Hervorbringung durch eigene *Tätigkeit.* Die Inhalt und Akt überbrückende Mitte ist das «Ich», das sich den in sich beruhenden Inhalt der denkenden Tätigkeit gibt.

Die relative Unausdrücklichkeit in bezug auf das «Ich» (im Zusatz zur Neuauflage 1918 wird etwas nachgeholfen) erfordert um so mehr eigene Ich-Tätigkeit des Lesers beim Mitvollzug. Ein adäquates Stilmittel?[66]

Dieser Gliederungsvorschlag muß andere Möglichkeiten der Gliederung nicht ausschließen, wie beispielsweise die siebengliedrige Struktur, die Frank Teichmann in den Denkbeobachtungen aufweist,[67] und zwar aufgrund eines menschenkundlichen Gesichtspunktes: «Was der künstlerischen Gestaltung [...] zugrunde liegt und was die verborgene Bedeutung des Werkes ausmacht, ist nicht irgendein Inhalt, der von außen hinzukommend das Denken bloß erregen würde, sondern das Wesen des Denkens selbst. Hinter diesem Wesen aber steht der ‹Mensch›, nicht der, der allein von außen sich zeigt, sondern der, der den Begriff des freien Geistes aus sich herausentwickelt!»[68] Ein anderes Beispiel für die menschenkundliche Betrachtung in einem vertiefenden Studium des Gedankengangs: Die erste Denkbeobachtung, die Steiner selbst als solche ausdrücklich hervorhebt (Absatz 11/12), fällt mit dem Kern des zweiten Teils unserer Gliederung zusammen. Sie hat jedoch zwei Seiten: Insofern das Denken «vergessen» wird, ist der *physisch-sinnliche* Aspekt angesprochen (gegenständlich ist nichts zu sehen); das unbeobachtete Element ist jenseits des Gegenständlichen zu suchen. Der Ausnahmezustand und die Ausbildung eines reinen Denkens sind nichts anderes als der übende Versuch, eine andere, *lebendigere* «Spiegelungsebene» als das physische Gehirn für das Denkbewußtsein herzustellen. Die *seelische* Intentionalität, die auf ein Gegenständliches gerichtet ist, hindert uns dabei, sie muß auf Nicht-Sinnliches und Prozessuales umgelenkt werden, Aktbewußtsein entwickeln. Und das Wesen, das im Denken tätig ist, ist das «*Ich*», das sich als *Geist* selbst erfassen kann. So sind bereits alle Wesensglieder des Menschen «im Spiel». Als lebendige Gestaltungskräfte, die aus dem Wesen des denkenden Menschen selbst fließen, wirken solche Formprinzipien natürlich nicht pedantisch starr. Sie sind verwandlungsfähig und lassen perspektivische Ansichten zu.

Auch die vier Schritte auf dem Wege zum Denkwesen, die von Dietrich Rapp im 3. Kapitel der «Philosophie der Freiheit» aufgezeigt worden sind, lassen eine andere Gliederung zu.[69] Sie hängen mit einer philosophiegeschichtlichen Perspektive zusammen. Auf den menschenkundlichen Gesichtspunkt zurückbezogen, könnte man sich fragen, ob nicht eine Entsprechung mit den ersten vier der sieben Stufen im Beitrag von Frank Teichmann zu finden sei, wobei in der vierten, der Ich-Stufe, die weiteren drei implizit enthalten sind. In dieser Verbindung erscheint eine «historische Menschenkunde», die die beiden genannten Gesichtspunkte verbindet: Wir sind sowohl philosophie- als auch kulturgeschichtlich in der Bewußtseinsseelenepoche (die mit der Neuzeit beginnt) angekommen, wo es um das «Ich» als potentiellen Träger des Geistkeimes geht.

Wer sich immer wieder mit dem Aufbau des Textes beschäftigt, wird solche Beziehungen finden, die «zwischen den Zeilen» zu lesen sind. Es geht jedoch nicht darum, sie spielerisch aufzusuchen oder zu festen «Systemen» zu verhärten. Sie machen nur Sinn im konkreten Erkenntnisvollzug, darin aber sind sie Grundlage menschenkundlicher Entdeckungen, die nicht durch ein «Schielen» (siehe oben, S. 20) erschlichen werden müssen. Oder, um es mit einem Wort von Herbert Witzenmann zu sagen: Die «Philosophie der Freiheit» ist ein «Gedankenkunstwerk».[70] Merkmal des Künstlerischen ist nämlich die Koinzidenz von Form und Inhalt. Form und Stoff schaffen sich gegenseitig, und zwar so, «daß keines vor dem anderen den Vorrang hat».[71] Das hat zur Konsequenz, daß der Leser erst im tätigen, den Ausdrucksvorgang mitvollziehenden Erleben des Gedankenkunstwerks auch wirklich zur dargestellten Idee durchdringen kann. Das bloße Wissen vom «Inhalt» wäre noch gar nichts Wesentliches. Hier liegt der Grund, warum die «Philosophie der Freiheit» ein Schulungsbuch genannt werden kann: Es will nicht Wissen vermitteln, sondern den Menschen zum erlebend-erkennenden Ergreifen des ihm innewohnenden Ideals des freien Geistes hinführen. Gedankenkunst ist mit anderen Worten «die Bewußtseinsform der Freiheit».[72] Auch für Witzenmann erweist sich als «Bauprinzip der Darstellung» der Mensch in seiner vielgliedrigen Entwicklungsgestalt; Erkennen und Handeln zeigen sich in gegenläufiger Richtung. Witzenmann lenkt den Blick darüber hinaus auf die Korrespondenz dieser Gliederung mit der Struktur der Wirklichkeit. Wem sich diese Baugestalt des «Gedankenkunstwerks» zu enthüllen beginnt, kann erwarten, daß die «durchgreifende Idee [...] je nach den inhaltlichen Teilbereichen des Textes in verschiedenen Metamorphosen wirksam wird».[73] Bis in Einzelheiten die Aufmerksamkeit darauf hinzulenken (und einen künstlerischen Schulungsweg darauf zu begründen) ist das Ziel von Witzenmanns Buch über die «Philosophie der Freiheit».

Ein grundlegendes Motiv:
das Denken als Ich-Tätigkeit

Mit der Beobachtung des Denkens im 3. Kapitel tritt die Grundkraft ins Bewußtsein, die auch schon die Phänomene der ersten beiden Kapitel, das Freiheitsgefühl und den Erkenntnistrieb, durchherrscht hat. Das Denken erscheint als das beide Erlebnisse tragende Wesen. Es offenbart sich durch einen in ihm selbst liegenden Grundzug: sich über sich selbst aufzuklären. Das Denken ist ein durch und durch lichtvolles Wesen. Es sucht sich selbst anzuschauen.

Dennoch: Zunächst tritt das Denken im gewöhnlichen Geistesleben als «unbeobachtetes Element» auf. Das ist die Rückseite seines Lichtes: Weil es *anderes*, den Gegenstand, den es betrachtet und erkennt, beleuchtet, bleibt es selbst, bleibt seine beleuchtende Tätigkeit im Dunkel. Die denkende Tätigkeit des gewöhnlichen Bewußtseins gibt ihr Licht des Verstehens, des Erkennens ganz dem betrachteten Gegenstand hin. Sie ist im Durchblick auf diesen für sich ganz durchsichtig. «Nicht auf meine Tätigkeit, sondern auf das Objekt dieser Tätigkeit ist meine Aufmerksamkeit gerichtet. Mit anderen Worten: während ich denke, sehe ich nicht auf mein Denken, das ich selbst hervorbringe, sondern auf das Objekt des Denkens, das ich nicht hervorbringe.» (S. 43.) Dieses Objekt kann ich beobachten, weil es mir *gegeben* ist. Während ich denke, bringe ich das Denken hervor, es kann also nicht gegeben sein; ich muß es vollziehen. Daher ist es für gewöhnlich kein Objekt der Beobachtung.

Zugleich kenne ich das Denken, *weil* und *indem* ich es vollziehe, genauer als das gegenüberstehende, betrachtete Objekt: Indem ich es selbst hervorbringe, bin ich auf unmittelbare Weise mit ihm verbunden. Nichts stellt sich zwischen mich und seinen Verlauf: Es ist mir durch und durch *klar;* ich weiß, wie es zustande kommt.

In dieser «durchsichtigen Klarheit» (S. 44), in der es sich selbst erfährt, hat das Denken etwas vor sich, an dem es sich selbst beobachten kann. Es macht sich dadurch zu einem «Objekt» seiner eigenen Beobachtung, daß es seine Inhalte, die es beobachtet, die Begriffe, in einem klaren, von ihnen selbst gebildeten Zusammenhang hervorbringt, in den es selbst mit einfließt. Die Beobachtung kann, indem sie sich auf den Zusammenhang der Begriffe konzentriert, von den diesen Zusammenhang tragenden Denkinhalten zum Denkverlauf übergehen, der ihn entfaltet. So gelingt es dem Denken, von der Vergangenheit der hervorgebrachten Begriffe, die es beobachtet, in die Gegenwart seiner aktuellen, hervorbringenden Tätigkeit vorzuschreiten. Dann befindet es sich im entwickelten Ausnahmezustand. Dieser ist dadurch gekennzeichnet, daß in ihm die Klarheit, in der das Denken die Begriffe verbindet, das Licht aufnimmt, mit dem es sich selbst, seine Tätigkeit beleuchtet, das heißt beobachtet.

Mit dieser Selbstbeobachtung tritt das Denken in das Licht seiner eigenen Wesenheit. Es erweist sich als eine sich selbst tragende, in und für sich selbst durchsichtige Wesenheit. Ich bin als Denkender mit ihr derart verbunden, daß ich mich «bis in alle Verzweigungen der Tätigkeit [...] mit dem Tätigen als *ein* Wesen weiß». Ja, diese Einheit, «daß nichts gewollt wird, was, indem es sich vollzieht, vor dem ‹Ich› nicht restlos als seine eigene, von ihm überschaubare Tätigkeit erscheint» (S. 55), diese innere Identität, «daß es das ‹Ich› selbst ist, das *im* Denken drinnen stehend *seine* Tätigkeit beobachtet» (S. 56), diese *Ich-Natur des Denkens* ist der wahre Grund für seine in

sich klare und geschlossene Wesenheit. Sie wird im Ausnahmezustand offenbar. Mit ihr ist ein durch sich selbst bestehender
Grund (*«fester Punkt»*, *«fester Grund»*, *«ursprünglicher Aus-*
gangspunkt», *«Prinzip»)* gegeben, auf dem die Erkenntnis der
Wirklichkeit gebaut werden kann. Das Denken erscheint dem
Beobachter «als durch und durch *gewollt*» (S. 55). Die Tathandlung, die es in allen Phasen seines Verlaufs hervorbringt, macht
es zur – beobachtbaren – Tatsache, zu einer sich selbst tragenden Wesenheit, in der ‹ich› Fuß fassen und mit ihr die Wirklichkeit auf ursprüngliche und damit tragfähige, klare Weise
betreten kann.

Der *Grundzug der Selbstaufklärung*, der in den ersten drei
Kapiteln zu beobachten ist, geht also vom Denken aus: von
seiner spezifischen Qualität der Klarheit und der Selbstbeobachtung im Ausnahmezustand, die ihm durch das ‹Ich›, das es
durch und durch gewollt hervorbringt, zukommt. Das Denken
ist als Ich-Tätigkeit daher die *Grundkraft der Erkenntnis* und
insofern des «Dienstes der Weltauffassung» (Überschrift des
Kapitels) fähig.

Geistesgeschichtliche Aspekte

Die Leistung des Denkens im Zusammenhang der Bewußtseinsgeschichte

Im 3. Kapitel kommt dem «Denken im Dienste der Weltauffassung» eine entscheidende Bedeutung zu. Hier wird veranlagt, was später als Doppelcharakter des Denkens deutlicher in Erscheinung tritt. Denken wird einerseits vom denkenden Individuum selbst hervorgebracht und ist andererseits eine Tatsache, der gegenüber die Frage nach «richtig» oder «falsch» gegenstandslos ist. Im Denken spricht sich eine Wirklichkeit aus, die nicht vom denkenden Individuum gemacht ist.

Diesem Doppelcharakter des Denkens kommt für das Verständnis des gesamten Buches größte Bedeutung zu. Aus ihm resultiert beispielsweise das Verhältnis des Menschen zur Wirklichkeit (5. Kapitel), das Verhältnis von Motiv und Triebfeder (9. Kapitel), somit der gesamte ethische Individualismus des zweiten Teils. Diesem Doppelcharakter des Denkens gegenüber kann der Leser verschiedene Aufgaben empfinden:

– ihn als solchen zu verstehen. Darauf weisen verschiedene Beiträge in diesem Band hin;
– seine Bedeutung im gesamten Werk durch die verschiedenen Kapitel hindurch zu verfolgen. Dies muß einer späteren Betrachtung, die beispielsweise an das 9. Kapitel anknüpft, vorbehalten bleiben;
– die Bedeutung des Denkens in der Bewußtseinsgeschichte zu verstehen. Diesem letzten Gesichtspunkt werden im folgenden einige exemplarische Betrachtungen gewidmet.

Das Denken als individuelle Hervorbringung und der moderne Subjektivismus

Am wenigsten anstößig wird dem gegenwärtigen Leser die Behauptung des 3. Kapitels erscheinen, daß das Denken vom denkenden Individuum selbst hervorgebracht wird. Diese Anschauung ist heute allgemein üblich, allerdings in einer subjektivistischen Variante, die in der «Philosophie der Freiheit» nicht gemeint ist. Mit ihr hängen Leistung und Problematik des gegenwärtigen Denkens zusammen, die sich auf folgende Weise charakterisieren lassen:[74]

Wesentliche Voraussetzung für das neuzeitliche Selbstbewußtsein ist das intellektuelle Denken. Es wird als subjektiv und abstrakt erlebt und hält die «Welt» auf Distanz. Diese Distanz ermöglicht es dem «Subjekt» in vorher ungeahnter Weise, sich Überblicke zu verschaffen, ohne sich jeweils in die Details zu verlieren. Sie ermöglicht außerdem zu differenzieren, also zum Beispiel zwischen Sachverhalten, Problemfeldern und Lösungsvorschlägen zu unterscheiden. Auf solchen Unterscheidungen beruht die Schlagkraft der heutigen Zivilisation. Nur wer zwischen Gegebenheiten und Zielen, zwischen Tatsachen und Entwicklungsprozessen unterscheiden kann, bleibt einigermaßen Herr der Situation. Umfassende Würfe können nur gelingen, wenn solche Spannungen im Denken aufrechterhalten werden. Bevor es zu einer Gesamtlösung kommt, muß man die einzelnen Faktoren unterschieden haben, sonst gibt es nicht Integration, sondern Chaos.

Der abstrakte Charakter des intellektuellen Denkens reduziert die Wirklichkeit auf einige wenige, gedanklich handhabbare Merkmale. Welt wird zum Modell. Dadurch kann sich das menschliche Ich der Welt gegenüber deutlicher zur Geltung bringen. Es befreit sich von der herandrängenden Wirklichkeit, den Fakten und Einzelheiten. Es ist außerdem wacher und bewußter als das unintellektuelle Traditions- oder Instinktverhalten. Diese Eigenschaften, gepaart mit der emotionsfernen Kühle, bewirken, daß intellektuelles Denken in erster Linie kritisches Denken ist. Kritik macht bewußt und hält zugleich auf Distanz. Der kritische Mensch trägt Maßstäbe in sich, an denen er die Welterscheinungen mißt. Dabei mag zweifelhaft sein, ob er den Welterscheinungen gerecht wird. Aber ihm selbst ermöglicht diese Haltung, sich gegenüber der Welt zu behaupten.

Intellektualität ist einerseits ein unverzichtbarer Garant der inneren Freiheit, andererseits schottet sie den Menschen der Neuzeit von seinem geistigen Ursprung ab. An die Stelle des alten «Gottes» tritt in der naturwissenschaftlichen Evolutionslehre «der Zufall». Und der Zusammenhang mit der Natur geht so sehr verloren, daß heute das naturwissenschaftliche Denken in seiner Konsequenz als zerstörerisch gilt. Indem das Denken die Selbstbehauptung des Ich durch Distanzierung von der Wirklichkeit ermöglicht, vertreibt es zugleich die letzten Reste von Anschaulichkeit, die das Denken aus antiker Tradition noch hatte. Es erfaßt immer mehr das Allgemeine, das Generelle, weniger das Konkrete, Einzelne. Im Hinblick auf das Handeln wird es leicht programmatisch und ist blind gegenüber dem einzelnen und seiner Situation.

Wenn im 6. Jahrhundert v. Chr. zum ersten Mal in der europäischen Geistesgeschichte Xenophanes von Kolophon «Kraft» und «Wissen» in einen Gegensatz gebracht hat,[75] so wird dieser Gegensatz im modernen Bewußtsein als Auseinanderstreben von Erkennen und Handeln, Denken und Wollen wiedergefunden. In der heutigen Zivilisation spielen sich gewaltige Intelligenzprozesse ab, ohne daß Fühlen und Wollen daran nennenswert beteiligt wären. Zu Beginn des Jahrhunderts wurde Wissenschaft für «wertfrei» erklärt. Seitdem wurde versucht, die Verantwortung des Wissenschaftlers für die Folgen seiner Ergebnisse aufzuheben. Inzwischen ist ein großer Teil der täglichen Denkroutine selbst vom Menschen losgelöst und der Maschinenwelt übergeben. Damit ist zugleich sichergestellt, daß sich keine seelischen Anwandlungen mehr in diese Denkprozesse einmischen.

Weder der formalisierten Verkrustung neuzeitlich-wissenschaftlichen Denkens noch den Meinungen und Ideologien, die das eigene Denken durchschwirren, kann man sich einfach entziehen. Wer es versucht, hat nicht etwa das Denken vermieden, er hat sich nur selbst aus dem Verkehr gezogen. Wer versucht, dem Denken zu entkommen, ist bereits an ihm gescheitert.[76] Die Situation dieses Denkens wird gelegentlich mit dem Dilemma verglichen, in das der Baron von Münchhausen kam, als er in den Sumpf geriet: Er hat sich schließlich, so behauptet er, an seinem eigenen Zopf herausgezogen. In ähnlicher Situation ist heute oftmals der denkende Mensch: Sein Denken trägt nicht mehr. Irgendwie scheint aber die Münchhausensche Zopflösung auch nicht mehr so recht zu funktionieren.

Eine weitere Folge der Subjektivität ist die Handlungsfeindlichkeit des modernen Denkens. Wenn es vor einigen Jahren in der Ökoszene den Slogan gab: «Die Analysen stimmen, wo bleiben die Taten?», so muß dem doch entgegengehalten werden: Wenn die Taten ausbleiben, hat vermutlich auch das Denken nicht gestimmt. Gerade das analytische Denken, eine bedeutende Leistung der neuzeitlichen Intellektualität, ist ein Musterbeispiel für Handlungsferne. Dieses analytische Denken kommt prinzipiell zu spät zum Handeln. Denn wenn ein Problem auftritt, müssen zuerst die Ursachen erforscht werden, bevor man nach Lösungen suchen kann. Dieses Denken kann Zusammenhänge nicht aufhellen, es kann nicht in die Zukunft schauen und Probleme *vermeiden* – die Katastrophe muß erst wirklich eingetreten sein, bevor man an ihrer Bewältigung arbeiten kann. Diese Arbeit dauert dann in der Regel so lange, daß wirksame Abhilfen nicht mehr möglich sind, weil der Schaden unumkehrbar geworden ist. Wir haben das in letzter

Zeit mehrfach erlebt: Wer angesichts des «Waldsterbens» oder
des «Ozonlochs» erst genaue Analysen der Ursachen einfordert
(wie die deutsche Bundesregierung vor einigen Jahren zur er-
folgreichen Vermeidung einer Geschwindigkeitsbeschränkung
auf Autobahnen), der gibt von vornherein zu erkennen, daß er
keine Änderungen wünscht. – Der hypothetische Charakter
des Denkens kann als seine Stärke angesehen werden, vermeidet aber das Handeln in der Wirklichkeit. Die Kühle der Auto-
nomie im Denken wird dann auf der anderen Seite leicht zu
einer Kälte im Sozialen. Dunkelheit im Erkennen und Kälte
im Handeln sind zu hervorstechenden Merkmalen des modernen Bewußtseins geworden.

Die Ambivalenzen des Intellektualismus können so zusammengefaßt werden:

Eigenständigkeit
_____

Subjektivität

Freiheit von
äußeren Einflüssen   Freiheit der Zielsetzung
_____   _____

Wirklichkeitsferne   Kritik statt Entwicklung

Freiheit von Emotionalität
_____

soziale Kälte

Die Schlagkraft, die im Denken als individuelle Hervorbringung liegen könnte, wird heute dadurch konterkariert, daß bei
der Frage, worin denn das Individuelle des Menschen besteht,
in unzureichender Weise auf allgemeine Beschaffenheiten aus-
gewichen wird. Dafür gibt es ein ganzes Arsenal von Erklä-

rungsmustern, die im Zusammenhang dieses Buches nicht diskutiert werden können, aber doch einmal zusammenfassend genannt seien. Es handelt sich vor allem um die folgenden Ansichten:

1. Denken ist subjektive Bewußtseinsleistung und sonst nichts.
2. Denken ist abstrakt und hält fern von der Wirklichkeit.
3. Gedanken sind Funktionen des Gehirns.
4. Das menschliche Bewußtsein ist genetisch bestimmt.
5. Begriff, Wort (Name) und Vorstellung werden verwechselt.
6. Denken ist handlungsfeindlich.
7. Denken ist seinem *Wesen* nach so, wie es sich heute darlebt: intellektualistisch. Es war immer so und bleibt so, ohne Entwicklung.

Durch diese Ansichten entstehen Karikaturen dessen, was als individuelle Hervorbringung des Denkens bezeichnet werden muß. An die Stelle des Individuellen tritt das Subjektive und der Versuch, das Subjektive auf möglichst materialistische Weise zu erklären.

Es ist daher kein Wunder, daß gegenwärtiges Denken mit Vorliebe in verschiedene Richtungen flüchtet, die von der Eigenständigkeit des Individuellen wegführen. Die Hauptrichtungen können bezeichnet werden als Opportunismus, Fundamentalismus, Relativismus und als Flucht vom Denken ins Gefühl.[77] Es ist daher von besonderer Wichtigkeit für das Verständnis der «Philosophie der Freiheit», das Verhältnis des individuell hervorgebrachten Denkens zur physiologischen Organisation des Menschen richtig zu sehen (3. Kapitel, 17. Absatz).

Denken als Gewahrwerden:
die Vorsokratiker und Platon

Die Einsicht, daß das Denken eine Tatsache des menschlichen
Bewußtseins ist, die man als solche nicht diskutieren kann, ist
wohl erst in neuester Zeit ins Wanken geraten. Dies beruht offenbar darauf, daß nicht nur der Denk*prozeß* als Produkt des
menschlichen Geistes angesehen wird, sondern auch der Inhalt.
Unter dieser Voraussetzung hätte es natürlich keinen Sinn, von
einer «Tatsache» zu sprechen. Damit aber verschwindet zugleich
der Erkenntnisbegriff. Was man ehemals «erkennen» nannte,
dient dann in Wirklichkeit nur der (subjektiven) Bewältigung
dessen, was als «Welt» auf den Menschen zukommt. In der Tat
hat diese Auffassung heute in die Wissenschaftstheorie Einzug
gehalten. Vom Denken als «Tatsache» zu sprechen hat jedoch
nur Sinn, wenn Denken etwas anderes ist als die subjektive Bewältigung fertig gegebener Tatsachenzusammenhänge in der
«Außenwelt». Wer vom Denken als einer «Tatsache» spricht,
muß also zugleich seine spezifische Leistung, seine Stellung im
Weltgeschehen aufzeigen. Dies aber tut das 3. Kapitel, bevor von
«Tatsache» die Rede ist (S. 53 f.). Wesentlich ist dabei: Denken
stellt diejenige Wirklichkeit dar, in der die einzelnen Fakten und
Gegebenheiten überhaupt erst ihre Existenz haben. Denken ist
ein geistiges Gewahrwerden von Zusammenhang. Das widerspricht den meisten Auffassungen der letzten einhundert Jahre,
ist aber in der bewußtseinsgeschichtlichen Entwicklung Europas keineswegs eine exotische Erscheinung.

In den Anfängen Europas war dies eine selbstverständliche
Auffassung. Es ist die eigentliche Leistung des Denkens, das
damals noch nicht zugleich als individuelle Hervorbringung
des Menschen galt. Eines der frühesten Zeugnisse für das, was
wir heute als «Denken» bezeichnen würden, ist eine Szene der
Ilias, in der dem Helden Achilleus eine Inspiration durch die

Göttin Athena zuteil wird. Sie erläutert ihm die Zusammenhänge einer unlösbar erscheinenden Situation und gibt damit
zugleich Handlungsimpulse an die Hand.[78] Diese Inspiration
bewirkt ein überzeitliches Wissen, das heißt eine Fähigkeit, die
das persönliche Gedächtnis weit übersteigt. Dieses Wissen hat
durch sich selbst den Charakter, aus der Beschränktheit des
gegebenen Augenblicks herauszuheben und einen großen
(welthistorischen) Zusammenhang zu erschließen.[79]

   Parmenides von Elea (um 500 v. Chr.) beschreibt, wie das
ehemals göttliche Wissen in den Bereich menschlicher Selbständigkeit übergeben wird. Zunächst schildert er, wie der
künftige Denker in das Reich des Lichtes auffährt (Fragment 1),
um dort aus dem Munde einer (nicht weiter benannten) «Göttin» nun nicht nur «Wahrheit» (aletheia) zu erfahren, sondern
vor allem auch die Wege, auf denen die Wahrheit für den Menschen selbständig erforschbar ist: «So komm denn, ich will dir
sagen – und du nimm die Rede auf, die du hörst – welche Wege
des Suchens allein zu denken sind.» (Fragment 2.)[80] Die Über-
gabe des Denkens aus dem göttlichen in den menschlichen
Bereich geschieht dann mit den Worten der Göttin: «[…] schau
mit dem Geist die entfernten Dinge gleichermaßen als fest gegenwärtige» (Fragment 4). Der Mensch wird hier also aufgefordert, sein geistiges Wahrnehmungsvermögen (= Denken, noos)
selbst zu betätigen. Darin liegt zweifellos zugleich eine Präzisie-
rung des alten Grundverständnisses von «Denken» (noein):
eine Situation zu erkennen. Dieses Grundverständnis findet
sich schon in der Ilias. Und dieses «Denken» als eine Wahrnehmung eigener Art ist nun bei Parmenides nicht auf beliebige
Lebenssituationen, sondern auf das Sein selbst gerichtet. Neu
ist dabei, daß das dem noos einwohnende «intuitionale Element» (Kurt von Fritz) nicht mehr rein als göttliche Offenbarung gesehen wird. Die Göttin «offenbart» vielmehr die Wege,
die der Mensch im Denken selbst gehen kann. Denken meint
nicht einfach eine – wo auch immer herrührende – Erleuch-

tung, sondern im Zusammenhang mit diesem Denken wird von «Wegen» gesprochen. Logisches Schließen und Beweisen, die seit Parmenides ausgebildet werden, gehören zu diesem Element des Denkens dazu. Parmenides beschreibt zwei beziehungsweise drei Wege des Denkens recht genau.

Platons Ideenlehre schließt sich eng an Parmenides an. Von göttlicher Inspiration ist jedoch nur noch gelegentlich und vergleichsweise die Rede. Die Welt der Gedanken, die sich der Mensch jetzt selbständig erschließen kann, ist die eigentliche Wirklichkeit der Welt, die der sinnlichen Welt ursächlich zugrunde liegt. Platon sah sich, ebenfalls im Gefolge des Parmenides, veranlaßt, als erster zwischen «Denken» (noein) und «Sinneswahrnehmung» (aisthesis) begrifflich zu unterscheiden. Aber das Unterschiedene steht nicht gleichwertig nebeneinander, sondern das Denken erschließt Sein, die Sinneswahrnehmung bezieht sich nur auf das Prozeßhafte und Vergängliche, das seinen Ursprung im Sein (der Ideenwelt) hat. Die Grunderfahrung, daß alles scheinbar so Konkrete, Sinnliche der Vergänglichkeit unterliegt und daß es durch Sinneswahrnehmung allein zwar bemerkt, aber nicht erkannt werden kann, gibt der Platonischen Auffassung eine bleibende Kraft. Sie wird auch durch nachfolgende, ganz andersartige Auffassungen (zum Beispiel des Aristoteles) nur modifiziert, nicht aufgehoben.[81]

Auch *Aristoteles* bleibt von der Realität der Gedankenwelt überzeugt. Er sieht sie allerdings nicht getrennt von den Sinnesdingen wirksam, sondern *in* diesen. Mehr als der Ursprung des Denkens in einer Ideenwelt interessiert ihn die Eigentätigkeit des Menschen im Denken. Was bei Platon nur veranlagt war, wird seit Aristoteles immer deutlicher ausgebildet: die Doppelheit des Denkens als Gewahrwerden von Wirklichkeit einerseits und als Eigentätigkeit des Menschen andererseits. Aristoteles hat diese Doppelheit als erster formuliert, die im 3. Kapitel der «Philosophie der Freiheit» auf den Punkt gebracht wird. Im folgenden Abschnitt wird dies im einzelnen dargestellt:[82]

Der wirkende und der aufnehmende Geist: Aristoteles

In den Büchern *Über die Seele* arbeitet Aristoteles die Doppelheit des menschlichen Geistes heraus. Dabei ist zu beachten, daß das griechische Wort für «Geist» mit dem für «Denken» (noos, noein) identisch ist. «Denken» ist das Verbum, «Geist» das Substantiv, der «Denker». Dieses Denken ist, wie ausgeführt wurde, bei den Griechen von vornherein etwas Wahrnehmliches, ein Gewahrwerden. Aristoteles entdeckt die andere, die aktive Seite des menschlichen Denkens. Ursprünglich war die Aktivität beim Denken die Sache der Götter (vgl. oben Homer, Parmenides). Anaxagoras von Klazomenai (5. Jahrhundert v. Chr.) hatte in seiner Geistlehre bereits die Einfachheit, Aufnahmeunfähigkeit und Abgetrenntheit des Geistes von allem anderen betont. Aristoteles fragt nun, wie beides zusammenpaßt: das Aktive und das Aufnehmende des Geistes. Er verbindet damit zwei Eigenschaften des Geistes, die sich im vorsokratischen Horizont getrennt finden. Die alte Geistauffassung rückt das Gedachtwerden, das geistige Anschauen in den Vordergrund. Anaxagoras dagegen betont das Denken als eine Tätigkeit. Aristoteles versucht, beide Elemente des Geistes zusammenzusehen. Wie kann das geschehen? – Es muß im Geist beide Eigenschaften geben: die Aktivität und das Erleiden, die Denktätigkeit und das Gedachtwerden. Dadurch bringt Aristoteles Klarheit in die Geistauffassung, während sie vorher unauflösbar scheinende Probleme enthielt, wie beispielsweise Platon gegenüber Anaxagoras geltend macht.[83] So wird im 5. Kapitel des III. Buches *Über die Seele* der Begriff des «aufnehmenden Geistes» (nus pathetikos) geprägt.[84] Wie im ganzen Naturbereich, so gibt es auch im Denken ein Aufnehmendes und ein Ursächliches, Wirkendes. Es gibt einen Geist, der so ist, daß er zu allem wird, und einen andern, der alles wirkt (macht). Das ist seine bleibende Fähigkeit. Dieser wirkende Geist ist abgetrennt von allem anderen. Er nimmt nichts auf und vermischt sich nicht, «da er dem Wesen nach Betätigung (energeia)» ist, der andere, der aufnehmende Geist kann sich nicht bewegen (denken) ohne die Tätigkeit des wirkenden Geistes. So entsteht an dieser Stelle erstmals ein Gegensatz von zwei Arten von Geist. Der wirkende ist unsterblich, der aufnehmende stirbt zusammen mit dem Menschen.[85]

Das Verständnis dieser (singulären) Stelle bei Aristoteles hat mehr als eineinhalb Jahrtausende die Denker beschäftigt. Die Probleme, die damit bezeichnet sind, scheinen bis heute weder überholt noch gelöst. Die Unterscheidung zwischen dem wirkenden und dem aufnehmenden Geist bei Aristoteles führte in den folgenden Jahrhunderten zur Frage nach der geistigen Individualität des Menschen. Die daraus entstehende Auseinandersetzung blieb nicht auf einen gelehrten Schlagabtausch beschränkt, sondern nahm existentielle Züge an. So etwa, wenn Thomas von Aquin in die Worte ausbricht, «daß nicht nur die lateinischen Philosophen, deren Ansichten bestimmten Leuten nicht gegenwärtig sind, sondern auch die Griechen und Araber urteilten, der Geist sei Teil oder Vermögen (potentia) beziehungsweise Kraft (virtus) der Seele, die wiederum Form des Leibes ist. Daher bin ich verwundert, von welchen Peripatetikern die Averroisten diese Irrlehre ‹übernommen› haben, wie sie sich rühmen – es sei denn, ihnen ist weniger daran gelegen, mit den übrigen Peripatetikern richtig zu verstehen, als mit Averroes in die Irre zu gehen, der weniger ein Peripatetiker als ein Verdreher der peripatetischen Philosophie war.»[86]

Schon aus diesem kurzen Zitat geht hervor, daß sich offenbar alle Parteien in diesem Streit auf dieselbe Stelle bei Aristoteles beriefen. Und in der Tat läßt ja Aristoteles offen, ob der wirkende ebenso wie der aufnehmende Geist Teil des menschlichen Wesens ist, oder ob er, wie er an anderer Stelle einmal formuliert, von außen[87] in das Wesen der Menschen hereinkommt. Aristoteles läßt also offen, ob der Geist des Menschen, und insbesondere der wirkende Geist, je individuell oder ein einziger für alle Menschen ist. Das war für ihn – verständlich im Bewußtseinshorizont der Antike – offenbar noch keine scharf hervortretende Frage. Diese ist als solche erst später entstanden. Von der Antwort darauf hängt es jedoch ab, ob der Mensch sich als individuelles, eigenständiges geistiges Wesen oder ob er sich als Werkzeug göttlichen Geistes versteht. Im späten Mittelalter stehen sich zwei Positionen gegenüber, die beide das aufgetretene Problem nicht wirklich lösen können. Für *Albertus Magnus* und *Thomas von Aquin* ist es klar, daß der wirkende Geist ein Teil und eine Kraft der Seele ist. Und damit ist er auch individuell. Thomas schreibt im Anschluß an die Stelle über Aristoteles' Schrift *Über die Seele:* «Auf Grund dieser Worte nahmen manche an, das wirkende Denkvermögen sei ein leibunabhängiges Wesen, der Wesenheit nach vom aufnahmefähigen Denkvermögen unterschieden. Das scheint aber der Wahrheit nicht zu entsprechen. Der Mensch wäre von Natur aus nicht hinreichend ausgestattet, wenn er in sich nicht alle Voraussetzungen hätte, um die ihm eigene Tätigkeit, das Denken, zu vollziehen. Sie kann aber nur vollzogen werden durch das aufnahmefähige und wirkende Denkvermögen. Die Vollendung der menschlichen Natur fordert, daß beides im Menschen selber gegeben ist. Wie die Tätigkeit des aufnahmefähigen Denkvermögens, die in der Aufnahme der Denkgegenstände besteht, dem Menschen eigentümlich ist, so auch die Tätigkeit des wirkenden Denkvermögens, die in der Ablösung der Denkgegenstände von ihrer stofflichen Unterlage besteht. Das wäre nicht möglich, wenn der eigentliche Ursprung der Tätigkeit seinem Sein nach nicht mit ihm verbunden wäre [...]. Besagte Auffassung ist gegen den Geist des Aristoteles, der ausdrücklich sagt, daß die beiden Unterschiede, das wirkende und das aufnahmefähige Denkvermögen, Eigentümlichkeiten der Seele sind. Damit gibt er deutlich zu verstehen, daß sie Seelenbereiche oder Seelenfähigkeiten, aber nicht getrennte Wesen sind.»[88]

Die Auffassung des Thomas von der Individualität des Menschen ist also erkauft durch die Auffassung, daß der Geist Teil und Kraft der Seele, kein eigenständiges Wesensglied ist. Die durch die Averroisten vertretene Gegenposition faßt den Geist als der Seele gegenüber eigenständig auf, aber eben nicht als individuell.

Die Unversöhnlichkeit beider Positionen ist heute nicht geringer geworden, nur daß von einem Geist als eigenständiger Realität kaum noch jemand spricht. Auf der anderen Seite ist die «Individualität» des menschlichen Geistes heute erkauft durch seine Subjektivität, das heißt Wirklichkeitsferne. Das von Aristoteles aufgeworfene und in der Scholastik so heiß diskutierte, immer noch ungelöste Problem ist für das Selbstverständnis und für das Weltverhältnis des Menschen heute entscheidend geworden: Wo ist der tätige Geist als die Kraft des Geistes in der Seele? Läßt sich diese Frage nicht beantworten, dann bleiben nur die beschriebenen Alternativen: Geist ist göttlicher Geist außerhalb des Menschen (Averroes), oder er ist Teil der Seele (Thomas). Für die «Philosophie der Freiheit» ist diese Frage daher zentral. Ihre Lösung wird schrittweise angegangen, nach dem 3. Kapitel vor allem noch im 5., im 9., 12. und 13. Im 3. Kapitel wird der erste, entscheidende Schritt vollzogen: Denken ist aktivste, innerste Tätigkeit des Menschen und somit individuell. Und es ist *zugleich* ein geistiges Gewahrwerden, das den Menschen, je individueller er sich betätigt, um so stärker mit der *Welt* in Verbindung bringt. Diese Erfahrung des Denkens überwindet die Subjektivität, die jeden Denkinhalt zur abgelösten Ideologie werden läßt, und sie überwindet eine Allgemeinheit von «Gesetzmäßigkeiten», die zwar vorhanden sein mag, aber dem Menschen unzugänglich bleibt. Die in der «Philosophie der Freiheit» angestrebte Lösung greift nicht nur eines der aktuellsten Bewußtseinsprobleme unseres

Jahrhunderts auf, sondern zugleich auch eine Frage, die seit fast zweieinhalb Jahrtausenden ungelöst die Bewußtseinsgeschichte durchzieht. Sie antwortet auf «die Hoffnungen Platons und Aristoteles».[89]

> «Unser Denken war bisher entweder bloß mechanisch-*diskursiv*-atomisch oder bloß intuitiv-dynamisch. – Ist jetzt die Zeit der Vereinigung gekommen?»
>
> (Novalis, *Logologische Fragmente*)

Zwei aristotelische Motive im 3. Kapitel

Im folgenden wird noch auf zwei weitere aristotelische Motive im 3. Kapitel hingewiesen.

Denken des Denkens

Von herausragender Bedeutung für die Lösung des oben angedeuteten Problems ist die «Beobachtung des Denkens» im 3. Kapitel. Durch sie wird der «Archimedische Punkt» gegeben, durch den ein fester Grund für die Welterkenntnis geschaffen wird. Hier ist jedem erkennenden Menschen anheimgegeben, was im 12. Buch der *Metaphysik* des Aristoteles vom weltschaffenden Geist, dem «unbewegten Beweger», gesagt wird. Dieses Buch geht aus von der Frage nach dem Ursprung der Bewegung. Gesucht ist «etwas, was bewegend ist, ohne zugleich selber bewegt zu sein, etwas, was ewig, Sein und tätige Wirklichkeit ist». Das einzige Bewegende, das sich nicht zugleich selbst bewegt, ist jedoch das «Worumwillen», dasjenige, worauf das Verlangen und worauf das Denken geht: «[...] beides ist bewegend, ohne bewegt zu sein». Soweit die Bestandsaufnahme.

Schon hier ist klar: Das erste Bewegende muß im Denken liegen. In einem anderen Element der Welt kann es nicht liegen. Über mehrere Zwischenstufen, die hier nicht wiedergegeben werden können,[90] wird auf die Identität von denkendem Geist (nus), Gedachtem (noeton) und Denkprozeß (noesis) am Anfang des Weltgeschehens hingewiesen. Dabei geht es hier nicht um ein menschliches Denken, sondern um ein göttliches. Das menschliche verläuft zwar genauso, aber nicht in der hier zu fordernden Reinheit: «Wenn nun so wohl, wie wir uns zuweilen, der Gott sich immer befindet, ist das etwas Wunderbares, wenn aber noch mehr, dann ist es noch wunderbarer. So aber befindet er sich wirklich.» Diese Denktätigkeit ist nach antikem Verständnis zugleich schauend. Und als schauende Denktätigkeit wirkt sie auch im Seelischen und im Lebensbereich. Der Ursprung der «Bewegung» ist zugleich der Ursprung der Welt. Wie kommt es aber von dem sich selbst denkenden Denker zur Weltentstehung? Wiederum über einige Stufen, die hier nicht zu referieren sind, lautet das Ergebnis: Der Denker denkt sich selbst. Und da sein Wesen Denktätigkeit ist, ist auch notwendigerweise dasjenige, was er denkt, Denktätigkeit. Denktätigkeit richtet sich auf sich selbst, ist «Denken des Denkens», noesis noeseos. Durch dieses «Denken des Denkens», das zugleich die erste Bewegung in der Welt ist, beginnt der Weltprozeß. Im Denken des Denkens fallen Subjekt, Tätigkeit und Objekt zusammen. Der denkende Geist (noos) als unbewegter Beweger ist Wesen, Welterscheinung und tätige Wirksamkeit in einem.

So wie Aristoteles den Ursprung der Welt nicht anders denken kann denn als «Denken des Denkens», so steht die auf sich selbst gerichtete Denktätigkeit mit der Bezeichnung «Beobachtung des Denkens» an entscheidender Stelle der «Philosophie der Freiheit». Hier werden Reinheit (reines Denken), Tätigkeit und die Enthüllung von Wirklichkeit im Denken beschrieben als Anforderungen an ein Bewußtsein, das die neuzeitlich eingetretene Kluft zwischen Ich und Welt wieder überbrücken will. Dadurch wird diese Beobachtung des Denkens zugleich zum «Archimedischen Punkt», nach dem die zeitgenössische Erkenntnistheorie erklärtermaßen vergeblich sucht.[91] Die eigene Vergewisserung des Denkvollzugs, die nicht konstruktivistisch, sondern wahrnehmend vorgeht, liefert die Sicherheit des eigenen Ausgangspunktes, der durch keine Fremdwahrnehmung sinnlicher, seelischer oder geistiger Art gestört wird.

Im Sinne dessen, was zum 2. Kapitel ausgeführt wurde, kann hier gesagt werden: «Denken des Denkens» stand am Anfang des Weltprozesses. Im weiteren Fortschreiten haben sich Tätigkeit (Ich) und Aufnahme (Welt) immer weiter voneinander getrennt – so weit, daß sie heute nicht mehr viel miteinander zu tun zu haben scheinen, es sei denn auf undurchschaubare und bedrückende Weise (der Mensch erleidet Weltgeschehen, ohne es durchschauen zu können). Der historisch gebotene Versuch, die beiden auseinanderentwickelten Seiten wieder zusammenzubringen, setzt – nun von seiten des Menschen – bei demselben an, was den «Gott» zur Ingangsetzung des Weltgeschehens befähigte: bei dem auf sich selbst gerichteten Denken.

Bei Steiner wie bei Aristoteles gehören beide Motive eng zusammen: der tätige Geist und die Beobachtung des Denkens. Steiner greift dabei zurück auf eine Eigenschaft des Denkens, die in der Antike ganz klar war, inzwischen jedoch ziemlich in Vergessenheit geraten ist: den Wahrnehmungscharakter des Denkens. Er verbindet diesen mit dem Tätigkeitscharakter des Denkens, von dem noch bei Aristoteles offenblieb, ob er Leistung des Menschen selbst ist oder diesem von außen zukommt. Steiners Antwort besteht darin nachzuweisen, daß die Tätigkeit des wirkenden Geistes heute meine eigene individuelle ist. Er kann daher sprechen von meinem «Denken, das ich selbst hervorbringe» (S. 43), ohne damit einer Subjektivität des Denkens Vorschub zu leisten. Diese Lösung befreit zugleich das neuzeitliche intellektuelle Denken aus seinem beschriebenen Schattensein.

Schließlich sei noch auf eine Einzelheit hingewiesen, eine aristotelische Begriffsbildung im 3. Kapitel:

Das Beispiel: Donner und Blitz

Im 16. Absatz wird ein Unterschied gemacht zwischen dem Warum eines Sachverhalts («warum für meine Beobachtung der Donner auf den Blitz folgt») und der bewußten begrifflichen Verknüpfung («warum mein Denken den *Begriff* Donner mit dem des Blitzes verbindet»), und es wird ein Satz hinzugefügt, der Anstoß zu erregen pflegt: «Es kommt natürlich gar nicht darauf an, ob ich die richtigen Begriffe von Blitz und Donner habe. Der Zusammenhang derer, die ich habe, ist mir klar, und zwar durch sie selbst.»

Auch diese Unterscheidung läßt ein aristotelisches Motiv anklingen. Im 10. Kapitel des zweiten Buches der zweiten Analytik unterscheidet Aristoteles zwischen «warum» und «was», ebenfalls am Beispiel des Donners: «Denn es ist ein Unterschied, ob man sagt, warum es donnert und was der Donner ist. Denn im ersten Fall wird man sagen: weil das Feuer in den Wolken erlischt. Was ist aber der Donner? Ein Schall, der entsteht, wenn das Feuer in den Wolken erlischt. Und so wird denn dieselbe Rede in verschiedener Fassung vorgetragen und ist in einer Beziehung ein kontinuierlicher Beweis und in einer Definition. Noch eine Definition des Donners ist: Schall in den Wolken. Es ist der Schlußsatz des Beweises für das Was ist es. Die Definition des Unvermittelten aber ist eine Behauptung des Was ist es, die keinen Beweis leidet.»[92]

Die «intellektuelle Anschauung» als geistesgeschichtlicher Hintergrund des 3. Kapitels

«Wenn ich beobachte ...», mit dieser Voraussetzung oder Aufforderung beginnt das 3. Kapitel der «Philosophie der Freiheit». Und wenn der Leser das Kapitel durchgelesen hat, staunt er: Alles, was Rudolf Steiner über das «Denken im Dienste der Weltauffassung» vorbringt, gründet sich – «nach naturwissenschaftlicher Methode» – auf Beobachtung.

Zunächst beobachte ich einen Vorgang in der Sinneswelt (zum Beispiel ein Billardspiel). Dann beobachte ich den begrifflichen Prozeß, der sich in den sinnlich beobachteten Vorgang einmischt und dessen gesetzmäßige Zusammenhänge aufdeckt. Und schließlich beobachte ich, daß dieser begriffliche Prozeß ohne «mein Zutun» nicht zustande kommt, daß «ich selbst als Tätiger» ihn hervorbringe. Diese Tatsache, die die «bloße Beobachtung» des sinnlichen Vorgangs übersteigt, zeigt sich der «unmittelbaren Beobachtung» (S. 37).

Die Beobachtung ist die Grundtätigkeit des Bewußtseins: Nur was wir beobachten, wird uns bewußt. Jeden Gegenstand, den wir betrachten, nehmen wir durch Beobachtung in unser Bewußtsein auf; «auch das Denken müssen wir erst durch Beobachtung kennenlernen» (S. 39).

Damit setzt aber ein Ausnahmezustand ein: Für gewöhnlich beobachten wir das (aktuelle) Denken nicht, wenn wir über etwas nachdenken; es ist, tätig hingegeben an den betrachteten Gegenstand, «das unbeobachtete Element unseres gewöhnlichen Geisteslebens» (S. 42). Das Denken muß durch einen besonderen Akt (Ausnahmezustand) erst in die Beobachtung gezogen werden. Dann allerdings zeigt sich auch die Besonderheit dieses Beobachtungsgegenstandes: In ihm schauen wir etwas an, was wir selbst hervorbringen. Wir sehen uns unserer eigenen Tätigkeit gegenüber. Weil wir diese selbst vollziehen, durch und durch vom Ich aus wollen, ist dieser Gegenstand vollkommen durchsichtig und klar (18. Absatz). Er bildet einen evidenten Punkt unseres Geisteslebens, auf dem sich unser Bewußtsein überzeugend gründen läßt.

Dieser evidente Punkt im Menschen wird in der Neuzeit aufgedeckt und mit dem «Ich» identifiziert. Er wird Ausgangspunkt für die moderne Welterklärung und -gestaltung auf allen kulturellen Lebensfeldern. Die Philosophie reflektiert dieses Ereignis und sucht in ihm ein fundamentales Vermögen des Bewußtseins zu ergründen. Mit ihm soll alles Bewußtsein erst anheben. Es ist reine Tätigkeit, reine Produktivität, die noch auf kein Objekt geht (das es ja erst in einem schon vorhandenen Bewußtsein geben kann). Da diese Tätigkeit also auf keinen vorgegebenen Inhalt trifft, weil sie ihm vorausgeht, kann sie sich, will sie sich selbst bewußt werden, nur selbst anschauen.

Johann Gottlieb Fichte, der diesen alles Bewußtsein begründenden Vorgang als erster genau herausarbeitet, nennt ihn in der *Wissenschaftslehre* (1794) «Tathandlung» – die tätige Handlung ist zugleich angeschaute Tatsache – und später «intellektuelle Anschauung», um mit diesem Ausdruck den intellektualen, geistigen Charakter dieser vorgegenständlichen Anschauung zu bezeichnen. Sie ist für Fichte der Akt, durch den wir uns als «Ich» erfassen, das das (selbstbewußte) Zentrum des Bewußtseins bildet. «Dieses dem Philosophen angemuthete Anschauen seiner selbst im Vollziehen des Actes, wodurch ihm das Ich entsteht, nenne ich *intellectuelle Anschauung*. Sie ist das unmittelbare Bewußtsein, dass ich handle und was ich handle: sie ist das, wodurch ich etwas weiss, weil ich es thue.»[93] «Also –

die Intelligenz schaut sich selbst an, bloss als Intelligenz oder als reine Intelligenz, und in dieser Selbstanschauung eben besteht ihr Wesen. Diese Anschauung wird sonach mit Recht [...] *intellectuelle Anschauung* genannt. – Ich bediene mich statt des Wortes Intelligenz lieber der Benennung: Ichheit; weil diese das Zurückgehen der Tätigkeit in sich selbst für jeden, der nur der geringsten Aufmerksamkeit fähig ist, am unmittelbarsten bezeichnet.»[94]

Schelling gibt diesem Vermögen der intellektuellen Anschauung besondere Würde: «Uns allen wohnt ein geheimes, wunderbares Vermögen bei, uns aus dem Wechsel der Zeit in unser innerstes, von allem, was von außen hinzukam, entkleidetes Selbst zurückzuziehen und da unter der Form der Unwandelbarkeit das Ewige in uns anzuschauen.»[95] Im ersten überlieferten Brief zitiert der zwanzigjährige Rudolf Steiner diese Stelle und fährt begeistert fort: «Ich glaubte und glaube nun noch, jenes innerste Vermögen ganz klar an mir entdeckt zu haben – geahnt habe ich es ja schon längst –; die ganze idealistische Philosophie steht nun in einer wesentlich modifizierten Gestalt vor mir.» (Brief vom 13.1.1881, GA 38, S. 13.)

Die Entdeckung dieses Vermögens in sich bringt Rudolf Steiner auf seinen Erkenntnisweg. In seiner «Philosophie der Freiheit» will er dieser Entdeckung einen modernen Ausdruck geben. Seine Darstellung steht am Ende eines geistesgeschichtlichen Prozesses, der die Stellung des Menschen zum Geist neu definiert. Diese kommt in seiner metamorphosierten Auffassung der «intellektuellen Anschauung» als der *Beobachtung des Denkens* zum Ausdruck.

Durch die ganze Philosophiegeschichte zieht sich, unter wechselnden Begriffen und Deutungen, dieser *innerste Sinn,* der das Denken erleuchtet. Denn er gehört zum Wesen des Denkens. Für die geistesgeschichtliche Symptomatologie bedeutungsvoll ist die Beobachtung, daß dieses Vermögen, durch das der Mensch sich im Denken als geistiges, (selbst)bewußtes

Wesen ergreift, göttlicher Abstammung ist: Ursprünglich, bei Aristoteles, war das «Denken des Denkens» die fundamentale Eigenschaft des göttlichen Geistes. Sich selbst zu schaffen und anzuschauen war die herausragende, übermenschliche Qualität Gottes. Später, im Mittelalter, konnte der Mensch an diesem göttlichen Dasein in der visio dei teilhaben. Bei Nikolaus von Kues, zu Beginn der Neuzeit, kommt diese göttliche Qualität dem Menschen näher, der zur visio intellectualis aufsteigen kann. Diese göttliche Schau wird nun ein geistiges Vermögen des Menschen. Sie richtet sich immer mehr auf Vorgänge *im* Menschen oder: auf den Geist im Menschen. Schließlich wird dieser das innerste Zentrum des Bewußtseins: das *Ich*. Bei Descartes und Kant wird das Ich im Denken als tragender Grund der Bewußtseinsvorgänge entdeckt und vorausgesetzt. Erst Fichte entfaltet, «setzt» unter der Bewußtseinsoberfläche der Ich-Vorstellung die ursprüngliche, geistige Tätigkeitsnatur des Ich-Wesens. Steiner, der daran anknüpft, gibt dieser Philosophie die geisteswissenschaftliche Ratio und Konsequenz im 3. Kapitel seiner «Philosophie der Freiheit»: Im Denken, das sich selbst tätig hervorbringt und diese Tätigkeit anschaut (im Ausnahmezustand), ist das Organ und der Ort gefunden und durch methodische Übung betretbar, in dem das Ich als denkendes Wesen sich real ergreifen kann und den Geist erkennt. Der Geist leuchtet im Ich (im sich selbst erfassenden Denken) auf.

Darin liegt der «Sinn» dieser geistesgeschichtlichen Entwicklung, die im 3. Kapitel der «Philosophie der Freiheit» kulminiert: Die intellektuelle Anschauung ist der individuelle Akt, durch den das Ich sich (als Selbstbewußtsein) erzeugt. Sie ist, indem sie ihre Anschauung im Denken entfaltet, zugleich das Prinzip der Geist-Erkenntnis. «Nur die Begriffe und Ideen sind uns in der Form gegeben, die man die *intellektuelle Anschauung* genannt hat.» (GA 3, S. 60.) Das Ich ist, wenn es durch das tätig-anschauende Denken den Geistgehalt der Idee intuitiv ergreift, Geistselbst. Die «intellektuelle Anschauung» ist der terminus technicus für das Vermögen, den Geist der Welt durch den Geist des Menschen (in der anthroposophischen Menschenkunde: das «Geistselbst») zeugend zu erfassen. Rudolf Steiner ergreift sie und beschreibt im Ausnahmezustand ihre moderne Metamorphose: Die Beobachtung des Denkens ist der konkrete, für das gegenwärtige Bewußtsein realisierbare Vollzug der «intellektuellen Anschauung». Sie ist die im Ausnahmezustand des Denkens sich entfaltende Anschauung des Geistes.

Überwindung des Materialismus durch die Neurobiologie?

Um «den Begriff des Denkens in seiner Reinheit zu fassen», muß der Materialismus überwunden werden (S. 45). Ein wichtiger Schritt auf dem Weg der «Philosophie der Freiheit» erfordert eine Auseinandersetzung mit der Ansicht, unser Gehirn produziere unser Denken: Man muß das Bewußtsein des Denkens in völliger Klarheit unterscheiden können von einer «Kenntnis der physiologischen Grundlagen des Denkens» (S. 44). Diese Unterscheidung ist heute weniger offensichtlich als zur Zeit des klassischen Materialismus im 19. Jahrhundert.

Auch in der heutigen Philosophie des Geistes gilt der Materialismus vielfach als überholt. So beansprucht zum Beispiel John R. Searle in seinem Buch *Die Wiederentdeckung des Geistes*[96], über den Materialismus (und jeden offenen und versteckten Dualismus) hinausgekommen zu sein, allerdings auf einem durch die Ergebnisse der Gehirnforschung begründeten Weg. – Ist es also doch möglich, den Materialismus zu überwinden, ohne die Bedingung einer klaren Unterscheidung von Denken und Gehirnvorgang zu erfüllen?

Searle ist ein Vertreter einer verhältnismäßig jungen, monistisch orientierten geistesphilosophischen Strömung, des Emergentismus.[97] Emergentistische Philosophen sehen es als erwiesen an, daß das Gehirn den Geist produziert, halten ihn aber für eine «emergente» oder «höherstufige» Eigenschaft des Gehirns, etwas qualitativ anderes und Höheres, das durch den Hinweis auf die zugrundeliegenden Gehirnvorgänge nicht vollständig beschrieben wird.[98]

Der Emergentismus erkennt den Qualitätsunterschied von Materie und Geist (Bewußtsein) an. Er will jedoch die dualistische Annahme zweier verschiedener Wesenheiten oder «Substanzen» (Descartes) vermeiden. Dieses Bestreben führt ihn in ein Dilemma: Einerseits soll das Gehirn den Geist produzieren, andererseits soll diesem eine Wirklichkeit zukommen, die nicht in Begriffen von Gehirnvorgängen beschrieben werden kann. – Wie aber kommt das materielle Gehirn dazu, etwas zu produzieren, was ganz anderer Qualität ist als die in ihm ablaufenden Prozesse? Eine naturwissenschaftlich-kausale Antwort auf diese Frage bleibt der Emergentismus schuldig.[99] Hierin besteht seine grundlegende Schwierigkeit.

Emergentisten suchen einen Ausweg hieraus in einer Erweiterung des Materiebegriffs um geistige Vorgänge. Searle hält das «cartesianische» Denken in Gegensätzen von «Materie» und «Geist» für eine überholte Tradition: «Mithin sollen wir glauben, daß etwas Geistiges nicht physisch sein könne; daß es – wenn es um die Seele geht – nicht um die Materie gehen könne; daß wenn etwas immateriell ist, es nicht materiell sein könne. Doch all diese Auffassungen scheinen mir angesichts all dessen, was wir über die Neurobiologie wissen, offensichtlich falsch zu sein. Das Hirn verursacht gewisse ‹geistige› Phänomene, wie zum Beispiel bewußte Geisteszustände, und diese bewußten Zustände sind einfach höherstufige Merkmale des Hirns.»[100]

Der Ausweg des Emergentismus besteht in der widersinnigen Identifizierung der zuvor als verschieden erkannten Qualitäten Materie und Geist. (Irgendeine Dialektik, die in der Synthese eine höhere Ebene erschließt, läßt Searle nicht erkennen.) Der Emergentismus entpuppt sich als eine weitere Spielart der «dritten Form des Monismus» (siehe oben, Beitrag zur dritten Form des Monismus, S. 191 ff.). Er führt in die Illusion einer physisch-geistigen Welt, an die gleichfalls die Frage zu stellen ist: «Wie kommt das einfache Wesen dazu, sich in einer zweifa-

chen Weise zu äußern, wenn es eine ungetrennte Einheit ist?»
(S. 33.)

Noch von einem weiteren Gesichtspunkt aus kann nicht von einer Überwindung des Materialismus gesprochen werden. Der Materie wird zwar zugebilligt, auch «geistig» zu sein, aber das ist bloß ein Attribut. Über die materiell-geistige Materie wird weiterhin so gedacht, wie eben über Materie gedacht werden muß: Sie bleibt etwas dem erkennenden Subjekt Gegebenes, dem es gegenübersteht und das es (denkend!) zu verstehen sucht. Über die Gehirnmaterie, die sich von anderer Materie dadurch unterscheidet, daß sie nicht nur schwer und undurchdringbar, sondern auch geistig ist, denkt das Subjekt wie über jeden anderen materiellen Gegenstand. Die *Denkart* der Emergentisten verwandelt sich nicht, sie bleibt materiegemäß, ganz entsprechend einer bloßen *Erweiterung* des Materiebegriffs.

«Durchsichtige Klarheit» (S. 44) über mein Denken zu erlangen erfordert, die Unterscheidung von Gehirn und Geist wirklich ernst zu nehmen (ohne jedoch in einen Dualismus zu verfallen). Die vorschnelle Konstruktion ihrer Einheit führt zu einem nebulösen Gebilde, mit dem man in der Erkenntnis so umgeht wie mit jedem anderen materiellen Gegenstand. Damit, daß man unter Materie nun auch Geist versteht, ist der Materialismus noch nicht überwunden. Man kann sehr gut Materialist bleiben, ohne den Geist zu leugnen: Man ist dann der *Denkart* nach Materialist. Der Weg über die Beobachtung des Denkens hingegen führt dazu, eine *dem Denken gemäße* Denkart auszubilden, die sich neben die gewöhnliche, der Materie gemäße stellen kann. Den Materialismus im Denken überwinde ich durch die Bildung eines «reinen», vom Leib ganz losgelösten Begriffs des Denkens. – Das Rätsel des offensichtlichen Zusammenhangs von Denken und Gehirn wird dabei *zunächst* noch größer. Dies muß man aushalten lernen, gerade wenn man es lösen will.

Zum Thema:
«Philosophie der Freiheit»
und Psychoanalyse

Im Vorgriff auf das 3. Kapitel der «Philosophie der Freiheit» wurde oben (Beitrag zur Philosophie Eduard von Hartmanns, s. S. 97) die Gegensätzlichkeit zur Tiefenpsychologie behauptet. Dazu sollen im Anschluß an dieses 3. Kapitel einige Gesichtspunkte erörtert werden. Drei Aspekte, die «Beobachtung des Denkens», das Problem der Katharsis und der Begriff des «Ich» werden mit ihrer jeweiligen psychoanalytischen Entsprechung betrachtet und die Frage nach der Bedeutung der «naturwissenschaftlichen Methode» für die Selbsterkenntnis gestellt.[101]

1. «Freie Assoziation»

In der psychoanalytischen Praxis wird häufig die Methode der sogenannten «freien Assoziation» angewendet, um die Psychodynamik der Patienten zu erforschen. Freud benutzte diese Methode unter anderem für die Traumdeutung. In seinem grundlegenden Werk *Die Traumdeutung* (1900) beschreibt er diese Methodik wie folgt: «Dazu bedarf es nun einer gewissen psychischen Vorbereitung des Kranken. Man strebt zweierlei bei ihm an, eine Steigerung seiner Aufmerksamkeit für seine psychischen Wahrnehmungen und eine Ausschaltung der Kritik, mit der er die ihm auftauchenden Gedanken sonst zu sichten pflegt. Zum Zwecke seiner Selbstbeobachtung mit gesammelter Aufmerksamkeit ist es vorteilhaft, daß er eine ruhige

Lage einnimmt und die Augen schließt; den Verzicht auf die Kritik der wahrgenommenen Gedankenbildungen muß man ihm ausdrücklich auferlegen. Man sagt ihm also, der Erfolg der Psychoanalyse hänge davon ab [...].»[102] Im Vergleich mit der «Beobachtung des Denkens» tritt die Leibgebundenheit der «freien Assoziation» deutlich hervor. Wo bei Steiner die Beobachtung der vom Ich selbst hervorgebrachten und dabei voll durchschauten Denktätigkeit gemeint ist, handelt es sich bei Freud um die abstandslos aufgenommene innere Wahrnehmung der aus undurchschauten Tiefen auftauchenden und sich assoziierenden Bewußtseinsinhalte, der *ungewollten* Gedanken»[103]. «Frei» bedeutet dabei frei von jeglicher Kritik und bewußter Führung des Denkens nach Maßgabe der Denkinhalte.

Was dabei aber zur Wirkung kommt, sind erstens *leiblich*-seelische Kräfte und zweitens der suggestiv-autoritative Einfluß des Therapeuten, der sich dazu auch des Wunsches des Patienten bedient, die Therapie möge «Erfolg» haben. Wäre es nicht angemessener, hier von «Assoziationszwang» zu sprechen? Von Freiheit kann nicht die Rede sein. Im Zusatz zum 3. Kapitel wird ein solches «Denken» angesprochen: «Man sollte nur nicht verwechseln: ‹Gedankenbilder haben› und Gedanken durch das Denken verarbeiten. Gedankenbilder können traumhaft, wie vage Eingebungen in der Seele auftreten. Ein *Denken* ist dieses nicht.» (S. 55.) Als solches ist es freilich auch von Freud ursprünglich nicht gemeint. Er bemerkt selbst, daß «die psychische Verfassung des Mannes, welcher nachdenkt, eine ganz andere ist», daß bei ihr «eine psychische Aktion mehr ins Spiel» tritt und daß in der «freien» Assoziation ein psychischer Zustand hergestellt wird, «der mit dem vor dem Einschlafen (und sicherlich auch mit dem hypnotischen) eine gewisse Analogie der Verteilung der psychischen Energie [...] gemein hat.»[104] – Nur ist diese Differenzierung in der Praxis verlorengegangen; tendenziell wird Denken immer mehr sogar mit physiologisch beschreibbaren Vorgängen verwechselt.

2. «*Katharsis*»

Die Methode der «freien Assoziation» wurde von Freud nach und nach entwickelt, weil ihm die hypnotische Beeinflussung seiner Patienten nicht immer zufriedenstellend gelang. Die hypnotisch-kathartische Therapie wurde von Joseph Breuer, der ursprünglich zusammen mit Freud die Grundlagen der Psychoanalyse entwickelte, angewandt, zum Beispiel bei der Behandlung des psychoanalytischen «Urkasus» der «Anna O.». In einem hypnotischen Zustand, das heißt in einem Zustand herabgelähmten Bewußtseins, wurde ihr suggeriert zu erzählen, was ihr angesichts ihrer Symptome einfiel. Immer wenn dies gelang und dabei auch alle Emotionen erlebt und zum Ausdruck gebracht wurden, die beim «traumatisierenden» und (in der Überlegung Breuers) zum Symptom führenden Ereignis unterdrückt worden waren, verschwand – zumindest vorübergehend – das Symptom. Die Patientin selbst bezeichnete diesen Vorgang als «chimney sweeping» (Schornsteinfegen). Damit sollte auf die «reinigende», kathartische Wirkung gewiesen sein. Ein anderer Ausdruck war «talking cure»: eine Reinigung durch verbales Abreagieren der traumatisierenden Emotionen.

Auch wenn die Methode der Hypnose im engeren Sinne fallengelassen wurde, bestimmt diese Auffassung von «Katharsis» das psychologische Bewußtsein im 20. Jahrhundert weiterhin. Die «Affektabfuhr» wird als heilsam, hygienisch und gesund angesehen – wobei Gedanken und Sprache möglichst zum Vehikel leibgebundener, emotionaler Kräfte gemacht werden.

Auch die «Philosophie der Freiheit» kann, allerdings in ganz anderer Weise, als eine «Katharsis» angesprochen werden. Das Denken wird vom Ich emotionsfrei geführt. Dadurch werden die in der Seele wirkenden *geistigen* Tätigkeiten zur Erscheinung und zu stärkerer Wirksamkeit gebracht: «Sehr weit kann der Mensch in bezug auf diese Katharsis schon kommen, wenn er zum Beispiel alles das, was in meiner ‹Philosophie der Freiheit› steht, so innerlich durchgenommen und erlebt hat, daß er das Gefühl hat: Das Buch war für mich eine Anregung, aber ich kann jetzt die Gedanken genau so, wie sie dastehen, eigentlich selbst reproduzieren. [...] Denn dieses Buch ist ein gegliederter Organismus, und das Durcharbeiten der Gedanken dieses Buches bewirkt so etwas wie eine innere Trainierung.» (GA 103, S. 195 f.) Diese Art der Selbsterkenntnis der geistigen Tätigkeiten in der Seele findet im psychoanalytischen Verständnis von «Katharsis» heute ein starkes Hindernis. Es kann überwunden werden, wenn man sich den Unterschied verdeutlicht.

3. Das «Ich»

«Übt man Selbsterkenntnis auf die Weise, daß man nur in sich hineinbrütet, so sieht man nur, was man bisher schon hatte. Dadurch erlangt der Mensch aber nichts Neues [...].» (GA 103, S. 199.) Es wird dadurch nämlich nicht bewußt, wie im Seelisch-Gegebenen das Ich als Tätigkeitszentrum wirkt. Nur in der Betätigung des Denkens – das immer *gewollt* werden muß – erkennt das Ich sich als das Tätige «bis in alle Verzweigungen der Tätigkeit» (S. 54). Dieses Erkennen ist nur durch das übende Herstellen des Ausnahmezustandes zu erreichen. Und nur insofern ich mich als Tätigkeitszentrum nicht nur erlebe, sondern zugleich als solches zweifelsfrei erkenne, kann von Freiheit die Rede sein.

Freud hat das «Ich» im Laufe seines Lebens in zunehmendem Maße thematisiert. Aber wie erscheint es da? Es zeigt sich als «armes Ding, welches unter dreierlei Dienstbarkeiten steht und demzufolge unter den Drohungen von dreierlei Gefahren leidet, von der Außenwelt her, von der Libido des Es und von der Strenge des Über-Ichs. Dreierlei Arten von Angst entsprechen diesen drei Gefahren [...]. – Das Ich ist ja die eigentliche Angststätte.» Dabei «unterliegt es nur zu oft der Versuchung, liebedienerisch, opportunistisch und lügnerisch zu werden, etwa wie ein Staatsmann, der bei guter Einsicht sich doch in der Gunst der öffentlichen Meinung behaupten will».[105] Vom Angstgefühl und von einem schwachen, korrumpierten Willen her wird das Ich von Freud charakterisiert. Dieses Verständnis spiegelt nicht nur die Erfahrungen mit Patienten wider. Hier wirkt vor allem die mangelnde Denkbeobachtung, eine fatale Lücke in der sogenannten «Selbstanalyse».

4. Die «naturwissenschaftliche Methode»

In einem Brief aus dem Jahr 1931 schrieb Freud: «Von Natur aus für Philosophie unbegabt, habe ich aus der Not eine Tugend gemacht.» Diese Tugend soll in dem Bestreben gesehen werden, «die Tatsachen, die sich mir als neu enthüllten, möglichst unverbildet, vorurteilslos und unvorbereitet zu verarbeiten».[106] Vielleicht hätte Freud ohne diese «Not» sein eigenes Werk im Rückblick anders beurteilt. Als junger Mann hat er begeistert in Brückes physiologischem Institut mitgearbeitet. Brücke war ein Wissenschaftler, der sich bewußt vorgenommen hatte, nichts als physische und chemische Faktoren für eine wissenschaftliche Erklärung der untersuchten Phänomene gelten zu lassen. Es wurde ein Programm durchgeführt – alle Beobachtungen hatten sich ihm zu fügen. Psychologie sollte auf Neurophysiologie reduziert werden. Mechanistische und energetische Schemata beherrschten Brückes Denken. Hier wurde Freuds Denken geformt. Seine Ablehnung der Philosophie kommt in Wirklichkeit der unkritischen Übernahme einer positivistischen und szientistischen Philosophie gleich. Diese Denkweise

bleibt wirksam, auch wenn er sich mit anderen als den physiologischen Inhalten befaßte. Das ließe sich an einer frühen Arbeit illustrieren, dem *Entwurf einer Psychologie* (1895), der wie
«eine Art Ökonomik der Nervenkraft»[107] angelegt ist. Es zeigt
sich ebenso am *Abriß der Psychoanalyse,* einer Zusammenfassung, die im letzten Lebensjahr Freuds (1939) entstand. In ihr
bekennt er, daß er in der Auffassung, das Psychische sei an sich
unbewußt, eine Möglichkeit sieht, «die Psychologie zu einer
Naturwissenschaft *wie jede andere* auszugestalten». Er äußert
sogar die Vermutung, Psychoanalytiker der Zukunft könnten
lernen, «mit besonderen chemischen Stoffen die Energiemen-
gen und deren Verteilung im seelischen Apparat direkt zu be-
einflussen».[108] Die «Mythologie der Energetik»[109] beherrscht
durchgehend die Sichtweise auf die seelischen Erscheinungen.
Das Ideal einer naturwissenschaftlichen Erkenntnismethode,
das im 19. Jahrhundert alle Köpfe beherrschte, tritt bei Freud in
einer ganz einseitigen Form auf.

In seiner Rede «Über die Zukunft der Philosophie» (1893)
stellte Franz Brentano, der einzige Philosoph, bei dem Freud mit
einem gewissen Interesse mehrere Vorlesungen gehört hat, die
Forderung auf, daß die Philosophie nach «naturwissenschaftlicher Methode» verfahren solle. Es war die Zeit, als Freud am
Entwurf einer Psychologie arbeitete. Diese Methode ist bei Brentano jedoch einseitig verstanden. Dazu Steiner: «[...] hätte nicht
die naturwissenschaftliche Methode wie ein Bleigewicht an seinen Forscherkräften gegangen, weil er sie eben mißverstand, er
wäre fähig gewesen, einzutreten durch das Tor in das geistige Erleben, das aus der Seele etwas heraufholt, was nicht da sein kann,
wenn man bloß naturwissenschaftliche Methoden hat. An dem
tragischen Forscherleben Franz Brentanos zeigt sich [...], wie
gerade durch die naturwissenschaftlichen Errungenschaften
eine solche Seelenwissenschaft mit Notwendigkeit gefordert
wird, die nur in vom Leiblichen befreiten seelischen Erfahrungen erlangt werden kann.» (GA 73, S. 39 f.)

Steiner beansprucht in der «Philosophie der Freiheit», die «naturwissenschaftliche Methode» gerade für die «seelische Beobachtung» fruchtbar gemacht zu haben. Was ist darunter zu verstehen? Nicht die spekulative Bearbeitung von naturwissenschaftlichen Ergebnissen (Eduard von Hartmann), nicht die Konstruktion einer «Hirnmythologie», Energetik oder ähnlichem (Freud), aber auch nicht die schlichte Beobachtung des Seelisch-Gegebenen (Brentano): «Man kann nicht einfach beobachten wollen, was Vorstellungen sind, was Denken oder was der Wille ist, oder was Gedächtnis ist und so weiter. Geradeso wie die heutige Naturwissenschaft im Laboratorium und in der Klinik von ganz anderen Voraussetzungen ausgeht als die Naturwissenschaft älterer Zeiten, so muß die Seelenwissenschaft an Realitäten des Lebens anknüpfen, die aber allerdings erst, ich möchte sagen, herausdestilliert werden müssen aus der Ganzheit des menschlichen Lebens.» (GA 73, S. 258.)

Vor allem der Vergleich mit dem Laboratorium macht deutlich, daß ein inneres *experimentelles* Vorgehen erforderlich ist, das heißt, daß das zu Beobachtende erst tätig und unter kontrollierten, für das Ich durchsichtigen Verhältnissen hervorgebracht und zielbewußt, vom Denken gelenkt, beobachtet werden muß. Dann ist es vergleichbar mit einer Kontrollsituation, in der der entsprechende experimentelle Eingriff nicht stattfindet, so daß man restlos und sicher den wirksamen Faktor erkennen kann. Das ist der Fall, wenn man durch das Tor des Ausnahmezustandes in das reine Denken eintritt und von dieser Erfahrung aus auf das gewöhnliche Bewußtsein und die seelischen Erscheinungen zurückblickt.

In seinem Buch *Von Seelenrätseln* (1917), in dem ein umfangreicher Nachruf auf Brentano abgedruckt ist, stellt Steiner den psychischen Erscheinungen das «*Wesenhaft-Seelische*» (GA 21, S. 128) entgegen. Im 1. Kapitel beschreibt er dort die Bedeutung von Grenzerlebnissen im Erkenntnisringen: Die Seele «lernt erfahren, daß diese Grenzen nichts anderes darstellen als dasjenige, was entsteht, wenn sie von der geistigen Welt seelisch berührt wird» (ebd., S. 22). Die Naturwissenschaft führt vielfach an solche Grenzen, aber auch die Psychologie. Wir sahen, daß das Eintreten in den Ausnahmezustand selbst ein solches Grenzerleben ist, das nicht nur ausgehalten, sondern immer wieder aufgesucht werden muß, damit in der Seele die Kraft zu leibfreien Erfahrungen reift. Nur darin kann das Wesenhaft-Seelische gefunden werden. Die psychischen Erscheinungen sind dessen Spiegelung am physischen Leib. «Hätte Brentano die Spiegelbild-Natur des gewöhnlichen Bewußtseins durchschaut: er hätte im Verfolg der anthropologischen Forschung nicht haltmachen können vor dem Tore, das in die Anthroposophie führt.» (Ebd., S. 109.) Die erste bewußte leibfreie Erfahrung liegt in einem aktiven, sich selbst beobachtenden Denken, das erkennt, daß und wie es sich Zusammenhänge schafft nach Maßgabe der selbst hervorgebrachten Denkinhalte.

Nicht eine Naturwissenschaft «wie jede andere» wollte Steiner auf das Gebiet seelischer Erscheinungen anwenden, sondern eine sich aus der naturwissenschaftlichen Seelenhaltung heraus entwickelnde Hinwendung zum Seelisch-Geistigen im Menschen, zum «Naturwesen in uns», das «wir herübergerettet haben bei unserer Flucht aus der Natur» (S. 34) und das uns zum Führer werden kann «zum Geistigen im Weltenall» (GA 26, S. 14.) Der Erkenntnisweg, der dabei gegangen wird, ist, auch schon in der Form der «ideellen Erkenntnis» der «Philosophie der Freiheit», Anthroposophie, «eine Geistesströmung, welche sich mit innerer Notwendigkeit [...] ergibt aus dem Heraufkommen der naturwissenschaftlichen Weltanschauung [...] in der Gestalt, welche [diese] insbesondere in unserer Zeit angenommen hat» – allerdings nicht «wie eine logische Folge», sondern «mehr wie ein lebendiges Kind [...] der naturwissenschaftlichen Vorstellungsart» (GA 73, S. 9).

Mit der «Philosophie der Freiheit» wird somit die Anthroposophie begründet, und zwar in der Beobachtung des Denkens.[110]

Vierter Teil:
Zum Studium der
«Philosophie der Freiheit».
Überblick, Ergänzungen, Anregungen

Der erste Teil der «Philosophie der Freiheit». Ein kurzgefaßter Überblick

1. Kapitel: «Das bewußte menschliche Handeln»

«Ist der Mensch in seinem Denken und Handeln ein geistig *freies* Wesen oder steht er unter dem Zwange einer rein naturgesetzlichen ehernen Notwendigkeit?»

Diese Grundfrage des Menschseins ist entscheidend für alles, was ich als Mensch selber denke und tue. Je nachdem, wie sie beantwortet wird, wird auch mein Leben bestimmt werden, es wird einen anderen Verlauf nehmen, wenn ich sowohl meine Entschlüsse als auch meine Handlungen frei gestalten kann, als wenn sich herausstellte, daß sich die Vorstellungen und Taten nach undurchschauten Ursachen regelten. Nur im ersten Falle wäre ich ein selbständiges und verantwortungsbewußtes Wesen. Das hat Konsequenzen bis in den Alltag. Denn wenn ich glaubte, die Freiheit verneinen zu müssen, dann ist jeglicher Reglementierung Tür und Tor geöffnet. Je nachdem, wie also die Antwort auf die Grundfrage ausfällt, werde ich in meiner Existenz betroffen sein – und deswegen ist es wichtig, ja lebensnotwendig, diese Grundfrage des Menschseins zu beantworten.

Der Gedankengang

Jeder Mensch, der sein Leben selbständig und verantwortungsbewußt führen möchte, muß sich zuallererst fragen, ob er wirklich ein freies Wesen sein kann oder ob er nur der Illusion der Freiheit unterliegt, weil er die Bestimmtheiten nicht durchschaut, von denen sein Vorstellungs- und Willensleben abhängt. Vorgeprägte Postulate nach der einen oder anderen Richtung helfen hier wenig weiter. Natürlich ist schnell festzustellen, daß immer ein Grund vorliegt, nach welchem ich mich in meiner Handlung richte, aber ist diese deswegen schon unfrei zu nennen?

Wenn mich eine bestimmte Ursache zu einer bestimmten Tat treibt, so muß ich doch fragen, ob ich als Mensch dieser Ursache einfach blind ausgeliefert bin – dann wäre ich natürlich unfrei –, oder ob ich weiß, warum ich etwas tue – nur dann könnte ich von Freiheit sprechen.

Ich muß also zunächst die Ursachen verfolgen, um hier Klarheit zu schaffen. Als erstes sind hierzu die äußeren von den inneren Beweggründen zu unterscheiden. Die äußeren Ursachen sind relativ schnell zu finden; aber gibt es nicht innere, in meinem Charakter liegende Gründe, die ich zunächst nur schwer durchschauen kann? Wenn ich aber von Freiheit sprechen wollte, so müßte ich auch diese voll erkennen.

Gibt es überhaupt eine Möglichkeit, diese inneren unbewußten Antriebe zu durchschauen? Nur wenn das gelänge, wenn ich also aus Erkenntnis handelte, dann wäre ich frei.

Was heißt das aber, aus Erkenntnis handeln? Aus Erkenntnis handeln hieße, das, was mich in meinen Handlungen treibt, genau zu durchschauen. Wenn ich dies versuche, entdecke ich als erstes, daß jeder bewußten Handlung ein Motiv zugrunde liegt. Wie entsteht dieses? Könnte es nicht sein, daß es uns ebenso unbewußt antriebe wie etwa ein charakterlicher Fehler?

Um hier voranzukommen ist es nötig, den Vorgang, wie ein Entschluß in mir entsteht, in all seinen Elementen voll zu verstehen. Daß von Freiheit wieder nicht gesprochen werden kann, wenn mich ein unbewußt entstandenes Motiv bestimmt, ist klar. Wenn ich mir aber Klarheit darüber verschaffen könnte, wie ein bewußtes Motiv in mir entsteht, dann wäre ich einen Schritt weiter.

Hier wird es jedoch schwierig. Denn um erfahren zu können, wie ein bewußtes Motiv in mir entsteht, muß ich das Denken untersuchen, weil ich ohne Denken keinen Begriff des Wissens von etwas, also auch nicht von dem Entstehen der Motive, erlangen kann. An dieser Stelle ist es nun keineswegs sicher, ob das Denken etwa selbst wieder von unbewußten Faktoren abhängt. Wäre das der Fall, dann könnte man von Freiheit nicht sprechen. Wir haben also die dringende Aufgabe, zunächst einmal das Denken selbst zu untersuchen, und erst wenn hierfür die volle Durchschaubarkeit gesichert ist – wozu die nächsten Kapitel nötig sind –, werden wir in der Freiheitsfrage voranschreiten können.

2. Kapitel: «Der Grundtrieb zur Wissenschaft»

«Zwei Seelen wohnen, ach! in meiner Brust,
Die eine will sich von der andern trennen;
Die eine hält, in derber Liebeslust,
Sich an die Welt mit klammernden Organen;
Die andere hebt gewaltsam sich vom Dust
Zu den Gefilden hoher Ahnen.»

Diese Polarität der menschlichen Natur ist die Grundlage, auf der sich der Erkenntnisdrang des Menschen entwickelt. Einerseits ist der Mensch ganz eingewoben in die Natur und ihre Wirkungen und ist von ihr mit Lebensfähigkeit ausgestattet worden, doch andererseits ist er nirgends mit dieser Ausstattung zufrieden. Er möchte wissen, was in ihm wirkt und lebt und möchte verstehen, was in der Welt geschieht. Der Erkenntnisdrang tritt heutzutage ebenso notwendig im sich entwickelnden Menschen auf wie ein Naturereignis. Aber er gehört diesem Reiche nicht an; der Mensch will mehr als die Natur, er will durchschauen und verstehen, will die Prinzipien erkennen, aus denen die Natur wirkt, und ist erst zufrieden, wenn er vermeint, diese begreifen zu können. Woraus aber kommt er selbst?

Der Gedankengang

Seit der griechischen Kulturperiode, aus der heraus Aristoteles wie selbstverständlich sagen konnte: «Alle Menschen streben von Natur aus nach Wissen» (*Metaphysik*, 1. Buch), ist der Mensch unzufrieden mit dem, was die Natur ihm zeigt, und versucht einzudringen in das Hinter ihr, dem sie entstammt. Jeder Blick in die Natur erzeugt in uns eine Summe von Fragen, und wir sind erst zufrieden, wenn wir Erklärungen für die Tatsachen gefunden haben. Dieser Vorgang bringt jedoch naturgemäß die Spaltung von Ich und Welt mit sich, desjenigen Ich, das sich seines Fragens bewußt ist, und derjenigen Welt, an welche die Fragen gerichtet sind.

Während unseres ganzen Lebens streben wir nach Überbrückung dieser gegensätzlichen Bereiche, weil wir unbewußt davon ausgehen, daß die beiden miteinander verbunden sind. Wir kommen erst zur Ruhe, wenn wir den Weltinhalt zu unserem eigenen Gedankeninhalt gemacht haben und damit eingedrungen sind in diejenigen Kräfte, welche die Welt und uns zusammenhalten.

Geschichtlich tritt uns diese ständige Bemühung in den verschiedenen Weltauffassungen entgegen. Einerseits erlebt sich der Mensch wie in zwei Welten existierend, indem ihm die Welt, die er von sich aus begreifen will, von außen erscheint, doch andererseits ahnt er auch das einende Band, welches zwischen beiden die Brücke herstellt. Dabei findet er sich – unabhängig davon, welche Meinung er hat – nun selbst in den Gegensatz hineingestellt: Sein Leib gehört ohne Zweifel zur erscheinenden Welt dazu, während sein Fragen sich dieser gegenüber empfinden muß, da, wo die geistigen Quellen entspringen. Diese Diskrepanz kann nicht leicht überwunden werden, denn eine jede Erklärung muß vereinigt denken, was zu verschiedenen Bereichen gehört. So passiert es zum Beispiel dem Materialisten, daß er, weil er vom Primat der Materie ausgeht, nun nicht erklären kann, wieso die Materie nicht mit ihrem Dasein zufrieden ist und über sich selbst nachzudenken beginnt. Die Frage bleibt bestehen, denn wenn statt des Menschen nun die Materie denken soll, so ist das Problem nur verschoben, aber nicht gelöst. Was bringt denn, so müßte man sofort weiterfragen, die Materie dazu, über sich selber nachzudenken?

In ähnlicher Art, wie es dem Materialisten ergeht, ergeht es auch dem konsequent denkenden Spiritualisten. Da für ihn überall nur der Geist als reales Element Gültigkeit hat, muß ihm nun die Welt der Erscheinungen verschlossen bleiben. Wer alles aus dem Geiste – oder, wie Fichte sagt, aus dem eigenen Ich – ableiten will, der muß die Welt verleugnen und sich den dort zu sammelnden Erfahrungen verweigern.

All diesen Standpunkten gegenüber, die noch mannigfach ergänzt werden könnten, bleibt aber festzuhalten, daß uns der Urgegensatz zwischen Welt und Mensch zuerst in unserem eigenen Wesen und in unserem eigenen Bewußtsein entgegentritt.

Dort müssen wir suchen, wenn wir die Brücke zwischen Sinnes- und Geisteswelt, zwischen Natur und Ich finden wollen, denn dort sind beide Seiten unmittelbar und in einem Wesen verbunden. Dies ist das Rätsel, das sich zwar deutlich vor uns hinstellt, aber nicht schon selbst beantwortet. «Die Erforschung unseres Wesens muß uns die Lösung des Rätsels bringen.» Wir müssen entdecken, daß es etwas gibt, das zwischen dem «Ich» und der Welt vermittelnd tätig ist und uns aufklären kann über den gesuchten Zusammenhang.

Wer dieses zu beobachten unternimmt, der wird bald entdekken, daß dieses Etwas engstens mit dem Denken verbunden sein muß, weil es im Dienste der Weltauffassung steht und ohne dasselbe keine Ansicht darüber zustande käme. Wenden wir uns also zunächst der Untersuchung dieser Frage zu.

3. Kapitel: «Das Denken im Dienste der Weltauffassung»[III]

Wenn ich einen Vorgang in der Sinneswelt beobachte, so füge ich parallel zu dem eigentlichen Prozeß ein Bild aus Vorstellungen und Begriffen hinzu, das ich mir durch meine eigene Tätigkeit erzeuge. Dieses Bild steht aber mit dem ursprünglichen und wahrnehmlichen Geschehen in einer solchen Beziehung, daß sich der Zusammenhang dieses Geschehens aufhellt und mir ersichtlich wird. Ohne Beobachtung und ohne Denken, das den Zusammenhang erst schafft, entsteht kein Wissen. Zunächst ist es so, daß das Beobachten und das Denken getrennt auftreten; wenn ich aber das Denken beobachten will – und das muß ich tun, wenn ich das Denken im Dienste der Weltauffassung verstehen will –, dann kann ich nicht, wie im Normalfall, schauen, was sich dem Beobachten zeigt, sondern dann muß ich denken, damit ich nachher, durch eine Art «Ausnahmezustand», auch den Vorgang des Denkens mitzuerfassen lerne. Es gehört eben zu der eigentümlichen Natur des Denkens, «daß es eine Tätigkeit ist, die bloß auf den beobachtenden Gegenstand gelenkt ist und nicht auf die denkende Persönlichkeit». Erst durch den Ausnahmezustand kann das unbeobachtete Element unseres gewöhnlichen Geisteslebens auch ins Bewußtsein gehoben werden.

Wie kann das Denken nun beobachtet werden? Normalerweise ist meine Aufmerksamkeit auf das Objekt, worüber gedacht wird, gerichtet, nicht aber auf die denkende Tätigkeit selbst. Um diese in das Bewußtsein zu heben, muß ich den

Ausnahmezustand herbeiführen, das heißt mich mir selber gegenüberstellen und beobachten, was mir bisher verborgen blieb. Das kann ich ungeübt nur nacheinander vollziehen: Erst muß ich das Denken hervorbringen, nachher kann ich betrachten, was und wie ich gedacht habe. Das ist aber deshalb auch möglich, weil ich die Begriffe, welche den Zusammenhang herstellen, selbst gebildet habe.

Was veranlaßt mich jedoch, die Begriffe miteinander zu verbinden? Nichts anderes als die Inhalte der Begriffe selbst. Diese Inhalte produziere ich selbst, und deswegen weiß ich, wie das zustande kommt, was ich beobachte. Gerade weil ich selbst der Denkende bin, kann ich nicht getäuscht werden. Während ich über irgendein Objekt nachdenke, mischt sich in diesen Prozeß ein Vorgang ein, der übersehen wird. Wenn ich diesen Vorgang dann auch noch beobachte, dann ist kein unberücksichtigtes Element mehr vorhanden. «Denn was jetzt im Hintergrund schwebt, ist selbst wieder nur das Denken. Der beobachtete Gegenstand ist qualitativ derselbe wie die Tätigkeit, die sich auf ihn richtet. Und das ist wieder eine charakteristische Eigentümlichkeit des Denkens.» (S. 48.)

Wer das Denken beobachten will, der muß es schaffen, muß resolut darauflosdenken, um hinterher mittels der Beobachtung des Selbstgetanen zu seiner Erkenntnis zu kommen. Beim Denken halten wir das Weltgeschehen an einem Zipfel, denn wir müssen dabei sein, wenn etwas zustande kommen soll.

Wenn ich das Denken betrachte, verändere ich nicht dessen Inhalt, denn ich beobachte selbst, was ich selbst vollbringe. Dabei wird das Denken nicht von etwas ihm Fremden getragen, es besteht durch sich selbst und läßt sich durch sich selbst erfassen. Es ist damit *der* Ausgangspunkt für alles Welterkennen.

Wer das Denken begreifen will, muß sich des Denkens bedienen. Insofern steht es am Anfang alles Verstehens. Aber um dies praktizieren zu können, muß es vorher schon geschaffen worden sein. Es ist das letzte, zu dem es die Weltentwicklung gebracht hat, aber um sich über diese aufzuklären, muß man es als erstes benützen. Das Denken ist damit eine Tätigkeit, die aus geistigen Prinzipien heraus schöpferisch ist.

Das Denken ist eben eine Tatsache; es ist weder richtig noch falsch, sondern ein mit sich identisches Wesen.

4. Kapitel: «Die Welt als Wahrnehmung»

Wenn ich die Welt beobachte, dann betätigt sich sogleich auch mein Denken und führt mich zu einer Deutung der Wahrnehmungen. Dadurch kann ich mich in der Welt orientieren, obwohl ich niemals bloß eine gegebene Welt wahrnehme, sondern jeden Wahrnehmungsprozeß begriffsbildend begleite. Das heißt also, daß wir niemals eine «objektive» Welt wahrnehmen können, sie ist immer von unserer eigenen, «subjektiven» Denktätigkeit durchdrungen. Gibt es dann aber überhaupt keine Welt ohne Menschen?

Der Gedankengang

Durch das Denken entstehen Begriffe und Ideen, die das Denken der wahrgenommenen Welt hinzufügt. Dadurch werden die wahrgenommenen Einzelheiten in den Zusammenhang der Begriffswelt aufgenommen, denn die Begriffe stehen niemals vereinzelt nebeneinander, sondern schließen sich überall zu einem einheitlichen Ganzen zusammen. Dabei ist es stets das Denken, welches diese Zusammenfügung herbeiführt: Das Denken kann zum Beispiel die Ursache einer bestimmten Wirkung aufsuchen oder einen anderen Zusammenhang verfolgen wollen, immer ist es den Bewußtseinsakten beigemischt.

Der Ort der Begegnung von Denken und Beobachtung ist das Bewußtsein des Menschen. Insofern sich das Denken auf die Beobachtung richtet, hat es Bewußtsein von den Objekten, insofern es sich auf sich selbst richtet, hat es Bewußtsein von sich selbst oder Selbstbewußtsein. Das Denken kann seine Aufmerksamkeit beiden Seiten zuwenden, es bleibt dabei selbst jenseits von Subjekt und Objekt, denn beide Begriffe entstehen erst durch dasselbe. Somit ist das Denken ein Element, welches mich über mein Selbst hinausführt. Einerseits verbindet es mich mit den Objekten, andererseits trennt es mich auch von ihnen, insofern es mich ihnen als Subjekt gegenüberstellt.

Wie kommt dann aber das Beobachtungsobjekt ins Bewußtsein? Um dies zu sehen, hätten wir uns jeglicher begrifflichen Tätigkeit zu enthalten. Wenn das gelingt, dann bleibt nur ein zusammenhangloses Aggregat von Farben, Tönen, Tast-, Geschmacks- und Geruchsempfindungen übrig, ohne irgendeine Einheit. Erst das Denken bildet aus diesen zusammenhanglosen Empfindungen zusammenhängende Wahrnehmungen. Der naive Mensch glaubt aber, diese seien unmittelbar gegeben. Jede Erweiterung seiner Wahrnehmungen könnte ihn aber schon darüber belehren, daß sie unvollständig sind, denn er muß sie ständig korrigieren und richtigstellen.

Wodurch sind wir aber zu solchen Richtigstellungen gezwungen? Schon die allererste Beobachtung zeigt uns eine doppelte Abhängigkeit des Wahrnehmungsbildes: einerseits von unserem Standpunkt im Raume, andererseits von der Qualität unserer Organisation. Daraus folgt unmittelbar, daß die Wahrnehmungswelt zunächst subjektiv tingiert sein muß. Gibt es an ihr nun aber überhaupt etwas Objektives? Für Berkeley war das Erlebnis der Abhängigkeit vom Subjekt so stark, daß er eine objektive Welt sogar gänzlich leugnen zu müssen glaubte.

Wenn wir imstande wären, genau anzugeben, was eigentlich die Funktion unseres Wahrnehmens beim Zustandekommen einer Wahrnehmung ist, dann wüßten wir auch, was an ihr schon sein muß, bevor sie wahrgenommen wurde. Beobachten wir nun diesen Vorgang, dann bemerken wir, daß wir nicht nur die Welt wahrnehmen, sondern dabei auch uns selbst: Wir wissen, wer den Baum sieht. Denn von jedem Vorgang bleibt ein Vorstellungsbild mit uns verbunden, welches wir an uns selbst immer wieder aus unserer Innenwelt erinnern können. Das Verkennen dieses Verhältnisses von Vorstellung und Gegenstand hat die größten Mißverständnisse in der neueren Philosophie herbeigeführt. Kant glaubte unsere Erkenntnis von der Welt auf unsere Vorstellungen einschränken zu können, weil wir nur die Veränderungen unseres eigenen Selbst erfahren könnten, aber nichts von den diese Veränderungen veranlassenden Dingen an sich.

Das scheint die Sinnesphysiologie zu bestätigen, indem sie die Umwandlungen aufzeigt, welche ein Sinnesbild auf dem Wege zum Gehirn zu erleiden hat. Wer diesen Umwandlungsweg allerdings mit Aufmerksamkeit verfolgt, der bemerkt bald den Widerspruch in dieser Art von Erklärung. Denn was sich als Umwandlung des einen in den anderen Prozeß zeigt und damit die Unmöglichkeit einer eindeutigen Wahrnehmung beweisen soll, das wird ganz naiv, mit gänzlich unbezweifelten Sinneswahrnehmungen, konstatiert, als ob es sich wirklich so verhielte. Wer diesen Fehler des Beobachters nicht durchschaut, der kommt in Verwirrung, denn er glaubt den Inhalt der wahrgenommenen Welt erklären zu können, ohne ihn durch die geistige Organisation mitbewirkt zu denken. Der kritische Idealismus kann uns also, wegen des zugrundeliegenden Widerspruchs, nicht weiterhelfen.

5. Kapitel: «Das Erkennen der Welt»

Um Vorstellungen bilden zu können, muß sich das Denken betätigen. Dieses ist aber nicht ein den Tatsachen erst von außen aufgedrängtes Element, es gehört ihnen an und wird nur durch unsere Erkenntnistätigkeit als getrenntes erlebt. Es betätigt sich sowohl im Objekt als auch im Subjekt, aber dort in Übereinstimmung mit unserer eigenen Tätigkeit. Das Ergebnis dieser Tätigkeit ist die Vorstellungsbildung, die mit unserem Leben verbunden bleibt!

Der Gedankengang

Aus den vorhergehenden Betrachtungen ergibt sich, daß unsere Wahrnehmungen nicht identisch mit unseren Vorstellungen sein können. Wenn wir nur von unseren Vorstellungen wüßten, dann wäre nicht nur die Welt unerkennbar, sondern auch wir selbst. Wir müßten dann von den Vorstellungen auf eine «Welt an sich» und auf unser «Ich an sich» schließen, ohne jemals aus diesem Traum aufwachen zu können.

Wie kommt aber ein solches Ich dazu, sich überhaupt Vorstellungen zu bilden? Diese Frage führt uns wieder auf die Beobachtung des Denkens, denn dieses schiebt sich immer zwischen die Wahrnehmung und jede Art von Aussage darüber ein. Es gehört zu jeder Erscheinung hinzu und führt zur Bildung des Begriffes. Ohne Begriff wäre weder eine Pflanze noch eine Wurfparabel verstehbar, aber es liegt an unserer Organisation, daß uns bei jedem Dinge der Wirklichkeit von zwei Seiten her die Elemente zufließen, von seiten des Wahrnehmens und von seiten des Denkens. Der Mensch ist ein eingeschränktes Wesen; er lebt in Raum und Zeit und kann nur dadurch etwas erkennen, daß er die Einzelheiten der Wahrnehmungswelt in die Ganzheit der zusammenhängenden Begriffswelt einfügt.

Diese Tätigkeit ist eine allgemein menschliche. Zwar ist jeder Mensch eine eigene Persönlichkeit, aber in diese ragt, von einer höheren Sphäre aus, das Denken herein und schließt diese mit dem Kosmos zu einem Ganzen zusammen. Unsere Doppelnatur ist einerseits abhängig von der Wahrnehmung der Außenwelt, andererseits kommt in uns eine universelle Kraft zum Dasein, die uns den jeweiligen Begriff bildet. Zur Wahrnehmung wird durch das Denken der Begriff hinzugefügt: Wirklichkeit entsteht.

Aus diesen Beobachtungen wird deutlich, daß nichts anderes Gemeinsames in den Einzelwesen der Welt zu suchen ist als das Denken. Weder Kraft noch Stoff kann der Welt zugrunde liegen, nur die inhaltsvolle Tätigkeit des Denkens, die jedem Ding erst die richtige Bedeutung im Weltganzen zuweist. Aber im Gegensatz zur Wahrnehmungswelt, die uns von außen durch Beobachtung gegeben ist, erscheint der Gedankeninhalt im Innern. Sein Auftreten wird als Intuition bezeichnet. Ein Ding erklären heißt also, das, was durch unsere Organisation getrennt wurde, durch Intuieren wieder in das Ganze unserer Ideenwelt einzufügen.

Die Wahrnehmung allein ist nichts Fertiges. Nach ihr zu fragen heißt also, nach dem Begriffe suchen, der zu ihr gehört. Wenn ich im Sinne des kritischen Idealismus glaube, die Wahrnehmung als solche von dem zu ihr gehörenden Begriff abtrennen zu können, so vergesse ich einfach die Gedankenbezüge.

Die Wahrnehmung tritt immer als konkreter Inhalt auf, der dann das Denken herausfordert. Das geschieht im und durch das Subjekt. Dabei behält das Subjekt von jedem Wahrnehmungsakt die Fähigkeit zurück, ein Bild des Wahrgenommenen später wieder zu erzeugen: die Erinnerungsvorstellung. Diese Vorstellung ist also eine subjektive Wahrnehmung im Gegensatz zur objektiven Wahrnehmung bei Anwesenheit des Gegenstandes im Wahrnehmungshorizont.

Der Begriff der Vorstellung soll im nächsten Kapitel näher

untersucht werden. Wissen wir erst, was das Verhältnis von Vorstellung zu Gegenstand ist, dann können wir auch unser individuelles Leben danach einrichten.

6. Kapitel: «Die menschliche Individualität»

Die menschliche Individualität betätigt sich im Denken, indem sie jeder Wahrnehmung einen Begriff hinzufügt. Zurück bleibt die Vorstellung, das Ergebnis ihrer Erkenntnisbemühungen. Die Vorstellungsbildung ist aber gleichzeitig mit dem Entstehen des Gefühls verknüpft, welches ein Gradmesser für die individuelle Beteiligung am Erkenntnisprozeß ist.

Der Gedankengang

Wie kann ich die Welt wahrnehmen, wenn ich ihr gegenüberstehe? Diese Frage ist völlig schief gestellt, denn wenn ich erkannt habe, daß das Denken sowohl in der Welt als auch in mir tätig ist, dann sind die in mir wirkenden Kräfte die gleichen wie die in der Welt wirkenden. Subjekt und Objekt bedingen sich gegenseitig und sind durch das Denken als zusammengehörige Wesenheiten zu finden.

Die sogenannten physiologischen Beweise für die Subjektivität unserer Wahrnehmungen (ein Auge kann immer nur Licht, ein Ohr immer nur Töne wahrnehmen, gleich welcher Reiz sie trifft) können gar nicht vom Denken absehen, denn jede Wahrnehmung wird von mir sofort gedeutet.

In dem Augenblick, wo eine Wahrnehmung in meinem Beobachtungshorizont auftaucht, betätigt sich durch mich auch das Denken. Zurück bleibt die Vorstellung, ein Begriff, der einmal mit einer Wahrnehmung verknüpft war und dem der

Bezug auf diese Wahrnehmung geblieben ist. Die Vorstellung ist also ein individualisierter Begriff, durch den die Dinge der Wirklichkeit repräsentiert werden können. Die volle Wirklichkeit eines Dinges ergibt sich uns im Augenblick der Beobachtung aus dem Zusammengehen von Begriff und Wahrnehmung. Die Vorstellung steht also zwischen Wahrnehmung und Begriff, sie ist der bestimmte, auf die Wahrnehmung deutende Begriff.

Die Summe desjenigen, worüber ich Vorstellungen bilden kann, ist meine Erfahrung. Sie wird um so größer, je mehr ich individualisierte Begriffe habe.

Als Wahrnehmung und Begriff stellt sich uns die Wirklichkeit, als Vorstellung die subjektive Repräsentation dieser Wirklichkeit dar. Mit dieser Repräsentation ist gleichzeitig das Fühlen verbunden. Es gibt uns für jeden universellen Gedanken die Möglichkeit des individuellen Mitempfindens.

Unser Leben ist ein fortwährendes Hin- und Herpendeln zwischen dem Mitleben des allgemeinen Weltgeschehens und unserem individuellen Sein. Eine wahrhafte Individualität wird derjenige sein, der am weitesten hinaufreicht mit seinen Gefühlen in die Region des Ideellen.

Das Vorstellen gibt unserem Begriffsleben bereits ein individuelles Gepräge. Es hängt von unserem Standort und unserer subjektiven Organisation ab. Doch das Mittel, wodurch die Begriffe zunächst konkretes Leben gewinnen, ist das Gefühl. Es auszubilden und zu entwickeln ist die Folge eines individuellen Vorstellungslebens.

7. Kapitel: «Gibt es Grenzen des Erkennens?»

Im Gegensatz zum Dualisten, der sich eine Welt von unerkennbaren «Dingen an sich» konstruiert, die er dann auch nicht erkennen kann, kann es für den Monisten keine Grenzen der Erkenntnis geben. Für ihn ist es nur eine Frage der Zeit, wann sich sein Denk- und Wahrnehmungsvermögen so entwickelt haben wird, daß er die ursprünglichen Grenzen seiner Erkenntnis überwinden kann.

Der Gedankengang

Wahrnehmung und Begriff sind die Elemente, die durch das Denken zur einheitlich zusammengesetzten Wesenheit zusammengefügt werden. Die Welt ist uns als Zweiheit (dualistisch) gegeben, und das Erkennen verarbeitet sie zur (monistischen) Einheit.

Wer das nicht erkennt, der muß hinter der Wahrnehmungswelt eine Welt der «Dinge an sich» vermuten, über die man sich dann Hypothesen ausdenkt. Da diese «Dinge» prinzipiell unerkennbar sind, findet man keinen Weg mehr in das reiche Leben konkreter Erfahrungen. Man stattet sie mit ein paar Eigenschaften aus, die der Erscheinungswelt entnommen sind, und wundert sich dann, daß man mit ihnen nichts erklären kann.

Der Dualist sieht sich gezwungen, dem Erkenntnisvermögen unübersteigliche Schranken zu setzen. Für den Monisten gibt es keine Grenzen des Erkennens. Es liegt am Menschen selbst, ob er in sich die Kraft findet, die beiden Elemente der Wirklichkeit in und für sich zu vereinen. Seine Aufgabe besteht im Ausgleich beider Sphären. Gelingt ihm das nicht im Augenblick, so kann er doch die Hoffnung hegen, seine Schranken im Fortschreiten von Wahrnehmung und Denken zu überwinden. Der Dualist begeht den Fehler, den objektiv-realen Vorgang im Subjekt, durch den die Wahrnehmung erst zustande kommt, nicht ernst zu nehmen. Er sucht deswegen nach Realprinzipien, die ihm eine Welt erklärbar machen sollen, ohne das Denken berücksichtigen zu müssen.

Dem naiven Menschen sind alle Dinge real, die er wahrnehmen kann. Die in sich beruhende Wesenheit des ideell Erlebbaren gilt ihm nicht in gleichem Sinne als real. Deswegen will er auf das Zeugnis des Denkens auch nur wenig geben, er hält es nicht für wirklich. Allerdings wird er von der Erfahrung widerlegt, in der zum Beispiel die Gattung einer Pflanze als eigentlich unwirksame Idee erhalten bleibt, auch wenn die Erscheinungen schwinden. Er sucht sich zu behelfen, indem er die Zellen als der Vererbung unterliegend vorstellt, und diese wiederum denkt er sich analog der Wahrnehmungswelt.

Aus diesen Widersprüchen findet man erst heraus, wenn man sauber beobachtet, was man in einem konkreten Falle denkend im Wahrnehmen vollzieht. Man wird dann zu einer monistischen Weltanschauung kommen.

Der Monist kommt gar nicht in die Lage, nach anderen Erklärungsprinzipien der Wirklichkeit außer Wahrnehmung und Begriff zu fragen; er sieht in der Wahrnehmungswelt ein halbes Wirkliches, in der denkenden Vereinigung derselben mit der Begriffswelt findet er die volle Wirklichkeit. Damit hat er auch sich selbst wieder dem Weltganzen eingefügt.

Der metaphysische Realismus dagegen, der in Eduard von Hartmann seinen Vertreter hat, glaubt durch Induktionsschlüsse, die sich aus seinen Wahrnehmungen heraus bestimmen, auf den Charakter des Dinges an sich schließen zu können. Er kommt so zu einer bedingten Erkenntnis, die zwar für den Alltagsgebrauch ausreicht, von deren Wahrheitsgehalt man aber nirgends überzeugt sein kann.

Die Vertiefung der Erkenntnis und damit die Annäherung an die Wahrheit hängt von den im Denken sich auslebenden

Kräften der Intuition ab. Grenzen der Erkenntnis kann es nicht geben. Von ihnen zu sprechen ist nur sinnvoll, wenn man damit seine augenblicklichen Grenzen meint. Sie können jedoch unbegrenzt hinausgeschoben werden.

Die «Philosophie der Freiheit» als sprachliche Herausforderung

Die Sprache der «Philosophie der Freiheit» ist in den einhundert Jahren seit ihrem Erscheinen ganz unterschiedlich beurteilt worden. Zunächst einmal sehr positiv. Gleich bei der Erscheinung der ersten Auflage lobte ein Rezensent: «Dabei ist Alles frisch geschrieben, verständlich gehalten, ein intellektueller Genuß und anregend für jeden denkenden Menschen.» (GA 4a, S. 452.) Allerdings muß man sagen, daß ja leider dieses Werk in der damaligen Fachwelt kaum beachtet wurde. Wenn man Beurteilungen der heutigen Zeit betrachtet, so gibt es zwei Lager: Die einen betonen, daß es ein philosophisches Werk sei, das man auch als normaler Mensch lesen könne; die Fachphilosophen aber finden, man müsse dieses Werk aus verschiedenen Gründen in ein normales Deutsch umschreiben, weil die Wortwahl nicht präzis genug sei, weil die Definitionen fehlten und weil die Sprache zu unwissenschaftlich sei. Nun ist die Sprache das Mittel, durch das der Gedanke ausgedrückt wird. Deswegen kann man eine Sprachform nur daran beurteilen, was denn eigentlich der Inhalt ist, der in einer so oder so gearteten Sprache wiedergegeben wird. In diesem Sinne möchte ich auch das Thema dieses Beitrags[112] verstanden wissen: «Die ‹Philosophie der Freiheit› als sprachliche Herausforderung» – daß nämlich der spezifische Inhalt des Werkes ein ganz spezifisches Sprachproblem zur Folge hat.

Ein wesentliches Anliegen Rudolf Steiners ist es, auf die Bedeutung des Denkens hinzuweisen. Da beginnt schon das Verständigungsproblem. Jeder hat eine andere Vorstellung von

278

dem, was Denken ist: Denken ist nicht Gefühl, ist kalt, abstrakt; Denken ist die einzige vernünftige Betätigung; Denken ist etwas für Philosophen; Denken ist wissenschaftliche Betätigung; Denken ist der Gegensatz zum Handeln – verschiedene Variationen von ein und demselben Wort; jeder hat eine bestimmte Vorstellung davon. Nun geht es Rudolf Steiner nicht darum, eine bestimmte Erscheinungsform des Denkens darzulegen, sondern – wie er es selber formuliert –, auf das Wesen des Denkens aufmerksam zu machen. Dieses Wesen des Denkens schildert er im 8. Kapitel der «Philosophie der Freiheit» mit den folgenden Worten:

«Keine andere menschliche Seelenbetätigung wird so leicht zu verkennen sein wie das Denken. Das Wollen, das Fühlen, sie erwarmen die Menschenseele auch noch im Nacherleben ihres Ursprungszustandes. Das Denken läßt nur allzu leicht in diesem Nacherleben kalt; es scheint das Seelenleben auzutrocknen. Doch dies ist eben nur der stark sich geltend machende Schatten seiner lichtdurchwobenen, warm in die Welterscheinungen untertauchenden Wirklichkeit. Dieses Untertauchen geschieht mit einer in der Denkbetätigung selbst dahinfließenden Kraft, welche Kraft der Liebe in geistiger Art ist.» (S. 143.)

Man könnte sagen: Das ist ein Credo über die Bedeutung des Denkens, von Rudolf Steiner hier an einer bestimmten Stelle der «Philosophie der Freiheit» eingefügt. Denken erscheint darin als etwas, das meistens nur im Abglanz, im Schatten erlebt wird, als kalt und trocken, das aber dem Wesen nach etwas ist, wodurch der, der dieses Organ betätigt, eine Kraft erlebt, die Steiner «Kraft der Liebe in geistiger Art» nennt. Also: Gefühl, Liebe, Denken und die Betätigung, das heißt der Wille, sind selber eins in dem Denken. Wir wollen das nicht als Ausgangspunkt im dogmatischen Sinn an den Anfang stellen, sondern wir wollen das zum Anlaß nehmen, uns zuerst zu fragen: Was gibt es denn für Formen des Denkens? Danach wollen wir der Frage nach der Sprachform weiter nachgehen.

Formen des Denkens

Das alltäglichste, häufigste Denken ist das Denken in *Assoziationen*. Ein Wort – und sogleich setzt sich eine Masse von Vorstellungen in Bewegung, die an dieses Wort anknüpft. Jeder kennt das: Irgendein Wort wird ausgesprochen, dann kommt ein Einfall, «ja, das war ja damals ...». Ein Wort, ein Bild, eine Wahrnehmung, und dann wird das Denken geleitet durch die Erinnerungsvorstellungen nach der Maßgabe des stärksten Gefühls. Das wird von Rudolf Steiner charakterisiert als «Gedankenbilder haben», das nicht zu verwechseln sei mit dem, was er unter Denken versteht (S. 53). Ein Charakteristikum dieses Gedankenbilder-Habens ist es auch, daß es nahe an der Sprache bleibt. Man kann sich beobachten, wenn man irgend etwas Alltägliches tut, wenn man kocht, eine handwerkliche Arbeit oder eine Näharbeit verrichtet, daß man sich selber sprechen hört, wie man die Gedanken denkt, und dann spricht man plötzlich laut. Das ist ein Alltagsdenken, das gar nichts mit dem zu tun hat, was Rudolf Steiner unter Denken verstanden haben will.

Eine nächste Stufe ist das *diskursive Denken*, das heißt das Denken, das aussondert, das zur Grundlage die Definition (lat. «Begrenzung») hat. Als Beispiel: A=B, B=C, folglich A=C. Wenn zwei Größen einer dritten gleich sind, dann sind sie auch untereinander gleich. Das ist das Prinzip des logischen Schließens, wobei die Grundlage der Begriff ist, der definiert wird und der sich zu unterscheiden hat von dem Nebenbegriff. Also: A darf nicht im Laufe dieses Vorganges plötzlich B werden, es muß A bleiben, das ist die Voraussetzung. Der Begriff bleibt sich selber gleich und kann definiert werden nach dem einfachen Prinzip der hierarchischen Begriffspyramide. Die Definition greift zum nächsthöheren Begriff im Begriffssystem. Wenn man zum Beispiel «Tanne» definieren will, steigt man zuerst auf zu «Nadelbaum» und dann muß man zur Definition die Merkmale, welche die Tanne von allen anderen Nadelbäumen unterscheidet, nennen. Das ausschließende Prinzip und die Identität, das heißt das Sich-selber-Gleichbleiben der Begriffe, sind die Grundlage der Definition.

Nun betrachten wir eine andere Form des Denkens, die ebenfalls jeder von uns immer wieder erfährt: Wir denken uns einen mathematischen Beweis oder sonst einen schwierigen Gedankengang, den wir anfänglich nicht verstehen und eines Tages blitzartig erfassen. Achten wir auf den Punkt, wo das Verstehen einsetzt, genau auf diesen Punkt, wie wenn einem die Lösung eines Rätsels einfällt. Der Unterschied zu dem vorher beschriebenen diskursiven Denken ist, daß es vor diesem Denken stattfindet. Man kann es nämlich noch gar nicht in einzelne Begriffe trennen. Man kann zum Beispiel das Erlebnis haben, daß man lange nach etwas gesucht hat, und dann kommt blitzartig die Erkenntnis. Man hat sich lange darum bemüht, dann kommt der Einfall, und es ist so, daß man viele Worte und Begriffe braucht, um das, was man in einem Augenblick wahrgenommen hat, auszusagen und in einen Gedankengang umzusetzen. Daraus wird deutlich, daß diese Form des Denkens nicht so ist, daß man sagen kann: Wir denken, weil es eine Logik gibt; sondern wir müssen hier umkehren. Es gibt eine Logik, weil wir denken; das heißt, zuerst ist das lebendige Denken da, dieses punkthafte Denken, und hernach bringen wir es in eine logische Form. Es gibt mathematische Beweisgänge, deren logische Konsequenz nicht stimmig ist, aber das, was sie beweisen sollen, ist richtig. Erst findet der Geistesblitz statt, und dann wird er in einen Gedankengang auseinandergefaltet, der dann den Fehler enthalten kann, weil man das erste nicht richtig umgesetzt hat. Es kann sogar passieren, daß man Einfälle hat, die man gleich wieder vergißt, weil man nicht schnell genug ist, sie in Sprache und in Gedankenform umzusetzen. Dahin müssen wir blicken, wenn wir den Denkbegriff

Steiners verstehen wollen, den er in der «Philosophie der Freiheit» entwickelt.

Fassen wir die Elemente dieser letztgenannten Art des Denkens zusammen:

– Es ist *unmittelbares* Evidenzerlebnis.
– Es ist in sich *bewegt*. Das ist ja das Zeichen dafür, daß wir wach sein müssen, um es überhaupt fassen zu können.
– Wir fühlen uns mit ihm vollständig *identifiziert*.

Dieses Denken wird nicht erlebt als ein dem Gedanken Gegenüberstehen, sondern es ist ein Erfülltsein, das wie ein Strahlenelement von einem Punkt aus das ganze Bewußtsein erfüllt. Man fühlt sich über die normale Wachheit hinausgehoben in eine starke Eigentätigkeitserfahrung, man fühlt nicht nur den Inhalt dieses Einfalles, sondern auch noch sich selber. Das kann aber gar nicht unterschieden werden im Moment des Erfahrens.

Sprache und Denken
in der «Philosophie der Freiheit»

Diese Form des Denkens, die Rudolf Steiner im 3. Kapitel der «Philosophie der Freiheit» in der Beobachtung des Denkens als einen Ausnahmezustand des Bewußtseins entwickelt, ist grundsätzlich außerhalb der Sprache. Es ist etwas, das völlig unabhängig von der Sprache als Bewußtseinsinhalt auftaucht. So kommt Rudolf Steiner dann zu der Formulierung am Anfang des 4. Kapitels: «Was ein Begriff ist, kann mit Worten nicht gesagt werden.» (S. 57.) Mit diesen Worten haben wir das ganze Problem von Steiners Sprache. Wenn der Begriff, so wie er ihn versteht, in diesem lebendigen Sinne mit Worten nicht gesagt werden kann, wie soll er verständlich werden? Denn

Sprache ist doch das Medium, durch das wir den Gedanken einem anderen verständlich machen wollen. Aus dieser Grundlage folgt das ganze Ringen Rudolf Steiners, ein lebenslanges Ringen mit dem sprachlichen Ausdruck, und die «Philosophie der Freiheit» ist ein grandioses Beispiel für dieses Ringen und für diesen Stil, der dem Rechnung tragen will, daß nicht mit Worten gesagt werden kann, was ein Begriff ist. Der nächste Satz fügt dann allerdings noch den Gesichtspunkt hinzu: «Worte können nur den Menschen darauf aufmerksam machen, daß er Begriffe habe.» Die Sprache bekommt also den Charakter des *Hinweises* auf ganz bestimmte Erlebnisse. Sprache als Anregerin, eigene Erlebnisse zu entdecken, also hinzuführen auf Selbstbeobachtung und innere Erfahrung. Wer das nicht nachvollziehen kann, der wird nie verstehen, worum es hier geht. Der Inhalt der «Philosophie der Freiheit» ist von vornherein nicht als ein fest verfügbares Wissen gemeint, sondern es ist ein Inhalt, der erst im eigentätigen Vollzug entsteht.

Nun gerät man dadurch in einen Gegensatz zur üblichen wissenschaftlichen Darlegungsform, wo jeder Begriff, den man neu einführt, zunächst einmal definiert werden muß. Wort und Begriff erfordern einen eindeutig erklärten Zusammenhang. Deswegen fügen auch viele Wissenschaftler am Ende des Buches ein Register an oder eine Übersicht über die verwendeten Begriffe mit ihren entsprechenden Definitionen. Es ist aus den Darlegungen, die ich bis jetzt gegeben habe, deutlich, warum das in der «Philosophie der Freiheit» nicht möglich ist.

Gibt es eine Möglichkeit der Darstellung für ein Denken, bei dem es nicht darum geht, das Ergebnis zu fassen, sondern den *Weg*, der zu diesem Ergebnis führt – ein Denken, das vom Produkt zum Produzieren fortschreitet, wie Rudolf Steiner in *Grundlinien einer Erkenntnistheorie der Goetheschen Weltanschauung* formuliert? Steiner knüpft mit dieser Methode ganz bewußt an die Art des Denkens von Goethe an, nämlich an das Prinzip, daß nicht das Ausschließende das Wesentliche des Gedankenganges ist, sondern das Entstehen des einen aus dem anderen. Das heißt, daß die vergleichende Entwicklung der Begriffe als Methode eingeführt wird. Begriffe entwickeln sich auseinander. Wenn wir als ein ganz einfaches Beispiel die bestimmten Stadien einer Pflanze: Same, Keim, Blüte, Frucht nehmen, dann kann man natürlich auch da das ausschließende Prinzip anwenden und sagen: Eine Blüte ist kein Same, ein Same ist keine Frucht usw. Man kann aber auch leicht einsehen, daß, wenn man die Zeit einbezieht, den Jahreslauf, aus dem einen das andere wird. Aus dem Samen wird dann eben die Blüte, aus der Blüte wird die Frucht usw. Mit anderen Worten: Hier haben wir nicht das, was zu der normalen Definition gehört, das Sich-selber-Gleichbleiben, und damit auch Sich-Unterscheiden der einen Ganzheit von der anderen, sondern in jedem dieser einzelnen Begriffe ist die Ganzheit drinnen, aber in einer anderen Entwicklungsstufe. Man kann sagen: Der Same ist eine Ganzheit, die Pflanze ist als Ganzes im Samen drinnen, in der Blüte, in der Frucht; oder: In jedem Keim offenbart sich etwas Wesenhaftes, das grundsätzlich unsichtbar ist. Und jetzt geht es darum, die Methode dieses Sich-Entwickelns aus dem einen zum anderen tatsächlich als einen Übungsweg, als einen Schulungsweg sich anzueignen. Das ist im Grunde genommen der Weg, den die Methode Goethes vorzeichnet und der durch Rudolf Steiner in seinen Grundwerken als Methode dargelegt wird, also der Weg, nicht in den Begriffen, die sich selber gleichbleiben, zu denken, sondern die Begriffe sich entwickeln zu lassen. Das heißt zugleich: Wort und Begriff nicht sich gleich sein zu lassen.

Um das deutlich zu machen, sei eine kurze Selbstdarstellung Rudolf Steiners angeführt: «Ich sah in Goethe eine Persönlichkeit, welche durch das besondere geistgemäße Verhältnis, in das sie den Menschen zur Welt gesetzt hatte, auch in der Lage war, die Naturerkenntnis in der rechten Art in das Gesamtgebiet des menschlichen Schaffens hineinzustellen. Die Denkungsart des Zeitalters, in das ich hineingewachsen war, schien mir nur geeignet, Ideen über die leblose Natur auszubilden. Ich hielt sie für ohnmächtig, mit den Erkenntniskräften an die belebte Natur heranzutreten. Ich sagte mir, um Ideen zu erlangen, welche die Erkenntnis des Organischen vermitteln können, ist es notwendig, die für die unorganische Natur tauglichen Verstandesbegriffe erst selbst zu beleben. Denn sie erschienen mir tot und deshalb auch nur geeignet, das Tote zu erfassen [...]. Diese [zentrale Entdeckung Goethes] sah ich darin, daß er gefunden hat, wie man über das Organische denken müsse, um ihm erkennend beizukommen.» (GA 28, S. 112.) Wenn es sich nun darum handelt, über das Wesen des Menschen und die Freiheit Aufschluß zu bekommen, dann ist dieses Denken eine Grundlage, denn auch der Mensch ist nur zu verstehen als ein sich entwickelndes, sich veränderndes Wesen.

Den Stil, der sich aus diesen Voraussetzungen heraus ergibt, könnte man als einen *charakterisierenden* Stil bezeichnen, im Unterschied zu einem definierenden Stil. Ganz bestimmte Phänomene werden in verschiedene Zusammenhänge gestellt, so, daß man jeweils zu einem gedanklichen Prozeß angeregt wird und nicht bei einer einmal gegebenen Formulierung stehenbleiben kann. Der Stil fordert uns zum Nachvollziehen auf, und zwar dadurch, daß etwas von verschiedenen Seiten in bestimmten Entwicklungsstufen geschildert wird, um damit eigene Erlebnisse zu vermitteln, die Evidenzcharakter bekommen, wenn man sich eben gedanklich aktiv darauf einläßt. «Es ist alles Begreifen eigentlich ein Beziehen des einen auf das andere», sagt Steiner an anderer Stelle zu dieser Methode (Vortrag vom 28.8.1919, GA 293, S. 105). Wir können nicht nur auf das eine schauen oder nur auf das andere, sondern wir müssen auf das Verhältnis, auf die Beziehung schauen. Das aber ist nur zu leisten durch eine besondere Geistesgegenwart des Lesers. Denn er muß jeweils nachvollziehen, inwiefern sich Worte und

Begriffe geändert haben. Dazu ein prägnantes Beispiel aus dem 3. Kapitel der «Philosophie der Freiheit»; betrachten wir daraufhin die ersten acht Abschnitte.

Der erste Abschnitt charakterisiert das zweifache Verhalten zu einem äußeren Vorgang am Billardtisch: entweder beobachtend von außen oder aber denkend, indem in Eigenaktivität zu dem äußeren Vorgang ein Begriffszusammenhang hinzugefügt wird. Es ist also im wesentlichen die Beschreibung einer Selbstbeobachtung. Im zweiten Abschnitt folgt eine gedankliche Erwägung, im dritten die Vertiefung des ersten Abschnittes. Im vierten Schritt kommt dann die begriffliche Quintessenz. Vergleichen wir schon allein den ersten Satz des ersten Abschnitts mit dem ersten des vierten Abschnitts, so merken wir den Unterschied zwischen dem beschreibenden und dem begrifflich zusammenfassenden Stil. «Wenn ich beobachte, wie eine Billardkugel, die gestoßen wird, ihre Bewegung auf eine andere überträgt, so bleibe ich auf den Verlauf dieses beobachteten Vorganges ganz ohne Einfluß.» (S. 36.) Das ist leicht verständlich. «Beobachtung und Denken sind die beiden Ausgangspunkte für alles geistige Streben des Menschen, insoferne er sich eines solchen bewußt ist.» (S. 38.) Dazwischen stehen die Erörterung und das Wiederaufgreifen des ersten Abschnitts. Jetzt fassen wir ein erstes konkretes Ergebnis. Der fünfte Abschnitt betont die Bedeutung des Denkens gegenüber der Beobachtung: Man muß selber dabei tätig sein, wenn das Denken zustande kommen soll. Im sechsten Abschnitt ist von der Beobachtung gegenüber dem Denken die Rede. Im siebten Abschnitt kommt der Rückgriff auf den ersten, und als ein Nebengedanke erscheint das Goldkorn, das dann im ganzen folgenden das Zentrum bildet: «Zeitlich geht die Beobachtung sogar dem Denken voraus. Denn auch das Denken müssen wir erst durch Beobachtung kennenlernen.» (S. 39.) Was ist jetzt geschehen? Jetzt verschränkt Steiner die beiden Begriffe Denken und Beobachten in der Beobachtung des Denkens. Allerdings erst unter dem Aspekt der Beobachtung. Erst im folgenden achten Abschnitt, sozusagen in der Oktave zum ersten, kommt der Verfasser dann dazu, daß die Beobachtung des Denkens einen Ausnahmezustand des Bewußtseins darstellt.

Wir haben hier ein Beispiel, wo zwei Begriffe kontinuierlich durch die vergleichende Methode entfaltet werden. Wir können sagen: Das gleiche, was der Autor hier in sieben Abschnitten sagt, könnte er inhaltlich auch in einem Abschnitt sagen. Hier geht es aber um die Art der Begriffsbildung:

— Beobachtung und Denken als Beobachtungsbeschreibung
— gedankliche Erörterung
— gedankliche Vertiefung
— Beobachtung und Denken als Begriffsbeschreibung
— die Bedeutung des Denkens gegenüber der Beobachtung
— die Bedeutung der Beobachtung gegenüber dem Denken
— die Verschränkung von Beobachten und Denken in der Denkbeobachtung
— die Denkbeobachtung als Ausnahmezustand des Bewußtseins.

Im siebten Abschnitt steht der folgende Satz: «Zeitlich geht die Beobachtung sogar dem Denken voraus.» (S. 39.) Zuerst müssen wir beobachten, dann denken, sonst haben wir keinen Gegenstand des Denkens. Jetzt lesen wir aber wenige Abschnitte später: «Wir müssen resolut darauf losdenken, um hinterher mittels der Beobachtung des Selbstgetanen zu seiner Erkenntnis zu kommen.» (S. 49.) Wir müssen also den Gegenstand der Beobachtung selber erst schaffen, indem wir drauflosdenken, um ihn hernach beobachten zu können. Wir sehen deutlich den Widerspruch: am Anfang zuerst Beobachtung, dann Denken. Jetzt bei der Denkbeobachtung zuerst Denken, dann Beobachten. Aber was ist in Wirklichkeit geschehen? Der Begriff des Denkens in bezug zur Beobachtung hat sich verändert: gleiches Wort, anderer Begriff. Vor dem siebten Abschnitt sind

Beobachtung und Denken sich ausschließende Begriffe, sind das eine oder das andere; nach dem siebten Abschnitt, nach der Beobachtung des Denkens, kommen wir in den Ausnahmezustand, wo andere Gesetzmäßigkeiten herrschen. Da schließt der Begriff der Beobachtung den des Denkens ein: Das Mittel, wodurch man beobachtet, ist das Denken, und das, was beobachtet wird, ist auch das Denken. Also hat sich qualitativ Beobachten mit dem Denken verbunden.

Entscheidend ist, daß man diesen Entwicklungsprozeß Schritt für Schritt nachvollzieht, um die Begriffserweiterungen und -verengungen und die Veränderungen der Worte nachzuvollziehen. Es gibt beides: gleiche Worte, die verschiedene Begriffe meinen, und verschiedene Worte, die auf die gleichen Begriffe deuten. Was normalerweise zusammen ist, nämlich Begriff und Wort, wird hier dauernd beweglich gehalten, und es muß aus dem Prozeß selber evident werden, was jeweils gemeint ist. Das macht die Arbeit an diesem Werk so spannend. Das ist die Herausforderung, diese Sprachform, diese Art der Komposition wirklich ernst zu nehmen.

Neben dieser Herausforderung im Sprachstil gibt es aber auch eine Handhabung der Sprache, bei der durch die Ausdrucksweise direkt auf einen wesentlichen Tatbestand hingewiesen wird. Dazu zwei prägnante Beispiele. Im 3. Kapitel lesen wir die Wendung: «Das ist die eigentümliche Natur des Denkens, daß der Denkende das Denken vergißt, während er es ausübt.» (S. 42.) Wenn wir das Wort «vergessen» einmal im normalen Wortsinn nehmen, dann setzt «vergessen» immer voraus, daß es einmal nicht vergessen war, das heißt, daß es einmal in unserem Bewußtsein lebte. Vergessen ist ja das Gegenteil von «sich erinnern». Offenbar müssen wir einmal in der Welt des lebendigen Denkens gewesen sein, und das Vergessen wäre dann unser gewöhnliches Denken. Dennoch muß es einen Weg geben zu einem Wiedererinnern, das nun aber nicht ein Wieder-

erinnern ist als reproduzierbare Gedächtnisleistung: «damals
habe ich», sondern Wiedererinnern im Sinne dieses Denkens
würde heißen, an die geistige Stelle zu kommen, wo ich einmal
war in einem Bewußtseinszustand, in dem ich mir das noch gar
nicht klargemacht habe. Man kann sagen: ein Wiedererinnern
im Sinne von «den Geist wieder gegenwärtig zu machen». Tatsächlich ist die Denkbeobachtung, auf die es hier in diesem
Kapitel ankommt, nichts anderes; es ist nicht gemeint: Wir
beobachten das vergangene Denken, indem wir es gedächtnis-
mäßig wiederholen, sondern: Wir machen es so lebendig, daß
wir in dem Nachvollzug gleichzeitig drinnen sind, so wie wir
drinnen sind in einem Evidenzerlebnis, wie ich es oben geschildert habe. Normalerweise verbinden wir mit dem Begriff «beobachten» immer Distanz, während in der Denkbeobachtung
ganz eindeutig gemeint ist das Überwinden der Distanz, das
Eins-Werden mit dem Denkwesen.

Eine andere Formulierung lautet: «Es ist also zweifellos: in
dem Denken halten wir das Weltgeschehen an einem Zipfel,
wo wir dabei sein müssen, wenn etwas zustande kommen soll.»
(S. 49.) Dieser Satz führt durch die Wortwahl präzise zu dem
entscheidenden Erlebnis. Das Wort «halten» bedeutet eigentlich immer «festhalten». Was wird festgehalten? Das «Weltgeschehen»; wir halten also ein Geschehen fest, nicht einen Zustand. Halten heißt aber dann: Ruhe in diese Bewegung zu
bringen, also das abzudämpfen, was sich im Menschen entwik-
kelt; die Bewegung muß zur Ruhe gebracht werden, die Ruhe
des Kopfes muß im Denken erworben werden. Wir *halten das
Weltgeschehen*: «an einem Zipfel». Der Zipfel ist eben nicht das
Zentrum, das heißt, ich bin mit dem Denken nicht im Zentrum, sondern an der Peripherie. Jetzt stellt sich die Frage: Wie
kann ich nun dieses Halte-Denken, dieses Ruhe-Denken so
entwickeln, daß ich von der Peripherie immer mehr ins Zentrum des Weltgeschehens komme, das ich nur an einem Zipfel
halte? Das ist der Weg der Verlebendigung des Denkens. – So

sieht man, wie wir durch die einzelnen Formulierungen auf ganz bestimmte Erlebnisse geführt werden.

In einem Vortrag vom 7. September 1924 beschreibt Rudolf Steiner ein Stilideal mit den folgenden Worten: «Wer im Stile schreibt, muß, wenn er einen Aufsatz zu schreiben beginnt, im ersten Satze den letzten haben. Ja, er muß sogar mehr Aufmerksamkeit dem letzten Satz zuwenden als dem ersten, und wenn er den zweiten Satz schreibt, muß er den vorletzten im Sinne haben. Einen einzigen Satz im Sinne zu haben, ist nur in der Mitte des Aufsatzes gestattet. Man schreibt also, wenn man in der Prosa Stilgefühl hat, seinen Aufsatz aus dem Ganzen heraus.» (GA 282, S. 97.) Hier begegnet uns im Grunde genommen wieder die Goethesche Methode, nämlich daß man nicht isoliert einen Satz als Ausdruck eines Gedankens haben kann, wenn man ihn nicht in einer Korrespondenz sieht mit dem, was nachfolgt. Nun darf natürlich eine solche Äußerung nicht pedantisch genommen werden; hier geht es vielmehr um ein Prinzip, um das Prinzip nämlich, daß ich jede Stelle auf einen Gesamtorganismus beziehe, daß ich in jedem Teil das Bewußtsein des Ganzen habe und daß ich aus einem Zentralgedanken heraus das Ganze konzipiere. Es ist das Urprinzip des Dramatischen. Bei einem guten Dramatiker, besonders deutlich bei Schiller, kann man das studieren, kann man im Grunde genommen, wenn man den ersten Akt gelesen hat, schon den fünften Akt aus dem ersten veranlagt empfinden. Das ist ein künstlerisches Prinzip des Wachsens. Im Hinblick auf die Komposition der «Philosophie der Freiheit» hat das zum ersten Mal ganz ausführlich Herbert Witzenmann dargestellt in seinem Buch *Die ‹Philosophie der Freiheit› als Grundlage künstlerischen Schaffens.*

Versuchen wir nun einmal, das 1. Kapitel der «Philosophie der Freiheit» unter diesem Gesichtspunkt anzuschauen. Da können wir den ersten und den letzten Satz parallel hören. «Ist der Mensch in seinem Denken und Handeln ein geistig *freies*

Wesen oder steht er unter dem Zwange einer rein naturgesetzlichen ehernen Notwendigkeit?» (S. 15.) «Wir mögen die Sache
anfassen, wie wir wollen, immer klarer muß es werden, daß die
Frage nach dem Wesen des menschlichen Handelns die andere
voraussetzt nach dem Ursprunge des Denkens.» (S. 26.) Das ist
genau die Antwort und Weiterführung der aufgeworfenen
Frage.

Damit sind zwei Themen angeschlagen: Denken und Handeln, und damit auch zwei Fragen, die in einer gedankenorga-
nischen Entfaltung miteinander verbunden werden. Jetzt
schauen wir auf den mittleren Abschnitt des Kapitels: «Den
Handelnden und den Erkennenden unterschied man, und leer
ausgegangen ist dabei nur der, auf den es vor allen Dingen
ankommt: der aus Erkenntnis Handelnde.» (S. 21.) Das ist der
Kern des 1. Kapitels. Es beginnt mit der Frage nach der Freiheit
des Willens und endet mit der Frage nach dem Ursprung des
Denkens. Es ist also ein Weg vom Wollen zum Denken oder
vom Handeln zum Denken. Und in der Mitte die Verschränkung, vorwegnehmend das Ideal des ganzen Buches: der aus
Erkenntnis Handelnde. Die beiden Gegensätze werden also
verschränkt.

Verfolgen wir im einzelnen, wie sich dieser mittlere Haupt-
gedanke entwickelt, so bemerken wir wiederum anstelle der
Gedankensystematik Gedankenorganik. Das zeigt sich uns
überraschenderweise an der Folge der sieben Zitate, die Rudolf Steiner nicht als Lesefrüchte beigibt, sondern die für bestimmte Denkstufen stehen. Auffällig ist die Gegensätzlichkeit des ersten zu dem letzten: David Friedrich Strauß wendet
sich einseitig gegen die Wahlfreiheit und führt dadurch die
Freiheitsfrage ad absurdum; Hegel erkennt die Bedeutung des
Denkens für den Menschen. In der Mitte steht das Zitat von
Eduard von Hartmann, der die Handlung von außen (Motiv)
und von innen (charakterologische Anlage) bestimmt sieht.
Wie im Keim ist hier das ganze Gebäude des 9. Kapitels ver-

anlagt: die Stufen der Motive und Triebfedern oder die Stufen zu dem Aus-Erkenntnis-Handeln. Entsprechend bilden die übrigen Zitate Übergänge und Spielarten zu der Frage: Wie entsteht der Entschluß? Das Gegensätzliche zu verbinden ist das Grundmotiv des ganzen Werkes. Im 1. Kapitel ist es das Wollen/Handeln und Denken/Erkennen, das zum Aus-Erkenntnis-Handeln verbunden wird. Zusammengefaßt erscheint das schon in der Überschrift: «Das bewußte menschliche Handeln».

Was im 1. Kapitel als erste Fragestellung entwickelt wird, entfaltet sich dann in die beiden Hauptteile: Die sieben Kapitel des ersten Teiles führen durch die Stufen des Erkennens («Wissenschaft der Freiheit») und zeigen den Weg, wie Wille ins Denken kommt. Der zweite Teil behandelt die «Wirklichkeit der Freiheit», die stufenweise entsteht, wenn das Erkennen in den Willen geführt wird. Auch dieser Teil enthält sieben Kapitel. Offenbar lag Rudolf Steiner viel daran, diese Denkstruktur in der Komposition sichtbar zu machen, denn in der ersten Auflage umfaßt der erste Teil noch acht Kapitel, in der zweiten Auflage wird das ursprüngliche 1. Kapitel herausgenommen, so daß die sieben Schritte sichtbar werden.

So sehen wir, je mehr wir in die Einzelheiten gehen, wie in jedem Kapitel das Ganze enthalten ist, entweder als Keim des Späteren, als Zusammenfassung und Ergebnis des Früheren oder als Gedankenentfaltung aus einem früheren Keim. So kann dieses Werk als ein Werk der Gedankenkunst erlebbar werden. Im ursprünglichen Einleitungstext (in den späteren Auflagen als zweiter Anhang abgedruckt) finden sich die folgenden Sätze: «Die Einzelwissenschaften sind Vorstufen der hier angestrebten Wissenschaft. Ein ähnliches Verhältnis herrscht in den Künsten. Der Komponist arbeitet auf Grund der Kompositionslehre. Die letztere ist eine Summe von Kenntnissen, deren Besitz eine notwendige Vorbedingung des

Komponierens ist. Im Komponieren dienen die Gesetze der Kompositionslehre dem Leben, der realen Wirklichkeit. Genau in demselben Sinne ist die Philosophie eine *Kunst*. Alle wirklichen Philosophen waren *Begriffskünstler*. Für sie wurden die menschlichen Ideen zum Kunstmateriale und die wissenschaftliche Methode zur künstlerischen Technik. Das abstrakte Denken gewinnt dadurch konkretes, individuelles Leben. Die Ideen werden Lebensmächte. Wir haben dann nicht bloß ein Wissen von den Dingen, sondern wir haben das Wissen zum realen, sich selbst beherrschenden Organismus gemacht; unser wirkliches, tätiges Bewußtsein hat sich über ein bloß passives Aufnehmen von Wahrheiten gestellt.» (S. 270.)

Vom Studium der «Philosophie der Freiheit». Eine hermeneutische Betrachtung

Das letzte Kapitel (14. Kapitel) der «Philosophie der Freiheit» handelt vom Unterschied zwischen Gattung und Individuum, vom Unterschied zwischen der Gegenstands*erkenntnis* in Allgemeinbegriffen einerseits und dem *Verstehen* eines Menschen andererseits. Diese Differenz ist auch grundlegend für jedes Textverständnis.

Zur *Erkenntnis* irgendeiner Sache oder eines Vorgangs wird zur Wahrnehmung der Begriff gefunden, mit dem zusammen im Erkennen überhaupt erst die Wirklichkeit des Gegenstandes entsteht, wie es auch Kant, freilich unter ganz anderen, nominalistischen Vorzeichen in seiner theoretischen Philosophie begründet. Damit ist Erkenntnis einerseits an das Gegebene gebunden. Dennoch ist andererseits jeder Erkenntnis*akt* eine freie individuelle Leistung. Es war ein wichtiger Schritt der erkenntnistheoretischen Grundlegung der Philosophie im Werk Rudolf Steiners, die Erkenntnis als *freie* Tat zu erweisen. In der Vorrede zu *Wahrheit und Wissenschaft* (1892) heißt es: «Das Resultat dieser Untersuchungen ist, daß die Wahrheit nicht, wie man gewöhnlich annimmt, die ideelle Abspiegelung von irgendeinem Realen ist, sondern ein *freies* Erzeugnis des Menschengeistes, das überhaupt nirgends existierte, wenn wir es nicht selbst hervorbrächten. Die Aufgabe der Erkenntnis ist nicht: etwas schon anderwärts Vorhandenes in begrifflicher Form zu *wiederholen,* sondern die: ein ganz neues Gebiet zu *schaffen,* das mit der sinnenfällig gegebenen Welt zusammen erst die volle Wirklichkeit ergibt.» (GA 3, S. 11.) Mit diesem erkenntnistheoretischen Resultat soll *Wahrheit und Wissenschaft*, wie es im Untertitel heißt, ein «Vorspiel einer ‹Philosophie der Freiheit›» darstellen. Im ersten Teil derselben wird dieses «Resultat» in anderer Weise dann noch einmal entwickelt und führt zum Begriff der *Intuition*.

Die Anerkennung der Freiheit im Erkenntnisakt kann in ihrer Bedeutung für das Verhältnis der Menschen untereinander gar nicht hoch genug angesetzt werden. Hier ist der Punkt, an dem sich Individualität zuerst geltend macht, von hier aus wird das Individuelle aller Äußerungen geprägt. Dieser Quellpunkt der Erkenntnis bedarf besonderer Aufmerksamkeit, wenn das *Verstehen* beleuchtet werden soll. Der Leser der «Philosophie der Freiheit» wird im letzten Kapitel nur an dasjenige erinnert, was im ersten Teil des Buches schon Gegenstand der Betrachtung und zugleich Übungspraxis war. Die «Philosophie der Freiheit» nähert sich in Schritten dem freien Akt der «Intuition». Welchen Begriff ich für eine Sache oder einen Vorgang intuiere, ist zwar objektiv bestimmt durch das jeweilig Gegebene; das Intuieren ist aber ein Akt, den ich als zunächst nur in nachträglicher Reflexion zu erfassendes Akt-Subjekt selbsttätig ausführen muß; ich bin kein Spiegel, der etwas Fertiges abbildet, sondern Produzent. Dieses Produzieren, obschon inhaltlich nicht willkürlich, sondern vom Gegebenen her bestimmt, ist eine bewußtzumachende Realität, in der ich mir selber als denkend-tätiges Wesen begegne. Ich kann mir diese Tätigkeit rein zu Bewußtsein bringen, ohne sie zu vermischen mit einem gegenstandskonstituierenden Gedankeninhalt. Aus der schattenhaften Unwirklichkeit der Reflexion hebt sich dieses Bewußtsein als wirkliches, geistiges Selbst-Bewußtsein allmählich immer deutlicher ab.[113] Im Blick auf diesen Charakter der Intuition wird ein wesentlicher Unterschied zwischen dem *Verstehen* und dem *Erkennen* eines Gegenstandes deutlich. Obwohl erwartet werden kann, daß die Intuitionen verschiedener Menschen übereinstimmen, muß diese intuitive Quelle der Erkenntnis streng in ihrem individuellen Charakter berücksichtigt werden: «Da, wo das Gebiet der Freiheit (des Denkens und Handelns) beginnt, hört das Bestimmen des Individuums nach Gesetzen der Gattung auf. Den begrifflichen Inhalt, den der Mensch durch das Denken mit der Wahrnehmung in Verbindung bringen muß, um der vollen Wirklichkeit sich zu bemächtigen [...], kann niemand ein für allemal festsetzen und der Menschheit fertig hinterlassen. Das Individuum muß seine Begriffe durch eigene Intuition gewinnen. Wie der einzelne zu denken hat, läßt sich nicht aus irgendeinem Gattungsbegriffe ableiten. Dafür ist einzig und allein das Individuum maßgebend.» Dasselbe gilt erst recht für das Handeln. Wer also ein Individuum verstehen will, «muß bis in dessen besondere Wesenheit dringen, und nicht bei typischen Eigentümlichkeiten stehen bleiben. In diesem Sinne ist jeder einzelne Mensch ein Problem.» (S. 240.)

Verstehen muß individuell sein, nicht universell wie das Erkennen. Diese alte Forderung der Hermeneutik bekommt hier einen direkt auf die Intuition bezogenen, konkreten Sinn: Die Möglichkeit jedes Individuums zum freien Intuieren muß geachtet werden. Ein Verstehen, das auf den Inhalt fremder *Intuitionen* abzielt, ist aber nicht in der Weise individuell wie ein Gefühl (von einer «Einfühlung», wie sie in der Geschichte der Hermeneutik im Blick auf das Recht der Individualität und des einmaligen Erzeugnisses etwa in der Literatur auch oft gefordert wurde, ist hier nicht die Rede), sondern es ist ein geistiger Akt, der auf einen universellen Inhalt geht. Es kommt jedoch darauf an, nicht wie beim Erkennen Begriffe zum Begriffslosen, Gegebenen hinzuzufinden, sondern es geht darum, bereits durch ein anderes Individuum gebildete *Begriffe* aufzunehmen. Darin liegt die Anerkennung des Individuellen, daß die Quelle der Begriffsbildung im anderen geachtet wird und Verzicht geleistet wird auf eigene Erkenntnis, wie sie allen anderen Gegenständen gegenüber in Betracht kommt. «Bei allen anderen Objekten muß der Beobachter die Begriffe durch seine Intuition gewinnen; beim Verstehen einer freien Individualität handelt es sich nur darum, deren Begriffe, nach denen sie sich ja selbst bestimmt, rein (ohne Vermischung mit eigenem Begriffsinhalt) herüberzunehmen in unseren Geist. Menschen, die in jede Beurteilung eines anderen sofort ihre eigenen Begriffe einmischen, können nie zu dem Verständnisse einer Individualität gelangen. So wie die freie Individualität sich frei macht von den Eigentümlichkeiten der Gattung, so muß das Erkennen sich frei machen von der Art, wie das Gattungsmäßige verstanden wird.» (S. 241.) Dies ist die Aufgabe der Geisteswissenschaften, wie sie Rudolf Steiner bereits in den *Grundlinien einer Erkenntnistheorie der Goetheschen Weltanschauung* entworfen hatte.[114]

Wie ist ein solches Verstehen möglich? Rückblickend zeigt sich die Lektüre der «Philosophie der Freiheit» als ein besonderer Fall dieses Verstehens. Im Prozeß der Bildung und Umschmelzung der beim Lesen zunächst entworfenen Vorstellungen müssen nach und nach *reine Begriffe* ausgebildet werden, die nur «zwischen den Zeilen» gelesen werden können, die aber den eigentlichen Inhalt des Buches ausmachen. Je reiner dieser Inhalt ist, desto leichter das Verstehen. Nur ein begrifflicher Inhalt, der sich nicht aus der Vorstellungsform lösen ließe, könnte vom Leser (eines *gedanklichen* Textes!) nicht selber ganz nachgebildet werden; er bliebe subjektiv. Wo sich aber wie beim Text der «Philosophie der Freiheit» zeigt, daß bei der Lektüre immer deutlicher reine Begriffsbildungen hervortreten, liegt ein Doppeltes vor: Einerseits gilt für den Text, daß er ganz *individuell* ist, was Rudolf Steiner ja bereits in der ursprünglichen Vorrede betonte: die «Philosophie der Freiheit» sei eine «Erzählung», denn nur *erzählen* könne ein Individuum von seinen Gedanken. Der Text ist um so individueller (man wird diesen Begriff der Individualität im Blick auf die Intuition nicht mißverstehen), je größere Anstrengung der reinen Begriffsbildung vom Autor unternommen und in Sprache geprägt ist. Eben solche individuelle Anstrengung ist aber auch andererseits wirklich mitteilbar, weil *nachvollziehbar:* wenn der Leser auf die Anregung des Aufgenommenen hin durch eigene Intuition diejenigen Gedanken sich selber bildet, die vom Text angeregt werden. Wer sich wirklich in der Lektüre intensiv um die Ausbildung reiner Begriffe bemüht, nähert sich einem Verständnis der Gedankenentwicklung des Buches.[115]

Aber ist es nicht möglich, daß man sich in diesem Nachbilden der Gedanken des Autors nur scheinbar in eine Wirklichkeit hineinlebt? Gibt man in einem solchen Verstehen nicht sein Urteil dahin? Wie verhält sich das Verstehen zur eigenen Einsicht in den Gegenstand, von dem die Rede ist? – Der Verstehende wendet sich zurück auf sein eigenes Erkennen, in der hermeneutischen Tradition die «Kritik», die dem Verstehen folgt: Ist es einsichtig, was der Autor dargelegt hat?

Schon bei jenem Lesen, das reine Gedankenbeziehungen herstellt, erwirbt man sich ein Organ für *eigene* seelische Beobachtungen: Wer sich beispielsweise den Zusammenhang von «Beobachtung» und «Denken» erarbeitet hat, der «sieht» ihn nun, wo er ihm begegnet. Aus dem Chaos seelischer Erlebnisse leuchtet der fundamentale Gegensatz von «Beobachtung» und «Denken» hervor, eine erste lebendige und dennoch klare Ordnung. – Das ist so mit jedem Begriff, das sagt nichts über die Berechtigung des Begriffs, so kann man einwenden: Auch der Zerrspiegel, in den ich schaue, schafft eine gewisse Ordnung, *seine* nämlich, die er der Sache aufzwingt. Und habe ich mir erst einmal jenen «fundamentalen Gegensatz» von «Beobachtung» und «Denken» eingeredet, so werde ich ihn natürlich überall wieder erkennen. Das ist ein Einwand ähnlich dem, der Hegel im 19. Jahrhundert gemacht wurde: Wer sich erst ein System konstruiert hat, wird es auch überall bestätigt finden, wenn es nur umfassend genug ist. – Trifft der Einwand? Wie kann man ihn prüfen, wie die eigene Erfahrung mit der «Philosophie der Freiheit»?

Auf zwei Möglichkeiten der Prüfung sei verwiesen. Man kann erstens immer die *Qualität von Erkenntnissen über das Seelenleben* befragen: Liegt eine wirkliche Erkenntnis vor, oder wärme ich mich nur an der Bestätigung eines Vorurteils? Gerade die «Philosophie der Freiheit» schärft den Blick für den Unterschied zwischen Meinung und aktueller Erkenntnis.

Eine zweite Möglichkeit besteht darin, zurückzufragen nach der *Erfahrung beim Studium* des Buches: Wie war es, als man, angeregt durch den Text, die Gedankenverbindungen herstellte? Was ist diese Tätigkeit? Es sind ja «bloße Gedankenverbindungen», die dennoch von einer Art sind, daß sie wiederum die Frage herausfordern: Erkenntnis oder bloße Meinung? Auch hier läßt sich die *Qualität* der Erkenntnis prüfen, wo gerade nichts mehr als die reine Gedankenbeziehung bleibt. Ja, darauf hat Rudolf Steiner sogar besonderen Wert gelegt für das Verständnis der «Philosophie der Freiheit»: «Derjenige ist zum Beispiel nicht zum reinen Denken gekommen, dem dasjenige, was in der ‹Philosophie der Freiheit› steht, deshalb gefällt, weil er aus seinem Gefühl heraus nun zu einem mehr geistigen Weltanschauen hinneigt; sondern erst derjenige stellt sich in der richtigen Weise zur ‹Philosophie der Freiheit›, der gerade das, was darinnen lebt, wegen der Art und Weise aufnimmt, wie die Gedanken folgerichtig immer auseinander herauswachsen und sich gegenseitig stützen. [...] Das Subjektive hört erst dann auf, wenn man mit seinem eigenen Seelenleben wirklich in eine solche Sphäre des Denkens aufrückt, wo die Gedanken sich gegenseitig selber tragen, wo aus den Gedanken der subjektive Inhalt heraus ist.» (Vortrag vom 14.9.1915, GA 253, S. 90 f.) Auf den ersten Blick mag es paradox erscheinen: Die Gefahr, sich die Individualität der Äußerung durch ein abstraktes, allgemeines Verständnis zu verstellen, ist um so größer, je weiter man von der reinen Begriffsbildung entfernt bleibt, wie sie der Text anregen will. Doch im Blick auf die obigen Ausführungen läßt sich dieser scheinbare Widerspruch auflösen. Es geht um die Anregung des reinen Denkens für ein wirkliches Verstehen.[116] Auf diese Tätigkeit wies schon die ursprüngliche «Vorrede», das 1. Kapitel der ersten Ausgabe: Es ist die Überwindung zum rein «Abstrakten» notwendig, wenn ein (höheres) Leben gerade durch das Denken erreicht werden soll. Diese Voraussetzung des «Abstrakten» wurde dort der in früheren Zeiten geübten «Askese» gleichgesetzt; es ist dasselbe Denken, das im Durchgang durch das «Abstrakte» «konkretes, individuelles Leben gewinnt» (siehe oben, S. 26 f.). Beides gehört zum «Philosophieren der Freiheit», es sind zwei Aspekte, zwei Seiten eines verwandelten Denk-Erlebens. Wer wirklich dieses reine Gedankenweben der «Philosophie der Freiheit» zu erleben beginnt, hat einen ersten Schritt zu ihrem Verständnis gemacht.

Worin besteht dieses Erleben? Es ist ein Verknüpfen, ein immer intensiveres Gedankenbeziehen, das zugleich mehr und mehr auch eine Erfahrung wird: eigene Tätigkeit, der man sich beobachtend gegenüberstellt. Daraus resultierte zunächst die Unsicherheit, ob man dieses Tun als ein Denken oder Erfahren ansehen muß. Es wird im Lesen mehr und mehr beides zugleich, aber die Erfahrung ist diejenige der eigenen Denk-Tätigkeit. Was im 3. Kapitel der «Philosophie der Freiheit» Gegenstand der Betrachtung ist, die «Beobachtung des Denkens», wird im Lesen des ganzen Buches vom ersten Satz an geübt. Lesend werden zunächst nur Vorstellungen ausgebildet, im Zusammenhang dann aber umgebildet. Darin betätigt sich ein reines Gedankenverknüpfen, das mehr und mehr ins Bewußtsein gehoben wird, die Zusammenhänglichkeit der Vorstellungen tritt hervor. Ein erstes Verstehen der «Philosophie der Freiheit» als ein reiner, lebendiger Gedankenzusammenhang wird möglich (siehe auch oben, S. 39 f.). Zwei Ebenen des Bewußtseins scheiden sich schon auf dieser ersten Stufe des Verstehens: Das Bewußtsein der Vorstellungsinhalte und eine Anschauung der in das Vorstellungsbilden und -umbilden einmündenden reinen Gedankentätigkeit, die sich in den einzelnen Vorstellungen nur wie kristallisiert, aber nicht selber vorstellbar ist. Und dieses durch den Text angeregte tätige und zugleich sich selbst anschauende Denken hat einen streng entwickelnden Zusammenhang; mit diesem anschauenden Denken erlebt man im ersten und zweiten Teil des Buches den ganzen erkennenden und handelnden Menschen auf eine ungewohnt aktive Weise.[117] Man beginnt den Text als Antwort auf die erste der in der «Vorrede zur Neuausgabe 1918» genannten «Wurzelfragen» zu erleben: «ob es eine Möglichkeit gibt, die menschliche Wesenheit so anzuschauen, daß diese Anschauung sich als Stütze erweist für alles andere, was durch Erleben oder Wissenschaft an den Menschen herankommt, wovon er aber die Empfindung hat, es könne sich nicht selber stützen. Es könne von Zweifel und kritischem Urteil in den Bereich des Ungewissen getrieben werden.» (S. 7.) Eine «ideell-geistige Erkenntnis»[118] des sinnlich-übersinnlichen Menschenwesens eröffnet sich, die zur Grundlage des freien Handelns wird, aktualisierbar als Anschauung eines «Erlebnisgebiet[s] der Seele» in jedem Augenblick, in dem sich konkret die Freiheitsfrage stellt (S. 8).

Wie kann man dieses Erkennen des Menschen durch Beobachtung des eigenen Denkens beschreiben? Die «Philosophie der Freiheit» ist nicht bloß eine Bewußtseins-Phänomenologie, so nahe auch der Anspruch «naturwissenschaftlicher Methode» mit der wenige Jahre später entwickelten Husserlschen «Phänomenologie» verwandt ist. Diese soll das im Bewußtsein Gegebene rein feststellen, alle Urteile des Alltagslebens und der Wissenschaft ausschalten, um dann in klaren «Intuitionen» das Wesen dieser Gegebenheiten zu erfassen. So dringt sie zum Beispiel erhellend in die feinsten Einzelheiten der Zeitverhältnisse des Bewußseinsstromes ein: Wie ist eine Vorstellung wirklich im Bewußtsein gegeben? Von welcher Art Dauer ist sie? Wie wird sie dabei von anderen Vorstellungen begleitet?

usw. Dieselben Gegenstände können in der «Philosophie der Freiheit» auch in die Aufmerksamkeit kommen. Auch sie werden nur so genommen, wie sie sich nach Beiseiteschaffen der gewöhnlichen Einstellung (des «naiven Bewußtseins» in Alltagsleben und Wissenschaft) ergeben. Sie werden aber nie so betrachtet wie ein Bild, das man sich ruhig vorhalten kann, sondern immer in einem sich entwickelnden Zusammenhang, der selber wiederum während seines Vollzugs in das Bewußtsein tritt. So erscheint alles betrachtende seelische Leben durchzogen von einer Aktivität des Zusammenhänglichen, das man nicht nur entdeckt, sondern zugleich produziert und in dessen Zentrum stehend man sich selber entdeckt. Hier kann beispielsweise an die ersten Sätze des 3. Kapitels erinnert werden: wie die beiden Grundtätigkeiten der «Beobachtung» und des «Denkens» in ihrer Polarität entfaltet werden und dabei ein ganz neues Beobachtungsfeld, die «Beobachtung des Denkens», in den Blick kommt. Man betrachtet jene, den Kern des Seelischen selber bildende Tätigkeit des «Ich», die, mit Ausdrücken aus Husserls Phänomenologie bezeichnet, aus der bloßen «Materie» der Sinnesdaten die «Form» des Seelischen werden läßt: alles dasjenige, was sich in Urteilen, Gefühlen usw. als Seelenleben an die Sinnesempfindung anschließt.[119] Diese seelenbildende Ichtätigkeit soll durch das Lesen der «Philosophie der Freiheit» angeregt und zugleich beobachtet werden. Dies wird für den Leser das «Phänomen», das er als Gedankenbewegung in intensiver Willensanstrengung lesend erzeugt.[120]

Das ist eine Gedankenerfahrung des ganzen Menschen, nicht eine Theorie über den Menschen, sondern ein Denken, das zugleich Erfahrung ist. Wer sie gemacht hat, weiß, daß er nicht ein Gedankengespinst erworben hat, das er nun über seine Seelenerlebnisse legen kann, sondern ein Organ, das diese sich selber aussprechen läßt. Auf diese Erfahrung oder «Anschauung» verweist das Werk, und darin liegt die Verwandtschaft zu den Erfahrungswissenschaften. In zweierlei Weise wird in der Naturwissenschaft die Erkenntnistätigkeit an der Erfahrung bewußt erzogen: durch das Experiment und durch das beobachtende Denken am Beobachtungsobjekt. Der an der Erfahrung gewonnene Gedanke wird im Experiment nachträglich der Erfahrung wieder eingefügt, indem er an ihr geprüft wird. In der morphologischen Betrachtung andererseits wird die Ausbildung des fertigen Begriffs immer wieder zugunsten einer Steigerung der Begriffstätigkeit am beobachteten Objekt zurückgehalten. Zu dieser Handhabung der Erkenntnistätigkeit ist eine «innere Resignation des Denkens» (Vortrag vom 6.9.1921, GA 78, S. 155) gefordert: der Verzicht auf Gedankeninhalte, die nicht in die Erfahrung restlos eintauchen oder an ihr herausgebildet werden können. – Die «Philosophie der Freiheit» macht Anspruch, in dieser Weise zusammenhängend zu sein, das Denken an der Erfahrung – und das heißt für den Leser: an seiner eigenen, lesend gemachten Erfahrung – zu führen. Alle Gedankenzusammenhänge sind in dieser Weise in (seelische) Erfahrung getaucht, aus ihr gewonnen. Das Buch will so im Sinne des naturwissenschaftlichen Erkenntnisideals dem Leser die Freiheit der eigenen Erfahrung in der Lektüre erhalten. Die Realisierung dieser Freiheit setzt allerdings ein tätiges Lesen voraus und die Offenheit gegenüber der eigenen Erfahrung bei diesem Tun.

Anmerkungen

Die Literaturangaben in den Anmerkungen sind in der Regel abgekürzt, vollständige Angaben im Literaturverzeichnis.

1 JOHANN GOTTLIEB FICHTE: Erste Einleitung in die Wissenschaftslehre (1797), in: *Werke*, hrsg. v. I. H. Fichte (1845/46, Nachdruck 1971), Bd. 1, S. 421.

2 DIRK SCHÜMER: Der Staatsanwalt. Nachrichten aus dem Magazin. Zum Ende der «Spiegel»-Ära, in: *Frankfurter Allgemeine Zeitung,* 26.9.1994.

3 MORITZ BARTSCH: Ein Schlesier berichtet, in: *Erinnerungen an Rudolf Steiner,* S. 471.

4 Diskussionsbeitrag von CARL UNGER in: *Anthroposophie,* 4. Jg., Nr. 7, 17.8.1922, S. 5. Ein verwandtes Problem: In Untersuchungen zur philosophischen Sprache Friedrich Schillers weist die englische Germanistin Elisabeth Wilkinson auf Zusammenhänge zwischen dem ungewohnt lebendigen Denken und der Ausdrucksweise Schillers hin, an der sich die philosophische Gewohnheit immer wieder gestoßen hat. Siehe z. B.: ELISABETH WILKINSON: Zur Sprache und Struktur der ästhetischen Briefe, in: *Akzente VI,* 1959, S. 389-418.

5 CARL UNGER: Aus der Sprache der Bewußtseinsseele, in: *Schriften,* Bd. III, S. 293 f.

6 Wer die Konzentration auf das Studium in diesem unmittelbaren Sinne im Auge hat, kennt die Hindernisse für das Verstehen, die durch theoretische Auseinandersetzungen über unterschiedliche philosophische Positionen an solchen Stellen entstehen können, wo Namen und Anschauungen genannt sind. So gibt etwa Otto Palmer zu bedenken: «Doch birgt dieses Vorgehen eine Gefahr in sich. Es verführt dazu, den Zitaten eines Spinoza, Fichte, Hamerling und wie sie alle heißen, mehr nachzuspüren und sie in einem weiteren

Umfange zu studieren, als es für das Studium der ‹Philosophie der Freiheit› unbedingt erforderlich ist.» OTTO PALMER: *Rudolf Steiner über seine «Philosophie der Freiheit»*, S. 11 f.

7 Einen Versuch, in «Zusätzen» zu einzelnen Kapiteln des Buches die «wissenschaftliche Stellung dieses Werkes gegenüber den hauptsächlichen philosophischen Anschauungen der Gegenwart» zu bestimmen, unternahm HANS BÜCHENBACHER: *Die «Philosophie der Freiheit» und die Gegenwart*, 1962.

8 JOHANN WOLFGANG GOETHE: Der Versuch als Vermittler zwischen Objekt und Subjekt, in: *Werke*, Hamburger Ausgabe, Bd. 13, S. 10.

9 Vgl. dazu: CARL UNGER: Zur Hermeneutik der Geisteswissenschaft, in: *Schriften*, Bd. 1, bes. S. 81 ff.

10 Auf das wissenschaftliche Prinzip der Erfahrung hat Rudolf Steiner selbst schon ausführlich in seinen grundlegenden erkenntnistheoretischen Werken *Grundlinien einer Erkenntnistheorie der Goetheschen Weltanschauung* (1886) und *Wahrheit und Wissenschaft* (1892) hingewiesen. Dazu: THOMAS KRACHT: Die Suche nach dem «Gegebenen». Zu Rudolf Steiners Anknüpfung an die zeitgenössische Erkenntnistheorie – Am Beispiel der Philosophie von Johannes Volkelt, in: *Die Drei*, Beiheft 6, 1993.

11 *Willens*freiheit (im Gegensatz zu einer äußerlich gegebenen oder vom Menschen durchgesetzten Freiheit von natürlichen oder gesellschaftlichen Zwängen) wurde einerseits als das eigentlich *Menschliche* der Handlungen angesehen: die bewußte Entscheidung zwischen entgegengesetzten Möglichkeiten wirklicher Willensentfaltung (Aristoteles). Die Möglichkeit freier Entscheidung erscheint dann geradezu als dasjenige, was den Menschen über das Tier hinaus erhebt und seine Würde ausmacht, wie es am Beginn der Neuzeit von dem italienischen Humanisten GIOVANNI PICO DELLA MIRANDOLA in seiner bekannten *Oratio* (1486) ausgesprochen wurde.

Aber wie soll eine solche Wahlmöglichkeit verstanden werden? Setzt sie äußerlich gegebene Unbestimmtheit des Willens (indifferente Wahlmöglichkeit) voraus: Ich bin frei, wenn mich nichts «von außen» zu Entscheidungen zwingt? Ist eine solche Situation überhaupt denkbar? Diesen Anschauungen über das menschliche Handeln stehen die sogenannten deterministischen gegenüber, die jedes Handeln als *determiniert* (bestimmt) von Gott, der menschlichen Natur, der Gesellschaft ansehen und Freiheit allenfalls, wie es z. B.

THOMAS HOBBES *(Leviathan,* 1651) ansieht, als politische Freiheit gelten lassen wollen.

Wer aber die in der Neuzeit eingeforderte Freiheit auf allen Lebensgebieten wirklich zu begründen unternimmt, gerät in ein Dilemma, das in der Philosophie als die *Aporie* (Ausweglosigkeit) *der Freiheit* bekannt ist und das im 1. Kapitel der «Philosophie der Freiheit» als Ausgangspunkt genommen ist: Die Vernunft fordert natürliche oder soziale, aber immer gesetzmäßige Zusammenhänge, alles erscheint determiniert. Es gibt weder in der Natur noch in der sozialen Welt «Lücken» in diesen Zusammenhängen, es sei denn scheinbare, wenn man sich unwissentlich oder gewaltsam täuscht über die Zusammenhänglichkeit. Eine indifferente (unbestimmte) Wahl erscheint so als Unmöglichkeit, womit die ganze Freiheitsidee in Frage gestellt scheint, die doch in der Praxis von allergrößter Bedeutung ist und ihre Durchsetzungsfähigkeit im Leben beweist.

Kant (und an ihn anknüpfend Fichte) hat diese Ausweglosigkeit scharf gekennzeichnet und einen Weg gesucht, der aus diesem Dilemma herausführt: Nicht in der Suche nach vermeintlichen Lücken in der Gesetzmäßigkeit, sondern in der Frage des *Ursprungs der Handlung* bzw. des *Verhältnisses des Menschen zu seiner (*gesetzmäßigen*) Handlung* muß die Auflösung dieses Rätsels gesucht werden. (Die bewußte Unterwerfung unter das «Sittengesetz in mir» hat eine andere Qualität als die Gebundenheit irgendeiner unbewußten oder halbbewußten Tat.) Diese Fragestellung wird von Rudolf Steiner im Anfang der Freiheitsphilosophie noch radikaler bis zu der Frage des *Ursprungs des Denkens* verfolgt: Der Mensch muß sich auch dem *Denken* selber gegenüberstellen, wenn er das in der Freiheitsfrage auftauchende Rätsel seines eigenen Daseins lösen will. – Für einen ersten Überblick über die Geschichte des Freiheitsgedankens vgl. die Beiträge von W. Warnach, O.H. Pesch, R. Spaemann: Freiheit, in: JOACHIM RITTER (Hrsg.): *Historisches Wörterbuch der Philosophie,* Bd. 2, 1972, Sp. 1065-1098. Zur Aporie des Freiheitsproblems vgl. Hermann Krings: Freiheit, in: H. KRINGS, H. M. BAUMGARTNER, CH. WILD (Hrsg.): *Handbuch philosophischer Grundbegriffe,* 1973, Bd. 2, S. 493-510. Ausführlich einbezogen in die philosophische Betrachtung zum Erkenntnisproblem wird die Geschichte des Freiheitsgedankens bei HJALMAR HEGGE: *Freiheit, Individuum und Gesellschaft,* 1992.

12 Vgl. dazu auch den Beitrag «Zum Thema: ‹Philosophie der Freiheit› und Psychoanalyse», S. 250 ff.

13 Über die Bedeutung des Freiheitsbegriffs und des Gegensatzes von Freiheit und Notwendigkeit bei Spinoza s. EMERICH CORETH: *Vom Sinn der Freiheit*, S. 57 ff. u. bes. S. 86 ff.

14 DAVID FRIEDRICH STRAUSS: *Der alte und der neue Glaube. Ein Bekenntnis*, S. 74.

15 Siehe z. B.: R. RIEDL, F. M. WUKETITS (Hrsg.): *Die evolutionäre Erkenntnistheorie*, 1987 oder G. VOLLMER: *Evolutionäre Erkenntnistheorie*, 1975. Ansätze einer Auseinandersetzung zu diesem Thema: WOLFGANG H. ARNOLD: Sind Denken, Bewußtsein und Ich Produkte der natürlichen Evolution? In: *Die Drei*, 1/1989, S. 29-36.

16 Vgl. *Beiträge zur Rudolf Steiner Gesamtausgabe*, Nr. 85/86, (Nachtrag in Nr. 87) Michaeli 1984, die neben den Kommentaren und Randbemerkungen auch einen Aufsatz von ANDREAS NEIDER zur biographischen und philosophischen Bedeutung Hartmanns für Steiner beinhaltet. Seit 1994 liegt ein Abdruck der Randbemerkungen im Rahmen der Gesamtausgabe (GA 4a, S. 345-420) vor.

17 Zur Entwicklungsgeschichte des Begriffs des Unbewußten siehe: HENRY F. ELLENBERGER: *Die Entdeckung des Unbewußten*, 1985. Zu Rudolf Steiners Kritik am Begriff des Unbewußten siehe RUDY VANDERCRUYSSE: Psychoanalyse aus der Sicht der Geisteswissenschaft, in: *Konturen* 4, 1993, S. 29 f.

18 Dazu Christian Schneider: Zwischen Philosophie und Wissenschaft. Anmerkungen zum historischen Stellenwert der Psychoanalyse, in: GERD JÜTTEMANN u.a.: *Die Seele. Ihre Geschichte im Abendland*, S. 364-386. Schneider selbst stellt übrigens interessante Bezüge zwischen Freud und Hartmann her.

19 Dazu ausführlicher: RUDY VANDERCRUYSSE: Spirituelle Psychologie und Psychoanalyse. Rudolf Steiners «Philosophie der Freiheit» als Grundlegung einer anthroposophischen Seelenwissenschaft, in: *Die Drei*, Beiheft 7, 1994, S. 19 ff.

20 Zu Leben und Werk sowie zu Rudolf Steiners Verhältnis zu Hamerling vgl. THOMAS KRACHT: *Robert Hamerling. Sein Leben – sein Denken zum Geist*, 1989.

21 ROBERT HAMERLING: *Die Atomistik des Willens. Beiträge zu einer Kritik der modernen Erkenntnis*, Bd. 2, S. 55.

22 G. W. F. HEGEL: Enzyklopädie der philosophischen Wissenschaften, in: *Werke*, Bd. 8, S. 25.

23 Ders.: Wissenschaft der Logik I, in: *Werke*, Bd. 5, S. 132.

24 So hieß es schon in der ersten Vorrede zur «Enzyklopädie», s. *Werke*, Bd. 5, S. 13.

25 Zum Verhältnis der Philosophie Hegels zur Geisteswissenschaft bzw. zur «Philosophie der Freiheit» siehe u. a.: BERTHOLD WULF: *Idee und Denken*, 1964; OWEN BARFIELD: *Rudolf Steiner and Hegel*, 1973; PETER SCHNEIDER: *Einführung in die Waldorfpädagogik*, 1982, bes. S. 92 ff.; MICHAEL KIRN: *Hegels Phänomenologie des Geistes und die Sinneslehre Rudolf Steiners*, 1989. Ein Aspekt der vorliegenden Übersicht wurde vertiefend behandelt von Thomas Kracht: Philosophieren der Freiheit. Hinweis auf eine Leseerfahrung, in: KARL-MARTIN DIETZ (Hrsg.): *Rudolf Steiners «Philosophie der Freiheit» – Eine Menschenkunde des höheren Selbst*, 1994, S. 185 ff.

26 G. W. F. HEGEL: Wissenschaft der Logik II, in: *Werke*, Bd. 6, S. 38 f.

27 Ebd., S. 75.

28 G. W. F. HEGEL: Differenz des Fichteschen und Schellingschen Systems der Philosophie, in: *Werke*, Bd. 2, S. 31.

29 G. W. F. HEGEL: Wissenschaft der Logik II, in: *Werke*, Bd. 6, S. 464.

30 In Rudolf Steiners umfassender Darstellung der Entwicklung der Philosophie, *Die Rätsel der Philosophie* (1914, GA 18), findet sich diese Betrachtung des einschneidenden Bewußtseinsschrittes im 19. Jahrhundert, der bereits in der früheren Fassung: *Welt- und Lebensanschauungen im 19. Jahrhundert* (1900/01) im Mittelpunkt stand. Die Auseinandersetzung mit diesem Bewußtseinsschritt des 19. Jahrhunderts prägte die philosophische Arbeit Rudolf Steiners in den neunziger Jahren.

31 G. W. F. HEGEL: Differenz des Fichteschen und Schellingschen Systems der Philosophie, in: *Werke*, Bd. 2, S. 20.

32 Dies ist nur einer von vielen Gesichtspunkten, unter denen Steiner Fichte sieht. Neben einer grundlegenden Behandlung von Fichtes philosophischem Ausgangspunkt in *Wahrheit und Wissenschaft* (1892, GA 3), Kap. 6, siehe u.a.: *Rätsel der Philosophie* (1914, GA 18), *Philosophie und Anthroposophie* (1908, in GA 35), S. 66-110, *Vom Menschenrätsel* (1916, GA 20).

33 Daran hat auch die Neuauflage nichts geändert; FRIEDRICH ALBERT LANGE: *Geschichte des Materialismus und Kritik seiner Bedeu-*

tung in der Gegenwart, hrsg. von A. Schmidt, 1974. Lange wurde FI828 in der Nähe von Solingen geboren, wuchs aber in Zürich auf. Er studierte dort und in Bonn Theologie, Philosophie, klassische Philologie, Kunstgeschichte und Mathematik. Nach Schuldienst und Redakteurtätigkeiten wurde er 1870 in Zürich Professor; 1872 ging er nach Marburg, starb jedoch schon 1875.

Neben dem oben genannten Hauptwerk, das in der zweiten Auflage 1872 stark erweitert und umgestaltet wurde und bis 1921 zehn Auflagen erlebte, verfaßte er einige soziale und politische Schriften; den philosophischen Gedichten Schillers, der in den Idealismuskapiteln (vor allem: «Der Standpunkt des Ideals») der Geschichte des Materialismus eine zentrale Rolle spielt, widmete er eine Einleitung und einen Kommentar.

Sein Idealismus ist aber ebensosehr an Kant orientiert; so wurde er zum Mitbegründer des «Neukantianismus».

34 Ebd., S. 981.

35 GERHARD LEHMANN: *Geschichte der Philosophie IX. Die Philosophie des 19. Jahrhunderts,* S. 59.

36 Zur Aktualität dieser Ansicht siehe den Beitrag von WOLFGANG KILTHAU zur dritten Form des Monismus, S. 191 f.

37 Eine umfassende Darstellung dazu aus geisteswissenschaftlicher Forschung in: RUDOLF STEINER: *Die Geheimwissenschaft im Umriß* (1910, GA 13), Kap. «Die Weltentwicklung und der Mensch». Ein zeitgenössischer Versuch, Realität und Fortleben des Mythos vom Baum der Erkenntnis bis in unsere Tage hinein zu verfolgen, stellt ein Vortrag von Kurt Hübner auf dem Hegel-Kongreß von 1988 dar: Die Metaphysik und der Baum der Erkenntnis, in: *Metaphysik nach Kant?* Hrsg. von DIETER HENRICH und ROLF PETER HORSTMANN, S. 26 – 43.

38 Ende 1782 oder Anfang 1783 in: Thiefurter Journal, 32stes Stück. Dazu RUDOLF STEINER: Zu dem «Fragment» über die Natur, in: *Schriften der Goethe-Gesellschaft* 7, jetzt in: GA 30, S. 320-327. Die viel erörterte Frage nach der Autorschaft dieses Aufsatzes – der Text stammt ursprünglich von Tobler und wurde zunächst Goethe zugeschrieben –, spielt für den vorliegenden Zusammenhang keine Rolle, da der Gedankengehalt offenkundig und von ihm bestätigt mit Goethes damaliger Grundstimmung zu tun hat.

39 STEINER, ebd., S. 323.

40 «Trieb der Erkenntnis» nur noch in Kapitel V, S. 91; «aus dem Geiste stammende Begierden», «geistiges Begehrungsvermögen» im 13. Kapitel, S. 233 f.

41 Es wird darin betont, daß das Kapitel «Beschreibungen» enthält, nicht «wissenschaftliche Resultate».

42 So RUDOLF STEINER im Vortrag vom 25.6.24, GA 353, S. 313 f., im Hinblick auf das zweite Kapitel.

43 Näheres dazu siehe KARL-MARTIN DIETZ: *Die Suche nach Wirklichkeit,* S. 90 ff.

44 Noch nicht unter genetischem Gesichtspunkt hat STEINER die Lösung in seinen Einleitungen zu Goethes naturwissenschaftlichen Schriften im Jahre 1887 so dargestellt (GA 1, S. 171): «Der Verstand entfernt uns von der Wirklichkeit, die Vernunft führt uns wieder auf sie zurück.»

45 Dies ist ab dem 9. Kapitel in der Intuition beschrieben und im Zusatz von 1918 zum 8. Kapitel deutlich hervorgehoben.
Es wäre verlockend, den weiteren Gang der «Philosophie der Freiheit» im einzelnen auf die im 2. Kapitel entwickelte Aufgabenstellung zu beziehen. So heißt es im 5. Kapitel (S. 88): «Nicht an den Gegenständen liegt es, daß sie uns zunächst ohne die entsprechenden Begriffe gegeben werden, sondern an unserer geistigen Organisation.» In den «Konsequenzen des Monismus» (S. 247 f.): «Die Wahrnehmung ist der Teil der Wirklichkeit, der objektiv, der Begriff derjenige, der subjektiv [...] gegeben wird. Unsere geistige Organisation reißt die Wirklichkeit in diese beiden Faktoren auseinander. Der eine Faktor erscheint dem Wahrnehmen, der andere der Intuition. Erst der Zusammenhang der beiden, die gesetzmäßig sich in das Universum eingliedernde Wahrnehmung, ist volle Wirklichkeit.» Die eingetretene Trennung von Ich und Welt ist ein Bewußtseinsphänomen, das ich brauche, um an der Welt wach zu werden. Der verlorene Weltinhalt muß von mir wieder gesucht werden. Diese Erkenntnissuche ist – das führt die «Philosophie der Freiheit» vor Augen – in Wirklichkeit ein Mitgestalten der Welt, sowohl im Erkennen selbst (5. Kapitel) als auch im Handeln (9. Kapitel ff.).
So ließe sich das Motiv des 2. Kapitels wohl durch das ganze Buch hindurch mit Gewinn verfolgen. RUDOLF STEINER selbst sagt in einem Vortrag am 21.1.1923 (GA 220, S. 141) im Rückblick auf das 2. Kapitel: «[...] ich wollte mit meiner ‹Philosophie der Freiheit›

sagen: Seht nur einmal in die Tiefe der Seele hinein, da werdet ihr finden, daß dem Menschen etwas geblieben ist, nämlich das wirkliche, energische, von ihm selbst kommende Denken, das reine Denken, das nicht mehr bloßes Denken ist, das voller Empfindung, voller Gefühl ist, und das zuletzt im Willen sich auslebt, und daß dieses der Impuls werden kann für moralisches Handeln. – Und ich sprach aus diesem Grunde von moralischer Intuition, in die zuletzt einläuft das, was sonst nur moralische Phantasie ist. Aber so richtig lebendig werden kann das, was eigentlich gemeint ist mit der ‹Philosophie der Freiheit› nur, wenn man den Weg, den man gegangen ist – nämlich sich immer mehr und mehr abzuspalten, bis zur Intellektualität hin sich abzuspalten von dem göttlich-geistigen Inhalt der Welt –, wenn man diesen Weg wieder zurückmacht. Wenn man wieder findet die Geistigkeit in der Natur, dann wird man auch wieder den Menschen finden. Und deshalb habe ich einmal in einem Vortrag, den ich vor vielen Jahren in Mannheim gehalten habe, ausgeführt – was sehr wenig bemerkt worden ist –, daß tatsächlich die Menschheit in ihrer heutigen Entwickelung an dem Punkt steht, den Sündenfall zurückzumachen. Nämlich: der Sündenfall wurde aufgefaßt als ein moralischer Sündenfall, er hat zuletzt auch den Intellekt beeinflußt; der Intellekt fühlte sich an den Grenzen der Erkenntnis. Und ob der alte Theologe von der Sünde oder Du Bois-Reymond von den Grenzen des Naturerkennens spricht, ist im Grunde genommen ein und dasselbe, nur in einer etwas anderen Form. Ich machte darauf aufmerksam, […] wie man sich durch die Spiritualisierung des Intellektes wiederum zum Göttlich-Geistigen hinaufarbeiten kann.»

Anthroposophie als ganze nimmt sich aus wie eine Antwort auf das Problem des 2. Kapitels. So sagt RUDOLF STEINER am 29.10.1920, GA 200, S. 93 f.: «Die Menschen haben den Intellekt ausgebildet, damit sie frei werden können […]. Aber zu diesem Intellekt muß, damit der Mensch nicht abreißt von der Natur, damit er in die Natur wiederum hinauswirken kann, wiederum die Imagination, muß alles dasjenige kommen, was geisteswissenschaftliche Forschung finden will.» In den «Anthroposophischen Leitsätzen» wird der bewußtseinsgeschichtliche Aspekt, der am Schluß des 2. Kapitels lebt, noch verstärkt (GA 26, S. 79):

In der griechischen Zivilisation «erstand zum ersten Male die Sehnsucht nach Freiheit des eigenen Handelns. Noch nicht wirkliche Freiheit; aber die Sehnsucht darnach. – Der Mensch, der das Regen in der Natur in sich selber sich regend empfand, konnte die Sehnsucht ausbilden, die eigene Regsamkeit loszulösen von der als fremd wahrgenommenen Regsamkeit. Aber es wurde immerhin in der äußeren Regsamkeit noch das letzte Ergebnis der wirksamen Geist-Welt empfunden, die gleicher Art mit dem Menschen ist. – Erst als die Gedanken ihre Prägung im physischen Leibe annahmen und sich das Bewußtsein nur auf diese Prägung erstreckte, trat die Möglichkeit der Freiheit ein. Das ist der Zustand, der mit dem fünfzehnten nachchristlichen Jahrhundert gegeben ist.»

Die «Leitsätze» beschreiben dann deutlicher die zwei Seiten der bereits in der «Philosophie der Freiheit» angesprochenen Entwicklung: Es handelt sich auf der einen Seite um eine Bewußtseinsentwicklung des Menschen und auf der anderen Seite um eine Wesensentwicklung im Kosmos. Am Ende dieser letzteren Entwicklung ist die Welt zu einer götter- und geistfernen «Werk-Welt» geworden (GA 26, S. 101 u. a.). Dieser Werkwelt steht der neuzeitliche Mensch fremd gegenüber. Die Trennung des Menschen von der Natur ist eine Grundbedingung der Freiheit. Das dennoch vorhandene Zugehörigkeitsgefühl des Menschen zum Kosmos wird in den «Leitsätzen» mit dem Wesen des «Michael» verbunden. Der «michaelische» Zukunftsweg des Menschen besteht darin, den Zusammenhang mit dem Kosmos wiederzufinden, ohne die in der Trennung errungene Freiheit aufzugeben.

46 Näheres zu Heraklit bei KARL-MARTIN DIETZ: *Vom Logos zur Logik. Metamorphosen des Geistes*, Bd. 3., S. 13-81. Die nachfolgend zitierten Fragmente entstammen diesem Zusammenhang.

47 Goethe, *Fragment über die Natur:* s. Anmerkung 38 zu S. 160.

48 Dies wird unten ausführlicher dargestellt im Beitrag zum 3. Kapitel.

49 Ausführlicher siehe unten im Beitrag zum 3. Kapitel.

50 Die hier skizzierte Bewußtseinsentwicklung findet sich ausführlich bei KARL-MARTIN DIETZ: *Metamorphosen des Geistes*, insbesondere Bd. 3, Vom Logos zur Logik, S. 123-166. Im vorliegenden Zusammenhang konnten nur grobe Linien gezeichnet werden.

51 FRIEDRICH HÖLDERLIN: Hyperion, in: *Sämtliche Werke*, Bd. 3, Kleine Stuttgarter Ausgabe, S. 8-10. Vgl. dazu auch oben: Heraklit, Fragment 72, und das «Fragment über die Natur».

52 JOHANN WOLFGANG GOETHE: Der Verfasser teilt die Geschichte seiner botanischen Studien mit, [Schriften zur Botanik], in: *Hamburger Ausgabe*, Bd. 13, S. 167.

53 JOHANN WOLFGANG GOETHE: Maximen und Reflexionen, in: *Hamburger Ausgabe*, Bd. 12, S. 399, Nr. 248.

54 Ebd., *Hamburger Ausgabe*, Bd. 12, S. 407, Nr. 303.

55 FRIEDRICH NIETZSCHE: *Menschliches – Allzumenschliches,* in: KSA, Bd. 2, S. 477.

56 UVO HÖLSCHER: Die Wiedergewinnung des antiken Bodens. Nietzsches Rückgriff auf Heraklit, in: *Neue Hefte für Philosophie* 15/16, Göttingen 1979, S. 182.

57 Näheres hierzu bei KARL-MARTIN DIETZ: Der freie Geist und die Gemeinschaft, in: *Die Drei,* Beiheft 7, 1994, S. 39-45.

58 PATRICIA SMITH CHURCHLAND: *Neurophilosophy: Toward a New Science of the Mind-Brain,* Cambridge/Mass. 1989.

59 Näheres hierzu: WOLFGANG KILTHAU: New Age und das menschliche Atom, in: *Die Drei,* Beiheft 3, 1990, S. 23-33.

60 *Beiträge zur Rudolf Steiner Gesamtausgabe,* Nr. 63, Michaeli 1978.

61 Zu einer ausführlicheren Betrachtung des Kapitelanfangs siehe Thomas Kracht: Philosophieren der Freiheit. Hinweis auf eine Leseerfahrung, in: KARL-MARTIN DIETZ (Hrsg.): *Rudolf Steiners ‹Philosophie der Freiheit›,* S. 160-172.

62 Auf die Bedeutung, die das Erleben solcher Erkenntnisgrenzen haben kann, wird von Rudolf Steiner z. B. in *Von Seelenrätseln* (1917, GA 21, S. 20 ff. und S. 135 ff.) hingewiesen.

63 GA 40, S. 74.

64 Das mathematische Denken hat dabei Vorbild- und Übungscharakter. Vgl. z. B. RENATUS ZIEGLER: *Mathematik und Geisteswissenschaft. Mathematische Einführung in die Philosophie als Geisteswissenschaft in Anknüpfung an Plato, Cusanus, Goethe, Hegel und Steiner,* Dornach 1992.

65 Diese Perspektive wird von Dietrich Rapp im Hinblick auf die deutsche idealistische Philosophie eingenommen in seinem Aufsatz: Von der Intuition zur Erfahrung. Denkbeobachtungen über ihren inneren Zusammenhang, in: KARL-MARTIN DIETZ (Hrsg.): *Rudolf Steiners ‹Philosophie der Freiheit›,* S. 223-257; siehe hierzu auch S. 242 ff. in diesem Band.

66 Daß Rudolf Steiner die zentrale Bedeutung des «Ich» in diesem

Zusammenhang selbst auch 1894 schon bewußt war, geht nicht nur aus dem 19. Absatz (über Descartes) hervor, sondern auch aus seiner Darstellung des Erkenntnisproblems in *Wahrheit und Wissenschaft* (GA 3). Vgl. auch die Rezensionen aus dem Jahr 1893: «Zur Hypnotismusfrage» und «Franz Brentano. Über die Zukunft der Philosophie», in GA 30, S. 333-340 und S. 526-528.

67 Frank Teichmann: Die ‹Philosophie der Freiheit› als Übungs- und Schulungsbuch, in: KARL-MARTIN DIETZ (Hrsg.): *Rudolf Steiners ‹Philosophie der Freiheit›*, S. 197-222.

68 Ebd., S. 218.

69 Siehe oben, Anm. 5.

70 HERBERT WITZENMANN: *Die Philosophie der Freiheit als Grundlage künstlerischen Schaffens*, 1982.

71 Ebd., S. 24.

72 Ebd., S. 26.

73 Ebd., S. 23.

74 Die hier folgenden Gedanken wurden zuerst formuliert in: KARL-MARTIN DIETZ: Die Grenzen des Ich und ihre Erweiterung, in: *Konturen*, Bd. 5, S. 61-106.

75 Siehe KARL-MARTIN DIETZ: *Das Erwachen des europäischen Denkens. Metamorphosen des Geistes*, Bd. 2, S. 38 ff.

76 Ausführlicheres zur Abgelöstheit und Isolation des Denkens siehe: KARL-MARTIN DIETZ: *Individualität im Zeitenschicksal*, S. 56 ff.

77 Vgl. dazu KARL-MARTIN DIETZ: Die Grenzen des Ich und ihre Erweiterung, a.a.O. (Anm. 74), S. 83 ff.

78 Ausführlich bei KARL-MARTIN DIETZ: *Prometheus – Vom göttlichen zum menschlichen Wissen. Metamorphosen des Geistes*, Bd. 1, S. 154 ff. – Auch der Dichter, der diese Geschichte von Athena und Achill erzählt, sieht sich selbst als göttlich inspiriert; ebd., S. 115 ff., S. 153.

79 Ebd., S. 121-124.

80 Ausführlich zu Parmenides s. KARL-MARTIN DIETZ: *Das Erwachen des europäischen Denkens. Metamorphosen des Geistes*, Bd. 2, S. 45-67; dort auch die Übersetzung der Fragmente.

81 Ausführlich zu Platons Ideenlehre: ebd., S. 69-178.

82 Näheres zu Aristoteles: ebd., S. 179-228 und KARL-MARTIN DIETZ: *Vom Logos zur Logik. Metamorphosen des Geistes*, Bd. 3, S. 137-166.

83 Siehe KARL-MARTIN DIETZ: *Das Erwachen des europäischen Denkens. Metamorphosen des Geistes*, Bd. 2, S. 69 ff.

84 Der komplementäre Begriff «tätiger Geist», nus poietikos, kommt hier so nicht vor, er wird verbal umschrieben und findet sich erst im 1. Jahrhundert v. Chr. bei Alexander von Aphrodisias als Substantiv.

85 Siehe KARL-MARTIN DIETZ: *Vom Logos zur Logik. Metamorphosen des Geistes*, Bd. 3, S. 137-158.

86 THOMAS VON AQUIN: *Über die Einheit des Geistes. De unitate intellectus,* Übersetzung, Einführung und Erläuterungen von Wolf-Ulrich Klünker, S. 58.

87 ARISTOTELES: De generatione animalium, B, 736b, p. 34-36, in: *Werke*, Bd. 3, Nachdruck 1978.

88 THOMAS VON AQUIN: *Die Seele, Erklärungen zu den drei Büchern des Aristoteles über die Seele,* übertragen und eingeleitet von Alois Mager, S. 371 f.

89 Franz Brentano; siehe RUDOLF STEINER: *Die Rätsel der Philosophie* (GA 18, S. 520, 528 f., 532, 570, 575.) Weitere Gesichtspunkte hierzu sind zu finden bei: HANS ERHARD LAUER: Die Stellung der erkenntnistheoretischen Arbeiten Rudolf Steiners in der Geschichte des menschlichen Denkens, in: *Individualität*, Heft 1/2, 1927, S. 47ff.

90 Ausführlich dargestellt bei KARL-MARTIN DIETZ: *Das Erwachen des europäischen Denkens. Metamorphosen des Geistes,* Bd. 2, S. 193-209; dort auch die Übersetzung aus *Metaphysik, 12. Buch*.

91 OTTO F. BOLLNOW: *Philosophie der Erkenntnis*, 1970.

92 ARISTOTELES: *Lehre vom Beweis oder Zweite Analytik* (Organon IV), übers. v. E. Rolfs, S. 84 f.

93 JOHANN GOTTLIEB FICHTE: Zweite Einleitung in die Wissenschaftslehre (1797), in: *Werke*, hrsg. v. I.H. Fichte (1845/46, Nachdruck 1971), Bd. 1, S. 463.

94 JOHANN GOTTLIEB FICHTE: Versuch einer neuen Darstellung der Wissenschaftslehre (1797), in: *Werke* (s. o.), S. 530.

95 F. W. J. SCHELLING: Philosophische Briefe über Dogmatismus und Kritizismus, in: *Schriften von 1794-1798*, S. 198.

96 JOHN R. SEARLE: *Die Wiederentdeckung des Geistes,* München 1993.

97 Hierzu sind u.a. zu rechnen der Physiker und Philosoph MARIO BUNGE (z.B.: *Das Leib-Seele-Problem. Ein psychobiologischer Versuch,* 1984), der Philosoph und Biologe Gerhard Roth (Gerhard Roth: Kognition: Die Entstehung von Bedeutung im Gehirn, in: WOLF-

GANG KROHN/GÜNTER KÜPPERS (Hrsg.): *Emergenz: Die Entstehung von Ordnung, Organisation und Bedeutung*, 1992) oder auch Karl Popper (KARL R. POPPER/JOHN C. ECCLES: *Das Ich und sein Gehirn*, [10]1991).

98 Hier liegt der Unterschied zur Theorie der Reduktionisten, die die gehirnphysiologische Beschreibung des Geistes für vollständig halten (vgl. o. S. 189 f.).

99 Zuweilen wird dieses Manko durch den ungenauen Gebrauch des Emergenzbegriffs verschleiert. Die *Beschreibung* einer Qualität als «emergent» wird dann für die *Erklärung* ihres Zustandekommens genommen.

100 JOHN R. SEARLE: *Die Wiederentdeckung des Geistes*, S. 29.

101 Diese Gesichtspunkte werden ausführlicher dargestellt in: RUDY VANDERCRUYSSE: Spirituelle Psychologie und Psychoanalyse. Rudolf Steiners «Philosophie der Freiheit» als Grundlage der anthroposophischen Seelenwissenschaft, in: *Die Drei*, Beiheft 7, 1994, S. 17-38.

102 SIGMUND FREUD: Die Traumdeutung, in: *Studienausgabe* Bd. 2, S. 121.

103 Ebd., S. 123.

104 Ebd., S. 121 f.

105 SIGMUND FREUD: Das Ich und das Es, in: *Studienausgabe* Bd. 3, S. 322 f.

106 Zitiert in PETER GAY: *Freud. Eine Biographie für unsere Zeit*, 1989, S. 58, Anm.

107 SIGMUND FREUD: *Briefe an Wilhelm Fließ*, S. 130.

108 Siehe Anm. 18. S. 46.

109 Siehe Anm. 19.

110 Es konnte hier nicht eingegangen werden auf die verschiedenen psychologischen Schulen, die sich aus der Freudschen Psychoanalyse (oder auch gegen sie) entwickelt haben. Das wäre an geeigneter Stelle durchzuführen. In unserem Zusammenhang ist jedoch in jedem Falle die Frage nach der «seelischen Beobachtung nach naturwissenschaftlicher Methode» im hier gemeinten Sinne des Eintretens in den Ausnahmezustand der Beobachtung des Denkens für die Beurteilung dieser Schulen entscheidend.

111 Siehe dazu Frank Teichmann: Die ‹Philosophie der Freiheit› als Schulungsbuch, in: KARL-MARTIN DIETZ (Hrsg.): *Rudolf Steiners ‹Philosophie der Freiheit›*, S. 210–212.

112 Der Beitrag ist die Niederschrift eines Vortrags, der am 16.4.1994 auf der Tagung «Wirklichkeit der Freiheit. Rudolf Steiner: ‹Die Philosophie der Freiheit›, 1894 - 1994» in Weimar gehalten wurde.

113 Zur Ausbildung dieses intuitiven Denkerlebens siehe WALTER JOHANNES STEIN/RUDOLF STEINER: *Dokumentation eines wegweisenden Zusammenwirkens*, S. 119 ff., und BERNHARD KALLERT: *Die Erkenntnistheorie Rudolf Steiners*, S. 72 ff.; in diesem Band: S. 222 ff. und 242 ff.

114 RUDOLF STEINER: *Grundlinien einer Erkenntnistheorie der Goetheschen Weltanschauung* (1886, GA 2), Kap. 19 «Die menschliche Freiheit». Im Sinne der «Philosophie der Freiheit» muß die Universalität des Denkens in einem begriffsrealistischen Sinne verstanden werden; das Denken ist nicht bloß «intersubjektiv». Jedes Individuum hat einen originären Zugang zu diesem Bereich, der nicht durch ein Vehikel der Sprache, Konvention etc. vermittelt ist. Die Konsequenz eines solchen Erkenntnisbegriffes für das Verstehen ist in der hermeneutischen Diskussion kaum beachtet worden. (Vgl. HANS INEICHEN: *Philosophische Hermeneutik*, 1991, S. 42 ff. Ein Versuch, diese Dimension des Verstehens in einer Auseinandersetzung mit verschiedenen epistemologischen und hermeneutischen Positionen der Gegenwart zu ergründen und seine Fruchtbarkeit für die Praxis aufzuzeigen wird von MANFRED SCHULZE gemacht: *Von der Erziehungswissenschaft zur Erziehungskunst*, 1991, besonders S. 138 ff.) Der moderne Nominalismus neigt immer dazu, sich an die Bedeutungsträger, die «Zeichen», zu halten. Zu diesem Punkt scheint die «Philosphie der Freiheit» keine Auskunft zu geben. Die «Philosophie der Freiheit» reflektiert an keiner Stelle das Problem der Sprache, derer sie sich selber bedient. Dabei ist sich Steiner bewußt, mit dem Buch eine ihm «selbst entsprechende Form» des Ausdrucks gefunden zu haben (Brief vom 21.3.1896, GA 39, S. 280). Die Sprache des Idealismus und der Erkenntnistheorie des 19. Jahrhunderts wollte er für seinen Zweck überwinden. Der Beitrag von Heinz Zimmermann über die Sprache der „Philosophie der Freiheit" (S. 278 ff.) weist auf einige Grundzüge des Verhältnisses von Sprache und Denken hin.
Ein anderes ist die Frage der Abhängigkeit von der Sprache überhaupt. Die «Philosophie der Freiheit» erscheint aus heutiger Sicht als eine «vorsemiologische» Philosophie (KARL-OTTO APEL:

Transformation der Philosophie, Bd. 2: Das Apriori der Kommunika-
tionsgemeinschaft, S. 199). Aus der Sicht der Sprachtheorie des 20.
Jahrhunderts, die radikal alles Denken an die Sprache gebunden
sieht, ist die «Philosophie der Freiheit» in diesem Punkt naiv. Aber
wer sich auf die Lektüre des Buches wirklich einlassen will, wird
dadurch zu einem Erleben des Denkens geführt, das auch in diesem
Sinne «abstrakt» (S. 269) ist, daß es sich von der Sprache befreit.
Das intuitive, reine Denken wird zwar in der Lektüre durch die
Sprache des Textes angeregt, aber es bleibt in ihr gerade nicht gefan-
gen. Über die reinen Gedankenzusammenhänge, die durch die Lektüre evoziert werden, mag man sich sprechend verständigen, allein
im Sprechen wie in der stummen Vorstellung, die sie festhalten will,
sind sie aus der Intuition schon herausgefallen; werden sie artiku-
liert und festgehalten, so haben sie eine sprachliche Form, und man
mag untersuchen, wie Logik und Grammatik darin verschränkt
sind. Aber das Bewußtsein des Denkens in der Intuition ist keine
Funktion der Sprache.

115 Hier ist also die hermeneutische Forderung, das Individuelle zu
verstehen, gerade dadurch einlösbar, daß das begegnende Individuelle das Allgemeine ist: Begriffe, die in ihrer Reinheit unmittelbar
der Intuition entsprungen sind, lassen sich am leichtesten wieder
intuieren; in der bewußten Intuition liegt aber die eigentliche Individualität. Nur wer solche Begriffe nicht selber wieder zu intuieren
vermöchte, könnte dafür kein Verständnis aufbringen. Dieses Verstehen bedeutet also keine totale Einvernahme des anderen in einem objektiven Vernunftzusammenhang (Hegel) bzw. eine Aufhebung der Individualität in einer universalen Wirkungsgeschichte
(Gadamer). Die Intuition des Allgemeinen ist immer *individuell,*
aber sie ist ebensosehr Intution des *Allgemeinen.* Dieses Verstehen
ist deshalb auch kein bloßes Analogisieren des in der Selbstbeobachtung Erkannten mit dem anderen, weil das Beobachtete (reines
Denken) sowohl individuellste Tätigkeit als auch allgemeinster Inhalt ist. (Zur Problematik der Analogisierung im Verstehen vgl. die
eingehenden Betrachtungen über Schleiermachers Begriff der hermeneutischen «Divination» von Manfred Frank in: MANFRED
FRANK, *Das individuelle Allgemeine. Textstrukturierung und Text-
interpretation nach Schleiermacher,* S. 113 ff.)
Das Individuelle des Textes ist dann gerade nicht eine solche Einzel-

heit, deren Abhängigkeit von allen möglichen biographischen und zeitbedingten Faktoren erklärt werden könnte, sondern dasjenige, was in einer bestimmten Zeitepoche vom Autor intuiert wurde und der Sprache so anvertraut ist, daß es als solches aus ihr wieder herausgelöst werden kann. Was hier als «Erlebnis des Einzelnen» (Brief vom 4.11.1894, GA 39, S. 233) interessiert, ist also nicht die «Individualität», die sich im besonderen beweisen muß in der Art, wie sie allgemeingültige Regeln modifiziert usw. Das mag der Fall sein, interessiert aber nur insofern, als es Folge eines wirklichen, originären Zugangs des Autors zum Denken ist. Diesen kann sich aber der Leser nur wieder selbst freilegen durch einen entsprechenden Zugang. – So jedenfalls könnte man versuchen, den Verstehensprozeß im Text zu beschreiben; für die mündliche Rede gilt anderes: vgl. dazu Rudolf Steiners Ausführungen im «Ersten Anhang» (1918) zur «Philosophie der Freiheit», besonders S. 260 f., sowie über den Unterschied zwischen dem Verstehen der mündlichen Rede und dem Textverstehen: Detlef Hardorp, Denksinn und Denken, in: *Das Goetheanum,* 31/32, 33/34, 1984, S. 242-244 u. 260-263 und: ders.: Denksinn oder Intuition? Zur sinnlichen und übersinnlichen Wahrnehmung von Gedanken, in: *Die Drei,* 11/1986, S. 834-842.

116 Diese Differenz ist für das Studium der geisteswissenschaftlichen Schriften Rudolf Steiners von größter Bedeutung. Die Gefahr des Mißverstehens durch Vermeidung der Gedankenarbeit beim Studium ist um so größer, je bildlicher und darum scheinbar der gewöhnlichen Sinneserfahrung näher der Ausdruck in geisteswissenschaftlichen Texten ist. Vgl. dazu Literatur zum anthroposophischen Studium: Georg Kühlewind: *Vom Umgang mit der Anthroposophie,* 1991, darin besonders das Vorwort von Jörgen Smit; Erhard Fucke: *Das anthroposophische Studium,* 1987; Christof Lindenau: *Der übende Mensch,* ²1981 u. a.

117 Zu dieser Eigenschaft der Entwicklung im «reinen Denken» der «Philosophie der Freiheit» siehe Carl Unger: Anthroposophie in philosophischer Gestaltung, in: *Schriften,* Bd. I, S. 259 und S. 274 ff. Unger gibt darin zugleich ein Beispiel, welche Erfahrungen des Denkens bei einer Vertiefung des Studiums der «Philosophie der Freiheit» möglich sind.

118 Im zweiten Zusatz zur Neuausgabe 1918 zu «Die Konsequenzen des Monismus» heißt es über die Art dieser Erkenntnis: «Die Darstel-

lung dieses Buches ist aufgebaut auf dem rein geistig erlebbaren intuitiven Denken, durch das eine jegliche Wahrnehmung in die Wirklichkeit erkennend hineingestellt wird. Es sollte in dem Buch nicht mehr dargestellt werden, als sich von dem Erlebnis des intuitiven Denkens aus überschauen läßt. […] Damit ist in dem Denken das Element gekennzeichnet, durch das der Mensch in die Wirklichkeit sich geistig hineinlebt.» (S. 255.) In seiner Autobiographie *Mein Lebensgang* hat Rudolf Steiner dieses intuitiv denkende Erkennen als «ideell-geistige Erkenntnis» bezeichnet und als eine Zwischenstufe zwischen dem naturwissenschaftlichen Erkennen und dem rein geistigen Erkennen charakterisiert. Durch diese Erkenntnis wird aber der Mensch schon in seiner ganzen, geistigen Realität erfaßt (GA 28, S. 324 f.). Vgl. dazu auch die Ausführungen in: Rudolf Steiner: *Die Geheimwissenschaft im Umriß,* (GA 13), S. 343 f.

119 Daß es sich dabei nicht um ein bloßes Bild der seelischen Wirklichkeit, sondern um diese selbst handelt, wird im ersten Teil der «Philosophie der Freiheit» zur Erfahrung. Ausführlich dazu: Herbert Witzenmann: *Die Voraussetzungslosigkeit der Anthroposophie,* S. 106 ff.

120 Wer sich bemüht, diese Gedankenzusammenhänge lesend auszubilden, wird eine solche lebendige Qualität des entwickelnden Denkens bemerken, das die Strenge reiner Gedankenbeziehung verbindet mit der Wärme unmittelbarer Erfahrung. In der ursprünglichen «Vorrede» nennt Rudolf Steiner diese Qualität «künstlerisch»: Die Philosophie muß, um den Menschen zu begreifen, Gedankenkunst werden. Das Erkennen des Menschen verlangt ein anderes Denken: Gedankenzusammenhänge von anderer Art, als sie Naturdingen gegenüber ausgebildet werden, ebenso wie ein anderes, erfahrendes Erleben gegenüber denselben. Immer wieder versucht Rudolf Steiner in seinem späteren Werk, diese Art des Denkens und Denkerlebens zu beschreiben. So weist er z. B. in einem Vortrag vom 25. März 1923 auf eben diese Stelle in der ursprünglichen Vorrede hin, indem er genau jene beiden Momente heraushebt: «Um den Menschen zu begreifen, braucht man eine Kunst der Ideen, nicht bloß ein abstraktes Erfassen der Ideen. – Man muß sich hineinleben in diesen Ruck, die Abstraktheit der Begriffe, durch die man die Natur erfaßt, in lebendige künstlerische Schau umzugestalten.» (GA 304a, S. 19.)

Literaturverzeichnis

Das Literaturverzeichnis enthält neben der in diesem Band angeführten Literatur auch einige weitere Arbeiten zur «Philosophie der Freiheit». Auf Publikationen, die sich speziell auf das Studium der «Philosophie der Freiheit» beziehen, wird durch knappe Bemerkungen zum Inhalt besonders hingewiesen.

Außerdem sind einige ausgewählte Beiträge zum Thema des (geisteswissenschaftlichen) Text-Studiums in das Verzeichnis aufgenommen.

Hinweise Rudolf Steiners auf das Studium der «Philosophie der Freiheit» finden sich vor allem in dem Buch von OTTO PALMER: *Rudolf Steiner über seine Philosophie der Freiheit* und bei KARL-MARTIN DIETZ: *Die Suche nach Wirklichkeit*, S. 192-227.

Für ein ausführlicheres Literaturverzeichnis zur «Philosophie der Freiheit» sei verwiesen auf: KARL-MARTIN DIETZ (Hrsg.): *Rudolf Steiners ‹Philosophie der Freiheit› – Eine Menschenkunde des höheren Selbst.*

Werke Rudolf Steiners

(Anordnung nach bibliographischen Nummern der Rudolf Steiner Gesamtausgabe = GA)

a) Schriften

(Gesamtausgabe-Nummer/Titel/Erscheinungsjahr/Auflage (Jahr))

GA 1   *Einleitungen zu Goethes Naturwissenschaftlichen Schriften,* 1884-97 (1973).

GA 2   *Grundlinien einer Erkenntnistheorie der Goetheschen Weltanschauung, mit besonderer Rücksicht auf Schiller,* 1886 (1979).

GA 3   *Wahrheit und Wissenschaft. Vorspiel einer «Philosophie der Freiheit»*, 1892 (1980).

GA 5   *Friedrich Nietzsche, ein Kämpfer gegen seine Zeit*, 1895 (1963).

GA 6   *Goethes Weltanschauung*, 1897 (1990).

GA 7   *Die Mystik im Aufgange des neuzeitlichen Geisteslebens und ihr Verhältnis zur modernen Weltanschauung*, 1901 (1987).

GA 8   *Das Christentum als mystische Tatsache und die Mysterien des Altertums*, 1902 (1989).

GA 9   *Theosophie. Einführung in übersinnliche Welterkenntnis und Menschenbestimmung*, 1904 (1987).

GA 11   *Aus der Akasha-Chronik*, 1904-08 (1986).

GA 13   *Die Geheimwissenschaft im Umriß*, 1910 (1989).

GA 18   *Die Rätsel der Philosophie*, 1914 (1985).

GA 20   *Vom Menschenrätsel. Ausgesprochenes und Unausgesprochenes im Denken, Schauen, Sinnen einer Reihe deutscher und österreichischer Persönlichkeiten*, 1916 (1984).

GA 21   *Von Seelenrätseln. Anthropologie und Anthroposophie, Max Dessoir über Anthroposophie, Franz Brentano (Ein Nachruf). Skizzenhafte Erweiterungen*, 1917 (1983).

GA 26   *Anthroposophische Leitsätze*, 1924/25 (1989).

GA 28   *Mein Lebensgang*, 1923-25 (1982).

GA 30   *Methodische Grundlagen der Anthroposophie. Gesammelte Aufsätze zur Philosophie, Naturwissenschaft, Ästhetik und Seelenkunde 1884-1901*, (1989).

GA 31   *Gesammelte Aufsätze zur Kultur- und Zeitgeschichte 1887-1901*, (1989).

GA 33   *Biographien und biographische Skizzen 1894-1905. Schopenhauer – Jean Paul – Uhland – Wieland. Literatur und geistiges Leben im 19. Jahrhundert*, (1992).

GA 34   *Lucifer – Gnosis. Grundlegende Aufsätze zur Anthroposophie und Berichte aus den Zeitschriften «Luzifer» und «Lucifer-Gnosis» 1903-1908*, (1987).

GA 35   *Philosophie und Anthroposophie. Gesammelte Aufsätze 1903-1923*, (1984).

GA 36   *Der Goetheanumgedanke inmitten der Kulturkrisis der Gegenwart. Gesammelte Aufsätze aus der Wochenschrift «Das Goetheanum» 1921-1925*, (1961).

GA 38   *Briefe Bd. I, 1881-1890*, (1985).

GA 39   *Briefe Bd. II, 1890-1925*, (1987).
GA 40   *Wahrspruchworte, 1906-25* (1986).

Nicht in der Gesamtausgabe enthaltene Schriften:
Briefe, Bd. 2, 1892-1902, (1953).
Welt- und Lebensanschauungen im 19. Jahrhundert, Bd 1, 1900, Bd. 2, 1901.

b) Vorträge

(Gesamtausgabe-Nummer/Auflage (Jahr))

GA 51 (1983)	GA 137 (1993)	GA 221 (1981)
GA 53 (1981)	GA 139 (1985)	GA 222 (1989)
GA 56 (1985)	GA 146 (1962)	GA 225 (1990)
GA 57 (1984)	GA 153 (1978)	GA 235 (1984)
GA 61 (1983)	GA 159/160 (1980)	GA 253 (1989)
GA 64 (1959)	GA 163 (1986)	GA 260a (1987)
GA 65 (1962)	GA 166 (1982)	GA 262 (1967)
GA 72 (1990)	GA 167 (1962)	GA 282 (1981)
GA 73 (1987)	GA 169 (1963)	GA 284 (1992)
GA 76 (1977)	GA 173 (1978)	GA 291 (1980)
GA 78 (1986)	GA 174 (1974)	GA 293 (1992)
GA 82 (1994)	GA 174b (1974)	GA 302a (1977)
GA 96 (1974)	GA 176 (1982)	GA 304a (1979)
GA 103 (1981)	GA 181 (1991)	GA 307 (1986)
GA 108 (1986)	GA 185 (1982)	GA 321 (1982)
GA 115 (1980)	GA 189 (1980)	GA 325 (1989)
GA 121 (1982)	GA 192 (1991)	GA 326 (1977)
GA 125 (1973)	GA 199 (1985)	GA 333 (1985)
GA 132 (1979)	GA 200 (1980)	GA 353 (1988)
GA 133 (1989)	GA 220 (1982)	

c) Ausgaben der «Philosophie der Freiheit»

RUDOLF STEINER: *Die Philosophie der Freiheit. Grundzüge einer modernen Weltanschauung,* Dornach 15. Aufl. 1987.

Außerdem:
- mit Leerseiten durchschossene Ausgabe
- Taschenbuchausgabe (tb 627)
- *Dokumente zur «Philosophie der Freiheit».* Faksimile der Erstausgabe *1894 mit den handschriftlichen Eintragungen für die Neuausgabe 1918,* sowie Manuskriptblätter, Rezensionen und weitere Materialien, hrsg. vom Archiv der Rudolf Steiner Nachlaßverwaltung, Dornach 1994 (GA 4a).

Literatur zur «Philosophie der Freiheit» und zum Studium der Anthroposophie

BARKHOFF, MARTIN: Eine Folge von Formgedanken, in: *Das Goetheanum,* 46/1994, S. 503-506.
[Ein Versuch, Rudolf Steiners Bemerkung, er würde «sehr gern den Inhalt meiner ‹Philosophie der Freiheit› zeichnen», beim Wort zu nehmen. Unter der Frage, ob sich im Studium eine Gesamtgestalt des Werkes zeigt, die bis zur Zeichnung verdichtet werden kann, wird eine Abfolge von Formen (Abwandlungen der Planetensiegel) entwickelt. Skizzenhaft treten dabei einige «Formgedanken» des Werkes hervor.]

BÜCHENBACHER, HANS: *Die Philosophie der Freiheit und die Gegenwart,* Dornach 1962.

DIETZ, KARL-MARTIN: *Die Suche nach Wirklichkeit,* Stuttgart 1988.

DIETZ, KARL-MARTIN: Die Grenzen des Ich und ihre Erweiterung, in: *Konturen 5,* Heidelberg 1994, S. 61-106.

DIETZ, KARL-MARTIN: Der freie Geist – Individualität und Gemeinschaft in Rudolf Steiners «Philosophie der Freiheit», in: Vom Rätsel des Ich, *Die Drei,* Beiheft 7, Stuttgart 1994, S. 39-75.

DIETZ, KARL-MARTIN: *Individualität im Zeitenschicksal,* Stuttgart 1994.

DIETZ, KARL-MARTIN(Hrsg): *Rudolf Steiners ‹Philosophie der Freiheit›. Eine Menschenkunde des höheren Selbst,* Stuttgart 1994. Die Beiträge im einzelnen:
Martin Basfeld: Denken in der Zeit. Die ‹Philosophie der Freiheit› Rudolf Steiners und das naturwissenschaftliche Zeitverständnis.
Karl-Martin Dietz: Die moralische Intuition – Utopie oder Herausforderung?
Wolf-Ulrich Klünker: Voraussetzungen einer neuen Theologie.
Thomas Kracht: Philosophieren der Freiheit. Hinweis auf eine Leseerfahrung.
Christoph Lindenberg: Wissen, worum es geht – oder: Die ‹Philosophie der Freiheit› als philosophische Anthropologie gelesen.
Dietrich Rapp: Von der Intuition zur Erfahrung. Denkbeobachtungen über ihren inneren Zusammenhang.
Günter Röschert: Situationsethik und moralische Phantasie.
Frank Teichmann: Die ‹Philosopohie der Freiheit› als Übungs- und Schulungsbuch.

EYBERG, JOHANNES: *Rudolf Steiners Philosophie der Freiheit,* Basel 1923.

FUCKE, ERHARD: *Das anthroposophische Studium. Seine Bedeutung für den Schulungsweg,* Stuttgart 1981.

Hausen, Ursula: Die *Philosophie der Freiheit* und die Michael-Schule. Zwei Aspekte der inneren Arbeit, in: THOMAS STÖCKLI/JUSTUS WITTICH (Hrsg.): *Anthroposophische Gesellschaft an der Jahrtausendschwelle. Eine Herausforderung,* Dornach 1994.
[Hinweis auf den «mantrischen Charakter» der «Philosophie der Freiheit». Genaue Darstellung der Gedankenbewegung am Beispiel des ersten Absatzes der Vorrede von 1918 als Anregung für ein vertiefendes Studium. Die «Philosophie der Freiheit» ist ein «Schulungsweg des Menschwerdens».]

HIEBEL, FRIEDRICH: Zur Stilgestalt und Aufbaukunst im Schrifttum Rudolf Steiners, in: *Das Goetheanum,* 42/1976, S. 329-331.
[Ein Hinweis auf das «Formelement» der «Philosophie der Freiheit», seine Beziehung zum Prosastil Schillers und zur Gestalt von Goethes «Märchen».]

HIEBEL, FRIEDRICH: Selbsttätiges Studium der Anthroposophie als Keim eigenständiger Geistesforschung, in: *Das Goetheanum,* 11/1980, S. 81-83.

KALLERT, BERNHARD: *Die Erkenntnistheorie Rudolf Steiners. Der Erkenntnisbegriff des objektiven Idealismus*, Stuttgart 1941, ²1971.

KIRN, MICHAEL: Die philosophische Stellung der «Philosophie der Freiheit», in: *Das Goetheanum*, 47/1993, S. 480-483.

KLEIN, ELISABETH: Über das Lesen der Schriften Rudolf Steiners, in: *Das Goetheanum*, 24/1979, S. 188.

KOLLERT, GÜNTER: Sprachtheoretische Voraussetzungen für den Umgang mit inspirierten und kultischen Texten, in: *Das Goetheanum*, 5/1986, S. 25 f.

KÜHLEWIND, GEORG: *Bewußtseinsstufen. Meditationen über die Grenzen der Seele*, Stuttgart 1976, ²1993.

KÜHLEWIND, GEORG: Das wortlose Denken, in: *Das Goetheanum*, 7/1982, S. 49-52.

KÜHLEWIND, GEORG: *Vom Normalen zum Gesunden. Wege zur Befreiung des erkrankten Bewußtseins*, Stuttgart 1983.
[Im Kapitel über den «Aufbau eines Erkenntnisweges» wird das Studium als Anfang des Weges behandelt: Ausbildung eines reinen, sich selbst beobachtenden Denkens. Nach der Darstellungsart werden in Rudolf Steiners Werk Schriften, die in der «Sprache der Bewußtseinsphänomene» geschrieben sind (wie die «Philosophie der Freiheit»), und bildhaft darstellende Werke (wie die *Theosophie)* unterschieden. Als Beispiel für das Studium eines Werkes der ersten Art wird eine Stelle aus dem 3. Kapitel der «Philosophie der Freiheit» behandelt: Welche Beobachtungen ergeben sich dabei als konkrete Erfahrungen des eigenen Denkens?]

KÜHLEWIND, GEORG: *Vom Umgang mit der Anthroposophie*, Stuttgart 1991.

KÜHLEWIND, GEORG: *Die Esoterik des Erkennens und Handelns in der «Philosophie der Freiheit» und der «Geheimwissenschaft» Rudolf Steiners*, Stuttgart 1995.

LEISTE, HEINRICH: *Geisteswissenschaftliche Metaphysik. Gewonnen am Werke Rudolf Steiners*, St. Gallen, o. J.

LEISTE, HEINRICH: *Von der «Philosophie der Freiheit» zur Christologie*, Dornach 1933. .

LEISTE, HEINRICH: Goetheanistische Philosophie, in: *Das Goetheanum*, 36/1939, S. 283-285.
[Die «Philosophie der Freiheit» ist eine Philosophie im goetheanistischen Sinne. Sie muß dementsprechend erarbeitet werden: Rudolf

Steiner hat gezeigt, wie er zu einem Goethe-Verständnis kam, indem er Goethe mit Goethe verstand: «Ein intimes Eingehen auf die Geistesart eines anderen, in dem sich die geistige Kultur des Abendlandes zu einer wunderbaren Blüte entwickelt hatte. [...] Der Schüler der «Philosophie der Freiheit» verwirklicht in sich den Goetheanismus auf einem Gebiete, auf dem er für Goethe selbst noch nicht Wirklichkeit wurde.» «Erfahrungsprinzip»: Das Haltmachen vor den Phänomenen als Erkenntnishaltung der «Philosophie der Freiheit». Wer dies analog im Lesen übt, erfährt eine Vertiefung des Denkens.]

LINDENAU, CHRISTOF: *Der übende Mensch,* Stuttgart 1976, ²1981.

LOCHER-ERNST, LOUIS: Rudolf Steiners «Philosophie der Freiheit». Zum Gedenken ihrer Niederschrift vor 50 Jahren, in: *Das Goetheanum,* 20/1943, S. 157 f.; 21/S. 163-165; 22/S. 170-172.
[Im Studium des Textes wird das Gedankenerleben verdichtet bis zum willensdurchdrungenen reinen Denken. Diesem Denken erschließt sich die Komposition. Ein «Kompositionsgeheimnis» wird skizziert: Die Gliederung der vierzehn Kapitel durch Entsprechungen des ersten und letzten, des zweiten und vorletzten usw., die also durch die beiden Teile der «Philosophie der Freiheit» eine Bewegung und Gegenbewegung zeigen. Wer sich in den «Organismus» der «Philosophie der Freiheit» hineinarbeitet, wird z. B. entdecken, wie «Bewußtsein» in verschiedenen Formen auftritt. Die Verwandlung des Denkens zum Schauen wird thematisiert.]

PALMER, OTTO: *Rudolf Steiner über seine «Philosophie der Freiheit»,* Stuttgart 1966, ²1976.
[Nach Themen geordnete und interpretierend verbundene Auswahl einzelner Äußerungen Rudolf Steiners zum Verständnis seiner «Philosophie der Freiheit». Steiners Hinweise auf die «Philosophie der Freiheit» als «Übungsbuch» nehmen darin breiten Raum ein (S. 110-127), sie sind wiederum nach Aspekten gegliedert: «Vom Hellsehen» (Die «Philosophie der Freiheit» als erste Stufe des Hellsehens), «Charakter als Erziehungsbuch» (Hinweise auf die Denkschulung als Katharsis durch reines Denken); «Rolle bei der rosenkreuzerischen und der anthroposophischen Schulung»; «Stellung zur Wissenschaft und zu den Stufen höherer Erkenntnis».]

SCHUBERT, RICHARD: Die «Philosophie der Freiheit» als Mysterienbuch, in: *Das Goetheanum,* 1927, 46/S. 364-366 und 47/S. 373-375.
[Der Aufsatz geht aus von «Stimmungen» (im Sinne der Vorträge

von Rudolf Steiner: «Der menschliche und der kosmische Gedanke» aus dem Jahr 1914, GA 151). Jedes Kapitel der «Philosophie der Freiheit» ist in einer dieser «Stimmungen» geschrieben. Skizziert wird ein Aufbau des ganzen Buches. Hervorgehoben wird die Bedeutung des «Phänomenalismus», der der «naturwissenschaftlichen Methode» entspricht.]

SCHULZ, GEORG FRIEDRICH: Philosophie zur Freiheit, in: *Individualität*, 6. Jg., Nr. 13, März 1987, S. 19-35.
[In dem Aufsatz wird an einem Beispiel aus dem 4. Kapitel der «Philosophie der Freiheit» eine vertiefende Betrachtung im wiederholten Lesen nachgezeichnet (Abschnitt III).]

SCOTT, ALAN: Was für ein Baum ist die «Philosophie der Freiheit»?, in: *Jahrbuch für anthroposophische Kritik,* 1994, S. 83-98.
[Als Kunstwerk eines Denkens, das die Wirklichkeit des Fühlens und Wollens einschließt, soll die «Philosophie der Freiheit» wie eine «Art Partitur» (Steiner) gelesen werden. Hingewiesen wird auf eine Struktur, die sich in Bezügen von Satzgruppen (Siebenzahl) zeigt. Beispielhaft wird das Motiv der Pflanze durch alle Teile der «Philosophie der Freiheit» verfolgt: Es zeigt sich als «Sinnbild des sich entwickelnden Menschen».]

STEBBING, RITA: The «Philosophy of Spiritual Activity» – A Journey of Discovery, in: *Anthroposophy Today,* No. 20, 1993, S. 23-26.

STEIN, WALTER JOHANNES/STEINER, RUDOLF: *Dokumentation eines wegweisenden Zusammenwirkens. Walter Johannes Steins Dissertation in ihrem Entstehungsprozeß und in ihrer Aktualität,* mit Briefen und Aufzeichnungen, Rudolf Steiners Korrekturen und Ergänzungen sowie dem «Haager Gespräch» von 1922, hrsg. von Thomas Meyer, Dornach 1985.

STOCKMEYER, E. A. KARL: Vom Gedankenkampf um die Wirklichkeit, Stuttgart 1921, vorher erschienen in: *Das Reich,* 1917.
[Eine Schrift über zentrale Themen der «Philosophie der Freiheit» (wie z. B. «Entwicklung des Denkens», «Wirklichkeit des Ich» usw.) in Anknüpfung und Auseinandersetzung mit der zeitgenössischen Psychologie und Erkenntnistheorie.]

STOCKMEYER, E. A. KARL: Vom Leben mit der «Philosophie der Freiheit», in: *Die Drei,* 8/1924, S. 559-565, 11/1924-25, S. 802-806, 1/1925, S. 24-33, 2/1925, S. 126-130, 9/1925-26, S. 687-691, 6/1926-27, S. 450-459.

[«Diese Aufsätze sollen von der Arbeit mit dem Buch berichten.
Sie sollen von dem erzählen, was einer, der es mit ihm ernst meinte, in vielen Jahren mit ihm erlebt hat.» (8/1924, S. 802.) Wie kann
man sich denkend, aber auch für mögliche Wandlungen des Denkens bei der Lektüre offen und ohne «Schielen» auf die Ergebnisse
der Geisteswissenschaft ein Verständnis des Buches lesend erwer-
ben? In diesem Sinne fassen die Aufsätze Denkerfahrungen zusammen, die an einzelnen Kapiteln der «Philosophie der Freiheit»
beim Studium gewonnen wurden. Behandelt werden die ersten
Kapitel des Buches. Im Mittelpunkt steht die Erfahrung des Denkens.]

SWASSJAN, KAREN: *Das Abendmahl des Menschen,* Dornach 1993.

TEICHMANN, FRANK: Der dreifache Schriftsinn. Zur Wissenschafts-
methodik im Hinblick auf die drei Welten, in: *Die Drei,* 1984,
S. 341-350.

TEICHMANN, FRANK: *Der Mensch und sein Tempel. Chartres. Schule und
Kathedrale,* Stuttgart 1991.

UNGER, CARL: *Schriften,* hrsg. von Heinrich O. Proskauer, Band I,
Stuttgart 1964, Band II, Stuttgart 1966, Band III, Stuttgart 1971.
[Im Werk Carl Ungers finden sich zahlreiche, meist knapp formulierte Beobachtungen zur «Philosophie der Freiheit», darunter auch
viele methodische Hinweise und Anregungen. Zum geisteswissenschaftlichen Studium wurde eine solche Anregung zu einer schritt-
weisen, systematischen Verdichtung der Lektüre am Beispiel des
Buches «Theosophie» von Rudolf Steiner gegeben: Carl Unger: Versuch einer positiv-apologetischen Erarbeitung anthroposophischer
Geisteswissenschaft, in: *Schriften,* Band II, S. 32-83.]

WITZENMANN, HERBERT: Ein Urbild der Philosophie. Zeitbetrach-
tungen im Umkreis der «Philosophie der Freiheit» Rudolf Steiners.
Im Gedenken des 50. Todestages Rudolf Steiners, in: *Öffentliche
Sondernummer der «Mitteilungen des Arbeitskreises zur geistgemäßen
Durchdringung der Weltlage»,* Dornach 1975.

WITZENMANN, HERBERT: *Die Voraussetzungslosigkeit der Anthroposophie. Eine Einführung in die Geisteswissenschaft Rudolf Steiners. Er-
kenntniswissenschaft als Ontologie. Ein neues Zivilisationsprinzip
durch meditative Bewußtseinswandlung,* Stuttgart 1986.

WITZENMANN, HERBERT: *Die «Philosophie der Freiheit» als Grundlage
künstlerischen Schaffens. Die «Philosophie der Freiheit» als Gedanken-*

kunstwerk. Die «Philosophie der Freiheit» als Schulungsweg des Künstlers, Dornach 1980.

[Der Verfasser versteht diese Schrift als Teil eines (ursprünglich ins Auge gefaßten) umfassenderen Kommentars zur «Philosophie der Freiheit», einer «Einführung» in das Verständnis dieses Werks und das kann nur bedeuten: einer Anregung zur «übenden Ausführung denkender Beobachtungen». Der erste Teil will die «Philosophie der Freiheit» als «Gedankenkunstwerk» zur Erfahrung bringen: Die Struktur des Werkes, die sich der meditativen Aufnahme als lebendiger Gedanken-Zusammenhang ergibt, entspricht dem gegliederten Menschenwesen. So führt das Studium zu einer wissenschaftlich strengen und zugleich lebendigen Selbsterkenntnis, die künstlerische Gestaltungskräfte anregt. In Anknüpfung an die «Philosophie der Freiheit» soll auch die Idee einer darin liegenden «universellen Ausdruckswissenschaft» herausgearbeitet werden: Der zweite Teil der Schrift will die «Philosophie der Freiheit» als «Schulungsweg des Künstlers» zeigen.]

ZIMMERMANN, HEINZ: Rudolf Steiner als Spracherneuerer, in: *Das Goetheanum,* 65/1995.

Weitere Literatur

APEL, KARL-OTTO: *Transformation der Philosophie,* Bd. 1 u. 2, Frankfurt/M. 1976.

ARISTOTELES: *Lehre vom Beweis oder Zweite Analytik* (Organon IV), übersetzt und mit Anmerkungen versehen von Eugen Rolfes (Nachdruck), Hamburg 1990.

ARISTOTELES: *Werke,* griechisch und deutsch und mit sacherklärenden Anmerkungen (Neudruck), Aalen 1978.

ARNOLD, WOLFGANG H.: Sind Denken, Bewußtsein und Ich Produkt der natürlichen Evolution? In: *Die Drei* 1/1989, S. 29-36.

BARFIELD, OWEN: Rudolf Steiner and Hegel, in: *Anthroposophical Quaterly,* Vol. 18, No. 2, 1973, S. 31-36.

BARTSCH, MORITZ: Ein Schlesier berichet, in: E. Beltle und K. Vierl (Hrsg.): *Erinnerungen an Rudolf Steiner,* Stuttgart 1979, S. 470-478.

BOCKEMÜHL, MICHAEL: Lesen und Verstehen, in: *Lesen im anthroposophischen Buch. Ein Almanach,* Stuttgart 1987, S. 11-26.

BOLLNOW, OTTO FRIEDRICH: *Philosophie der Erkenntnis,* Stuttgart 1970.

BUNGE, MARIO: *Das Leib-Seele-Problem. Ein psychobiologischer Versuch,* Tübingen 1984.

CHURCHLAND, PATRICIA SMITH: *Neurophilosophy: Towards a New Science of the Mind-Brain,* Cambridge/Mass. 1989.

CORETH, EMERICH: *Vom Sinn der Freiheit,* Innsbruck/Wien 1985.

DIETZ, KARL-MARTIN: *Metamorphosen des Geistes,* Bd. 1-3, Stuttgart 1989-1990.

ELLENBERGER, HENRY F.: *Die Entdeckung des Unbewußten,* übersetzt v. G. Theusner-Stampa, Zürich 1985.

FICHTE, JOHANN GOTTLIEB: *Werke,* hrsg. v. I. H. Fichte (1845/46), Nachdruck, Berlin 1971.

FRANK, MANFRED: *Das individuelle Allgemeine. Textstrukturierung und Textintegration nach Schleiermacher,* Frankfurt/M. 1985.

FREUD, SIGMUND: *Briefe an Wilhelm Fließ* (1887-1904), J. M. Masson (Hrsg.), dt. v. M. Schröter, Frankfurt/M. 1986.

FREUD, SIGMUND: *Studienausgabe,* Frankfurt/M., [8]1989.

GAY, PETER: *Freud. Eine Biographie für unsere Zeit,* übers. v. J. A. Frank, Frankfurt/M. 1989.

HAMERLING, ROBERT: *Die Atomistik des Willens. Beiträge zur Kritik der modernen Erkenntnis,* 2 Bde., Hamburg 1891.

HARDORP, DETLEF: Denksinn und Denken, in: *Das Goetheanum* 31/32, 33/34, 1984, S. 224-244 u. 260-263.

HEGEL, GEORG WILHELM FRIEDRICH: *Werke* in 20 Bänden. Auf der Grundlage der Werke von 1832-1845 neuedierte Ausgabe, E. Moldenhauer u. K. M. Michel (Hrsg.), Frankfurt/M., 1970/1.

HEGGE, HJALMAR: *Freiheit, Individuum und Gesellschaft. Eine philosophische Studie zur menschlichen Existenz,* übers. v. S. Rotthaus u. G. Sperlich-Rotthaus, Stuttgart 1992.

HENRICH, DIETER/HORSTMANN, ROLF PETER (Hrsg.): *Metaphysik nach Kant?,* Stuttgart 1988.

HIEBEL, FRIEDRICH: *Paulus und die Erkenntnistheorie der Freiheit,* Basel 1946.

HÖLDERLIN, FRIEDRICH: *Sämtliche Werke,* Kleine Stuttgarter Ausgabe, F. Beissner (Hrsg.), Bd. 3, Stuttgart 1958.

HÖLSCHER, UVO: Die Wiedergewinnung des antiken Bodens. Nietzsches Rückgriff auf Heraklit, in: *Neue Hefte für Philosophie* 15/16, Göttingen 1979.

INEICHEN, HANS: *Philosophische Hermeneutik,* Freiburg/München 1991.

KILTHAU, WOLFGANG: «New Age» und das «menschliche Atom». Ein Überblick über die Grundlagen des «Neuen Zeitalters», in: *Die Drei,* Beiheft 3, 1990, S. 23-33.

KIRN, MICHAEL: *Hegels Phänomenologie des Geistes und die Sinneslehre Rudolf Steiners. Zur Neubegründung der Wissenschaft aus dem Wesen des Menschen,* Stuttgart 1989.

KRACHT, THOMAS: Die Suche nach dem «Gegebenen». Zu Rudolf Steiners Anknüpfung an die zeitgenössische Erkenntnistheorie – am Beispiel der Philosophie von Johannes Volkelt, in: *Die Drei,* Beiheft 6, 1993, S. 9-15.

KRACHT, THOMAS: *Robert Hamerling. Sein Leben – sein Denken zum Geist,* Dornach 1989.

KRANICH, ERNST-MICHAEL: Überwindung der Kluft zwischen Geist und Natur. Erkennen im Sinn der ‹Philosophie der Freiheit›, in: *Die Drei,* 1/1995, S. 17-30.

Krings, Hermann: Freiheit, in: *Handbuch philosophischer Grundbegriffe,* hrsg. von H. KRINGS, H. M. BAUMGARTNER, CHR. WILD, Bd. 2, München 1973/74, S. 493-510, wiederabgedruckt in: HERMANN KRINGS: *System und Freiheit. Gesammelte Aufsätze,* Freiburg/München 1980, S. 99-130.

KÜHLEWIND, GEORG: *Die Esoterik des Erkennens und Handelns,* Stuttgart 1995.

LANGE, FRIEDRICH ALBERT: *Geschichte des Materialismus und Kritik seiner Bedeutung in der Gegenwart,* hrsg. von A. Schmidt, Frankfurt/M. 1974.

LAUER, HANS EDUARD: Die Stellung der erkenntnistheoretischen Arbeiten Rudolf Steiners in der Geschichte des menschlichen Denkens, in: *Individualität,* Buch 1/2, 1927, S. 47-63.

LEHMANN, GERHARD: *Geschichte der Philosophie, Bd. 9: Die Philosophie des 19. Jahrhunderts,* Berlin 1953.

LINDENBERG, CHRISTOPH: Freiheitsphilosophie und Wiederverkörperung, in: *Die Drei,* 3/1962, S. 142-151.

LINDENBERG, CHRISTOPH: Zur Beobachtung des Denkens, in: *Die Drei,* 2/1976, S. 62-68.

LINDENBERG, CHRISTOPH: Freiheitsphilosophie und Wiederverkörperung. Ideen im Zusammenklang, in: *Die Drei,* 10/1980, S. 604-612.

LINDENBERG, CHRISTOPH: Das Bewußtsein ist kein Spiegel, in: *Die Drei,* 9/1984, S. 629-636.

LINDENBERG, CHRISTOPH: Wahr-Nehmen. Vom Miterleben der Welt zum Leben in der Welt, in: *Die Drei,* 6/1993, S. 439-446.

Neider, Andreas: Rudolf Steiner und Eduard von Hartmannn, in: W. KUGLER (Hrsg.): *Beiträge zur Rudolf Steiner Gesamtausgabe,* Nr. 85/85 (und Nachtrag Nr. 87), Dornach, Michaeli 1984, S. 74-86.

NIETZSCHE, FRIEDRICH: *Sämtliche Werke.* Kritische Studienausgabe in 15 Bänden (= KSA), hrsg. von Giorgio Colli und Mazzino Montinari, Berlin/New York und München 1980.

Pesch, O. H.: [Freiheit], in: JOACHIM RITTER (Hrsg.): *Historisches Wörterbuch der Philosophie,* Bd. 2, Basel/Stuttgart 1972, Sp. 1083-1088.

POPPER, KARL R./ECCLES, JOHN C.: *Das Ich und sein Gehirn,* München [10]1991.

RAVAGLI, LORENZO: *Meditationsphilosophie. Untersuchungen zum Verhältnis von Philosophie und Anthroposophie, zugleich ein Beitrag zum Verständnis des Schulungsweges der «Philosophie der Freiheit»,* Schaffhausen 1993.

RIEDL, R./WUKETITS, F. M. (Hrsg.): *Die evolutionäre Erkenntnistheorie,* Stuttgart 1975.

RITTER, JOACHIM (Hrsg.): *Historisches Wörterbuch der Philosophie.* Bd. 2, Basel 1972.

Roth, Gerhard: Kognition: Die Entstehung von Bedeutung im Gehirn, in: WOLFGANG KROHN/GÜNTER KÜPPERS (Hrsg.): *Emergenz. Die Entstehung von Ordnung, Organisation und Bedeutung,* Frankfurt/M. 1992, S. 104-133.

SCHELLING, FRIEDRICH WILHELM JOSEF: *Ausgewählte Werke,* Schriften von 1794-1798 (Nachdruck aus: F. W. J. Schellings sämtliche Werke, Stuttgart u. Augsburg, 1856, Bd. 2, 1857), Darmstadt 1975.

Schneider, Christian: Zwischen Philosophie und Wissenschaft. Anmerkungen zum historischen Stellenwert der Psychoanalyse, in: GERD JÜTTEMANN u.a.: *Die Seele. Ihre Geschichte im Abendland,* Weinheim 1991, S. 364-386.

SCHNEIDER, PETER: *Einführung in die Waldorfpädagogik,* Stuttgart 1982.

SCHÜMER, DIRK: Der Staatsanwalt. Nachrichten aus dem Magazin. Zum Ende der «Spiegel-Ära», in: *Frankfurter Allgemeine Zeitung,* 26.9.1994

SCHULZE, MANFRED: *Von der Erziehungswissenschaft zur Erziehungskunst. Ein wissenschaftlicher Zugang zur Waldorfpädagogik über die pädagogische Dimension des Denkens,* Würzburg 1991.

SEARLE, JOHN R.: *Die Wiederentdeckung des Geistes,* München 1993.

Spaemann, R.: [Freiheit], in: JOACHIM RITTER (Hrsg.): *Historisches Wörterbuch der Philosophie,* Bd. 2, Basel/Stuttgart 1972, Sp. 1088-1098.

STRAUSS, DAVID FRIEDRICH: *Der alte und der neue Glaube. Ein Bekenntnis,* 1872, ¹⁵1903.

THOMAS VON AQUIN: *Die Seele. Erklärungen zu den drei Büchern des Aristoteles über die Seele,* übertragen und eingeleitet von Alois Mager, Wien 1937.

THOMAS VON AQUIN: *Über die Einheit des Geistes gegen die Averroisten – De unitate intellectus contra Averroistas, Über die Bewegung des Herzens – De motu cordis,* übersetzt, eingeleitet und erläutert von Wolf-Ulrich Klünker, Stuttgart 1987.

VANDERCRUYSSE, RUDY: Psychoanalyse aus der Sicht der Geisteswissenschaft, in: *Konturen 4,* Heidelberg 1993, S. 10-55.

VANDERCRUYSSE, RUDY: Spirituelle Psychologie und Psychoanalyse. Rudolf Steiners «Philosophie der Freiheit» als Grundlegung einer anthroposophischen Seelenwissenschaft, in: *Die Drei,* Beiheft 7, S. 17-38.

VOLLMER, GERT: *Evolutionäre Erkenntnistheorie,* Stuttgart 1975.

Warnach, W.: [Freiheit], in: JOACHIM RITTER (Hrsg.): *Historisches Wörterbuch der Philosophie,* Bd. 2, Basel/Stuttgart 1972, Sp. 1064-1083.

WEMBER, VALENTIN: *Vom Willen zur Freiheit. Eine Philosophie für die Jugend,* Teil 1, hrsg. v. d. Jugendsektion am Goetheanum mit einem Geleitwort von Jörgen Smit, Dornach 1991.

WEMBER, VALENTIN: *Von der Kraft des Verstehens. Eine Philosophie für die Jugend,* Teil 2, Dornach 1993.

WILKINSON, ELISABETH: Zur Sprache und Struktur der ästhetischen Briefe, in: *Akzente VI,* 1959, S. 389-418.

WITZENMANN, HERBERT: Die Idee der Freiheit und der Weg der Wirklichkeit, in: *Das Goetheanum* 8/1963, S. 58-60.

WITZENMANN, HERBERT: *Die Kategorienlehre Rudolf Steiners und andere Schriften*, Krefeld 1994.

WITZENMANN, HERBERT: *Intuition und Beobachtung*, Bde. 1 u. 2, Stuttgart 1977 u. 1978.

WULF, BERTHOLD: *Idee und Denken. Beiträge zum Verständnis der Philosophie des deutschen Idealismus mit besonderer Berücksichtigung von Kant, Fichte und Hegel*, Stuttgart 1964.

ZIEGLER, RENATUS: *Mathematik und Geisteswissenschaft. Mathematische Einführung in die Philosophie als Geisteswissenschaft in Anknüpfung an Plato, Cusanus, Goethe, Hegel und Steiner*, Dornach 1992.

Die Autoren der einzelnen Beiträge

KARL-MARTIN DIETZ: geb. 1945 in Heidelberg, Studium der Klassischen Philologie, Germanistik und Philosophie, daneben auch der Wirtschaftswissenschaften, in Heidelberg, Tübingen und Rom. 1975 Promotion mit einer Arbeit über vorsokratische Philosophie. 1974 – 1980 Lehrtätigkeit an der Universität Heidelberg. 1978 Mitbegründung des Hardenberg Instituts.

Publikationen: *Die Suche nach Wirklichkeit* (Stuttgart 1988), *Metamorphosen des Geistes,* Band 1 und 2 (Stuttgart 1989), Band 3 (Stuttgart 1990), *Individualität im Zeitenschicksal* (Stuttgart 1994), *Gemeinschaft durch Freiheit* (Stuttgart 1996).

Beiträge: Genetische Methode und geistesgeschichtliche Zusammenhänge. Die Leistung des Denkens im Zusammenhang der Bewußtseinsgeschichte.

RUPRECHT FRIED: geb. 1942 in Jena, beschäftigt sich seit 1969 mit dem Werk Rudolf Steiners in verschiedenen natur- und geisteswissenschaftlichen Fächern. Seit 1975 Oberstufenlehrer an der Waldorfschule.

Beitrag: Wie befreit sich das Denken aus seiner Tradition?

WOLFGANG KILTHAU: geb. 1956 in Homburg/Saar, Lehramts-Studium der Germanistik und Geschichte in Trier und Heidelberg. Seit Sommer 1985 Mitarbeiter der Anthroposophischen Gesellschaft in Deutschland, Arbeitszentrum Frankfurt, und 1987 Mitbegründer der Frankfurter Abteilung des Hardenberg Instituts.

Beitrag: Die dritte Form des Monismus.

THOMAS KRACHT: geb. 1951 in Frankfurt/Main. Studium der Philosophie, Germanistik und Geschichte in Frankfurt, Heidelberg und Saar-

brücken. 1978 Beteiligung an der Gründung des Hardenberg Instituts. 1981 Promotion mit einer Arbeit über Johann Georg Hamann. Publikation: «Robert Hamerling – Sein Leben, sein Denken zum Geist» (Dornach 1989).
Beiträge:
Einleitungen.
Fragen und Erfahrungen beim Studium der «Philosophie der Freiheit».
Das «bewußte menschliche Handeln» als Problem: Verwandlungen der Frage nach dem Menschen.
Zu den einzelnen Philosophen im 1. Kapitel:
Robert Hamerling; Georg Wilhelm Friedrich Hegel.
Theoretischer Materialismus heute (zusammen mit M. Rozumek).
Vom Studium der «Philosophie der Freiheit». Eine hermeneutische Betrachtung.

Dietrich Rapp: geb. 1941 in Tübingen. Studium der Physik und Philosophie in Tübingen, Hamburg und Göttingen. 1965 - 1975 im Rahmen des Max-Planck-Instituts für Strömungsforschung in Göttingen wissenschaftliche Arbeiten über Gasdynamik und Instabilität von Strömungen im Zusammenhang mit der Frage nach der ätherischen Wirksamkeit. 1975 wissenschaftlicher Verlagslektor in Stuttgart. Seit 1985 Redakteur der Zeitschrift «Die Drei».
Beiträge:
Ein grundlegendes Motiv: das Freiheitsgefühl.
Ein grundlegendes Motiv: der Erkenntnistrieb.
Ein grundlegendes Motiv: das Denken als Ich-Tätigkeit.
Die «intellektuelle Anschauung» als geistesgeschichtlicher Hintergrund des 3. Kapitels.

Martin Rozumek: geb. 1966 in Hamburg. 1987-1994 Studium der Chemie und Philosophie in Hamburg und Heidelberg. Seit 1994 Mitarbeit im Zentrum für Gegenwartsfragen am Hardenberg Institut, Mitarbeit im «Arbeitsbereich Gegenwartsfragen» der Anthroposophischen Gesellschaft in Deutschland sowie kulturgeschichtliche Forschungsarbeit zur ökologischen Problematik.
Beiträge:
Theoretischer Materialismus heute (zusammen mit Th. Kracht).
Überwindung des Materialismus durch die Neurobiologie?

FRANK TEICHMANN: geb. 1937, Dipl.-Ing. für Flugzeugbau; Studium der Ägyptologie und klassischen Archäologie. Seit vielen Jahren Leiter des Anthroposophischen Studienseminars in Stuttgart.
Publikationen: *Der Mensch und sein Tempel* (Stuttgart, 4 Bände, zu Ägypten, Griechenland, zur Megalithkultur, zu Chartres), *Der Gral im Osten* (Stuttgart 1986), *Die Kultur der Empfindungsseele* (Stuttgart 1990), *Die Kultur der Verstandesseele* (Stuttgart 1993).
Beitrag:
Der erste Teil der «Philosophie der Freiheit». Ein kurzer Überblick.

RUDY VANDERCRUYSSE: geb. 1949 in Izegem (Belgien). Studium der Psychologie und Philosophie (Universität Löwen). 1973-79 tätig als klinischer Psychologe in einem psychiatrischen Krankenhaus in Noordwijkerhout (Niederlande). 1980 Mitbegründer und bis 1991 Mitarbeiter der Freien Volkshochschule auf anthroposophischer Basis in Antwerpen. Seit 1991 Mitarbeiter am Hardenberg Institut.
Beiträge:
Zu den einzelnen Philosophen im 1. Kapitel: David Friedrich Strauß; Herbert Spencer; Baruch de Spinoza; Eduard von Hartmann; Paul Rée. Die Beobachtung des Denkens.
Zum Thema: «Philosophie der Freiheit» und Psychoanalyse.

HEINZ ZIMMERMANN: geb. 1937 in Basel, Besuch der Rudolf Steiner Schule. Studium der Germanistik, Geschichte und Altphilologie in Basel, Dissertation: «Zu einer Typologie des spontanen Gesprächs». 1965/66 Auftrag des Goethe-Instituts in Finnland. Assistent, später Lektor für deutsche Sprachwissenschaft an der Universität Basel. 25 Jahre Lehrer an der Rudolf Steiner Schule Basel für Deutsch, Geschichte, Kunstgeschichte und Latein. Ab 1975 Mitwirkung am Rudolf Steiner Lehrerseminar in Dornach. Seit 1989 Leitung der Pädagogischen Sektion am Goetheanum. Seit 1992 Leitung der Sektion für das Geistesstreben der Jugend.
Beitrag.
Die «Philosophie der Freiheit» als sprachliche Herausforderung.

Neue Aspekte zur
«Philosophie der Freiheit»

Karl Martin Dietz (Hrsg.)

Rudolf Steiners «Philosophie der Freiheit»

Eine Menschenkunde des höheren Selbst
296 Seiten, kartoniert

Aus dem Inhalt:

Christoph Lindenberg: Wissen, worum es geht – oder: Die «Philosophie der Freiheit» als philosophische Anthropologie gelesen / *Martin Basfeld:* Denken in der Zeit. Die «Philosophie der Freiheit» Rudolf Steiners und das naturwissenschaftliche Zeitverständnis / *Karl-Martin Dietz:* Die moralische Intuition – Utopie oder Herausforderung? / *Günter Röschert:* Situationsethik und moralische Phantasie / *Thomas Kracht:* Philosophieren der Freiheit. Hinweis auf eine Leseerfahrung / *Frank Teichmann:* Die «Philosophie der Freiheit» als Übungs- und Schulungsbuch / *Dietrich Rapp:* Von der Intuition zur Erfahrung. Denkbeobachtungen über ihren inneren Zusammenhang / *Wolf-Ulrich Klünker:* Voraussetzungen einer neuen Theologie.

Die Autoren greifen die fundamentalen Ideen Steiners auf, versuchen sie aus der Verständigung des Bewußtseins mit sich selbst, der Selbsterkenntnis des Menschen, zu begründen und für das Verständnis der Gegenwart weiterzuentwickeln. Dabei zeigt sich, daß mit der «Philosophie der Freiheit» kein abgeschlossenes philosophisches System gegeben ist, sondern ein Weg der inneren Erfahrung und Schulung, auf dem das geistige Wesen des Menschen zur Geburt kommt. Insofern entfaltet sie – als Grundlage der Anthroposophie – eine praktische spirituelle Anthropologie, die auf die geistigen und seelischen wie auf die biographischen und sozialen Herausforderungen unseres Jahrhunderts eine konkrete Antwort geben kann.

Edition Hardenberg
Verlag Freies Geistesleben

Beiträge zur Bewußtseinsgeschichte

herausgegeben für das Friedrich-von-Hardenberg-
Institut von Karl-Martin Dietz

Karl-Martin Dietz

Die Suche nach Wirklichkeit

Bewußtseinsfragen am Ende des 20. Jahrhunderts
235 Seiten, gebunden

Karl-Martin Dietz zieht eine Bilanz der gesellschaftlichen Ent-
wicklungen der letzten zwanzig Jahre. Seine These: Wir brauchen geistig-seelische Selbständigkeit, um die anstehenden
Probleme zu bewältigen. Wie diese zu entwickeln ist, stellt er
im Ausblick seines Buches dar.

Karl-Martin Dietz

Gemeinschaft durch Freiheit

Perspektiven für die Zukunft des Geisteslebens
149 Seiten, kartoniert

Dietz zeigt in seiner Darstellung einer Weiterentwicklung des
Geisteslebens, wie angesichts einer zunehmenden Verunsiche-
rung und eines immer stärker um sich greifenden Kulturpessi-
mismus durch die Entwicklung neuer Fähigkeiten positive Anregungen für das Geistesleben gegeben werden können.

Edition Hardenberg
Verlag Freies Geistesleben

Beiträge zur Bewußtseinsgeschichte
herausgegeben für das Friedrich-von-Hardenberg-
Institut von Karl-Martin Dietz

Karl-Martin Dietz
Metamorphosen des Geistes

Band 1:
Prometheus – Vom göttlichen zum menschlichen Wissen
260 Seiten, Leinen

Band 2:
Das Erwachen des europäischen Denkens
248 Seiten, Leinen

Band 3:
Vom Logos zur Logik
196 Seiten, Leinen

Frank Teichmann
Die Kultur der Empfindungsseele
Ägypten – Texte und Bilder
220 Seiten mit zahlreichen Abbildungen, gebunden

Frank Teichmann
Die Kultur der Verstandesseele
Griechenland – Texte und Bilder
188 Seiten mit zahlreichen Abbildungen, gebunden

Edition Hardenberg
Verlag Freies Geistesleben

Beiträge zur Bewußtseinsgeschichte

herausgegeben für das Friedrich-von-Hardenberg-
Institut von Karl-Martin Dietz

Wolf-Ulrich Klünker
Johannes Scotus Eriugena

Denken im Gespräch mit dem Engel. Mit einer Übersetzung der
Homelia zum Prolog des Johannes-Evangeliums
357 Seiten mit 13 Abbildungen, Leinen

«Ein begrüßenswertes Buch, das das Denken des
Johannes Scotus Eriugena zugänglicher macht.»
Mediaevistik

Wolf-Ulrich Klünker / Bruno Sandkühler
Menschliche Seele und kosmischer Geist

Siger von Brabant in der Auseinandersetzung
mit Thomas von Aquin.
144 Seiten, Leinen

Wolf-Ulrich Klünker
Alanus ab Insulis

Entwicklung des Geistes als Michael-Prinzip.
Mit einer Übersetzung der Michael-Predigt des Alanus
112 Seiten, kartoniert

Edition Hardenberg
Verlag Freies Geistesleben